名校的
那些"秘密"

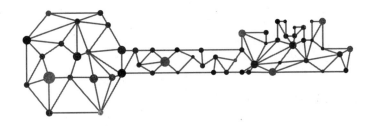

丛书总主编 余慧娟　　**本册主编** 朱哲 李帆

华东师范大学出版社
ECNUP
全国百佳图书出版单位

人民教育

《人民教育》精品文丛编委会

目 录

辑一 教育思想：把学校打开，教育会怎样

辑二　学校转型：如何调整组织架构和课程设置

总　序
办伟大的学校，做伟大的校长和教师

翟　博

　　人民教育编辑部应华东师范大学出版社之邀，出版这套丛书，可喜可贺。

　　创刊于 1950 年的《人民教育》杂志，积聚了深厚的历史财富、广博的教育资源、深远的影响力和良好的公信力，被读者亲切地誉为"中国基础教育第一刊"。近几年来，《人民教育》杂志围绕中心，服务大局，坚持"方向性引领、专业化服务"宗旨，着力引领读者深入探讨中国基础教育改革发展的一系列重大课题，并在理论和实践层面作出回应，获得读者高度认可。其中，既有对教育现代化、立德树人、教育公平、教育质量观等重大理论问题的思考，也有校长领导力提升、学校办学的新经验，还有教师发展的新思路，更有最前沿的学习方式的引介，上接天线，下接地气。从《人民教育》近几年发表的文章中，精选、分类结集成册，既充分发挥了文献的长远价值，便于读者系统阅读，也能够更好地扩大传播面，在当前转瞬即逝的刷屏式海量、碎片阅读背景下，高水平的专业文章更能够帮助读者聚焦关注点，提高阅读的获得感、提升专业水平。

　　具体而言，《人民教育》精品文丛具有如下特点。

　　第一，丛书立足于新时代中国基础教育的历史使命，对重大教育课题和重点难点问题给出了丰富且可资借鉴的回答，是引领、推动中国基础教育发展的珍贵文献。

党的十八大以来，以习近平同志为核心的党中央高瞻远瞩，提出了一系列重要的教育思想和教育论断，为新时代基础教育发展指明了方向。十八大报告首次提出，把立德树人作为教育的根本任务。习近平总书记多次强调，要全面贯彻落实党的教育方针，培养德智体美全面发展的社会主义建设者和接班人。要处理好德与才的关系，解决好德与才相统一的问题。要让学生做到明大德、守公德、严私德。要把立德树人的成效作为检验学校一切工作的根本标准。深刻领会立德树人的丰富内涵、认真探索立德树人的实践路径、深入研究立德树人的理论，是新时代给基础教育提出的重大课题。

在这一背景下，基础教育需要切实承担起一系列重大使命。要把社会主义核心价值观教育融入教育全过程，放在更加突出位置加以落实，引领学生树立正确的历史观、民族观、国家观、文化观。要植根中华优秀传统文化土壤，培育文化自信和中国精神，把中华优秀传统文化融入课堂教学和学校教育全过程，在创造性转化、创新性发展中传承中国人的文化基因。要大力发展素质教育，树立德智体美劳全面发展的质量观。要重新思考、践行好学校、好校长、好老师的标准。坚持育人为本，转变教育思想观念，认真落实习近平总书记提出来的"四有"好老师的要求，进一步提升校长和教师专业素质。从单纯以学科考试分数作为主要评价指标转到全面发展的理念上来；从关注少数尖子生的发展，转到关注每一个孩子的发展上来；从过于强调统一步调，转到更多关注个性发展上来。

《人民教育》精品文丛，正是站在基础教育改革发展的最前沿，围绕以上重大课题、重要使命，组织国内顶尖专家、优秀校长教师，提供前沿思想理念和脚踏实地的解决方案。《新时代学校使命》一书，由社评和《人民教育》核心议题的前言构成，高度凝练了对当前教育问题的思考，包括教育自信、教育质量观、核心价值观教育、美育、教育活力，等等。《身体教育学》一书，力图借助"身体教育学"这个最新概念，以整体的观念来推动全面发展。《核心素养的中国实践》一书，期待带动整个基础教育教育质量观的变化，以适应未来对人才和教育的要求；《名校的那些"秘密"》一书，以活生生的案例来展示学校社会主义核心价值观教育、培养文化自信、落实立德树人根本任务的管理、课程、空间设计等诸多实践路径。《还可以怎样学习》一书，聚焦近年来学生发展素养目标的变化，以全球视野介绍更广阔、更多样、更有效的学习方式。《好校长是如何炼成的》一书，专注于校长的价值领导力、课程领导力、教师领导力和沟通领导力等核心要素的实践解读。《老师，你为什么不再进步了》一书，关注教师的成长与高原期突破。《朝向心灵伟大的教师》一书，汇集教育界、文化界及商界名人的成长故事和教育故事，力图为校长教师打开新的窗口，从社会的角度来看教育。

第二，丛书集中展现了中国教育实践经验与智慧，引导读者建立和提升教育自信。

中国教育质量迅速提升的一个重要秘密，就是中小学的每一堂课，都在努力体现国家战略、国家意志，国家顶层设计与一线微观实践高度融通呼应。

对美好生活的渴望，对美好教育的热烈追求，是中国教育成功的重要动力。纵观中国基础教育改革开放40年来的历程，对美好教育的追求，成为教育发展、教育工作者改革创造的重要驱动力。这套丛书中提炼的好学校、好校长、好教师的改革经验，无不是在回应广大人民群众对美好教育的殷切期盼。

与时代潮流合拍，创造高品质的教育，是教育改革的重要经验。近年来中小学涌现了一大批好校长、好教师，就在于他们敏锐地抓住了时代发展的脉搏，大力提升自己的政治素养、养成法治思维、涵养博大的精神世界，从宏观上保障了教育教学改革的正确方向。同时，近年来中国基础教育改革的一个关键突破点，是从主要关注教学方式层面的改进转向学校整体层面的变革，体现了与新时代精神的密切呼应。

从这套丛书中还可以看到如国家认同教育、核心价值观教育、优秀传统文化教育、学校文化、课程构建与优化、选课走班制度等方面的具体操作经验。这些都是我们的中小学扎根中国大地实实在在干出来的智慧结晶，是中国基础教育之所以卓越的重要因素，也是我们教育自信的来源，值得学校校长、老师们认真研读、借鉴。

第三，丛书呼吁教育工作者乘着新时代的东风，办伟大的学校，做伟大的校长和教师。

伟大的学校，不是仅仅为升学服务的学校，而是要为学生未来创造美好生活的学校。美好生活，就不仅意味着谋生就业能力，也意味着正确的价值观，丰富的精神世界，宽阔的家国情怀，强烈的社会责任感，健康的自我调节能力，和谐的人际交往能力。伟大的学校，也不仅仅是学生成长的乐园，还应该是教师的人生幸福所在。教师的幸福与学生的发展密切相关。只有当教师从心底里认同教师职业，才能真正参与到学生的成长之中，教师也才能获得自身职业价值的实现，收获作为教师的幸福。伟大的学校，善于激发教师的职业热情，帮助教师获得成就感。这也是《名校的那些“秘密”》等丛书揭示的秘密所在。

伟大的校长，其领导力不仅体现在过硬的政治素质、坚持正确办学方向上，还体现为优良的道德品质，更要有教育的定力，“习惯于择高处立，寻平处坐，向宽处行，务实，求稳，但内心却向往教育的理想，一切为了民族的未来。”伟大的校长，是善于成就教师的校长。李烈感言：当我哪一天不再做校长时，如果老师们在背后这样说：“李烈当校长的时候，我们是真的在快乐地工作着”，那就是对我最高的褒奖了。伟大的校长还应是优秀的学习者，善于在繁忙事务间隙，终身学习，反思完善。在工作中，伟大与平庸的区别往往在于能否不断注入生命的激情，能否不断发现心灵伟大的教师和存在无限发展潜能的孩子。

伟大的教师，首先是一个精神灿烂的人。教师是深度参与学生精神生活的引领者。无论是做“四有”好老师，还是做好“引路人”，教师自身的精神修养是前提，这包括坚定的理想信念、崇高的道德修养、对丰富个性的包容、对人的发展性的充分认识、传递正能量的意识和能力、沟通的艺术、自我情绪管理，等等。善于发现美是他们共同的特质。他们还是一群积极回应环境的人，能够敏锐地发现新问题，通过学习、思考、行动来调整自己，跟着时代一同进步。这些伟大教师的特质，读者都可以从《老师，你为什么不再进步了》《朝向心灵伟大的教师》等丛书中有充分感受。

中国社会正处在全面深化改革、实现中华民族伟大复兴中国梦的进程中，社会转型、技术变革等都给基础教育提出了严峻挑战，教育工作者如何看待新情况，解决新问题，考验着我们队伍的素质，更考验我们的学习能力。2013 年习近平总书记在中央党校建校八十周年庆祝大会暨 2013 年春季学期开学典礼上的讲话中指出，"要依靠学习走向未来"，"只有加强学习，才能增强工作的科学性、预见性、主动性，才能使领导和决策体现时代性、把握规律性、富于创造性"。愿读者在人民教育编辑部的这套丛书中，能够充分感知新时代对我们提出的使命和要求，了解我国基础教育改革发展的基本脉络，把握学校办学的正确方向和科学规律，发展和培育伟大学校、伟大校长、伟大教师成长的"基因"，立志办伟大的学校，做伟大的校长和教师，为伟大的时代贡献自己的价值。

2018 年 7 月

（作者系中国教育报刊社党委书记、社长）

序
好学校的模样

褚宏启

俗话说：不幸的家庭各有各的不幸，而幸福的家庭都是相似的。

套用这个句式，则可以说：薄弱学校各有各的短板，而好学校的模样都是相似的。

本书的名字是《名校的那些"秘密"》，我认为，这里的"名校"被称作"好学校"更为恰当，有些学校高考升学率名声远扬，也是"名校"，但是争议很大，远不能称为"好学校"。好学校好在何处？好学校之所以好，秘密何在？问题看似玄妙深奥，实则很好回答，好学校没有什么秘密，也从不保守所谓的"商业秘密"，好学校很朴素、很透明，好学校是遵守教育常识的学校，不故弄玄虚，也不遮遮掩掩。

我把本书中的所有文章读了几遍，受益匪浅。越读越觉得好学校不神秘，好学校的模样都是相似的。

好学校真正以学生为中心，学校的一切工作都围绕学生展开，为学生的全面发展、个性发展、主动发展、可持续发展服务。好学校立足学生的长远利益与根本利益，而不只是急功近利地给学生一个"高分"，好学校站得更高、看得更远，致力于培养能适应社会发展、能促进终身发展的关键能力或核心素养，尤其重视创新能力、批判性思维、合作能力、交流能力的培养，聚焦于培养学生具有"聪明的脑"与"温暖的心"。好学校知道真正的"聪明"不是以"记忆能力"为核心的应试技能，而是善于解决复杂疑难问题的创新能力和批判性思维；好学校知道真正的"温暖"不是服从和盲从，而是基于尊重宽容、能够换位思考的合作能力与交流能力；好学校知道只有让学生拥有"聪明的脑"和"温暖的心"，才能适应复杂多变的不确定的21世纪。

好学校不仅促进学生的全面发展和可持续发展，还积极促进学生的个性发展与主动发展。好学校倾听学生的呼声，尊重学生的需求，激发学生的兴趣、爱好，调动学生学习的积极性、主动性，让每一位学生成为自主发展的主体，让学习过程充满乐趣，让学生具有内在动力，不用扬鞭自奋蹄。好学校强调教育是发现和唤醒，发现每位学生的不同特点和个性差异，唤醒沉睡的潜能，并搭建平台，提供自主自由的空间，帮学生找到自我、认识自我、发展自我，让学生自知、自信、自强。好学校注重培养学生的独立人格、独立思想，而不是培养唯唯诺诺、毫无主见的人。好学校不把学生看作学校获取功利的工具，学生是目的，不是工具。

总之，好学校对于"教育目标"即"培养什么人"有清醒的认识，有正确与明确的培养目标，不满足于培养"分高""听话"的人，而是培养适应21世纪社会发展，我国现代化建设所需要的具有创新能力、科学精神、民主精神、法治精神的现代人；好学校对于"教育过程"即"怎么培养人"也有清醒的认识，不是靠外在的威胁与利诱、约束与激励，而是靠激发学生的内在动机，去调动学生学习的积极性、主动性和创造性，不是"要我学"，而是"我要学"，不是为考试"不得不学"，而是为满足个人兴趣、实现个人理想"主动去学"。

好学校的课程建设、教学方式改革、学习方式转变、管理方式改进，都是围绕上述对于教育目标和教育过程的追求展开的，诸多好学校在课程内容、教学方式、学习方式、管理方式上不可能完全一样，学校特色也各有不同，但是其精神实质是一样的，那就是：学校的一切工作都围绕学生展开，为学生的全面发展、个性发展、主动发展、可持续发展服务。众多好学校不论有多么不同，但是它们的"本质的模样"是一样的，即好学校的"灵魂"是一致的。

一些学校去好学校考察取经，往往学其皮毛，认为这些表面的具体做法就是好学校的经验甚至精髓，实则不然，结果画虎不成反类犬，不是水土不服，就是南辕北辙。学习好学校的经验，不要局限于"表面的模样"，而要把握好学校的本质与灵魂，真正看清"好学校的模样"，找到"好学校的秘密"。

（作者系北京开放大学校长，北京师范大学教授、博士生导师，
原教育部小学校长培训中心主任）

辑一

教育思想：

把学校打开，教育会怎样

要改变别人，先要改变自己

——访国务院参事、北京实验二小教育集团总校长李烈

余慧娟　邢　星

　　不喜欢被采访的李烈，仍然是一袭裙装，在实验二小古朴的四合院内，笑声朗朗。举手投足透着不声张的优雅，言笑晏晏间却有着极严肃的思考、极认真的坚持和惊人的坦率："我愿意做一个不包装、不宣传的校长，因为做教育绝对不能浮躁；但是我愿意说说我们的老师，为老师们做事我都愿意。"

　　李烈有名气，那还是上个世纪的事儿了。

　　1993年首届全国小学数学课堂教学大赛，代表北京参赛的李烈如一匹黑马，以绝对的优势荣获了一等奖第一名，因为她的课实在太出众了。此后，评上特级，再到40岁出头就担任北京第二实验小学校长，李烈的人生步入巅峰。"以爱育爱""双主体育人"等办学理念在教育界的影响力经久不衰。身兼中国教育学会副会长、小学教育专业委员会理事长、国家督学、教育部基础教育课程教材专家工作委员会副主任委员等角色……2011年2月，她成为小学教育工作者中第一位国务院参事；2011年12月，在由国务院参事室等主办的、诸多部级领导和业内大家参加的"为了孩子健康快乐成长"教育论坛上，她作为唯一的小学教育工作者受邀作大会发言，台下掌声雷动。发言中一撇一捺的人字诠释，成为她的标志性理念。

　　如今，已被评为正高级教师的她，所领导的北京第二实验小学已实现了增值发展，成为一个拥有35所学校的教育集团。2014年北京基础教育改革中，她又接受了合并两所小学的任务……

作为北京第二实验小学教育集团的总校长，她是怎么把这么一个大摊子理得井井有条的呢？怀着好奇，我们一聊就是 4 个小时，开心的李烈依然意犹未尽。

校长对自身的定位非常关键

《人民教育》：您当校长整整 20 年，现在管理着涵括 35 所学校的北京第二实验小学教育集团。作为校长，您觉得学校管理最重要的是什么？

李烈：我 1996 年主持学校工作，当初对做"校长"有一个很朴素的定位：我当校长不是去"管"老师，而是为他们的自主发展创造条件，为他们的快乐工作营造环境。我觉得学校管理最重要的是教师内驱力的唤醒以及创造力的激发。校长主要的工作不是学校发展的顶层设计，不是学校课程的具体设置，不是学校教育的实施途径，而是带好教师队伍。因为学校的目标、课程、教育最终落到学生身上靠的是教师队伍而不是校长。

怎样带队伍？这就有层次了。第一个层次是校长勤勤恳恳、辛辛苦苦，队伍却怎么也带不动，这是一种失职。第二个层次是能带得动，但是这种带动更多依靠的是外在的东西，比如制度的管、卡、压等。这种刚性的带动有效果，甚至一段时间内有很好的效果，产生很高的效率，但终究不是最好的办法。我们怎么对待教师，教师就会怎么对待孩子。制度可以"管"住人，但某种程度上讲，那也是一种目中无人的管理，不仅限制了人的创造性，更忽视了人的独立性和主体性，将教师作为纯粹的技术工具，必然丧失教师作为"人"的价值追求和多重体验，违背了人性最基本的全面性和复杂性。因此，只有制度管理的地方，不是在面对完整的人，不是学校，没有教育。第三个层次是不但带得动，而且大家愿意跟你一块儿干，开心地跟着你一块儿干，进而在你的带动下不断自我激发智慧，在工作中体验"自我"成功的人生，实现事业价值、生命价值的内在统一。我觉得我是在追求第三个层次。

我常想，当我哪一天不再做校长时，如果老师们在背后这样说——

"李烈当校长的时候，我们是真的在快乐地工作着"，那就是对我最高的褒奖了。

《人民教育》：对"校长"定位不一样，在具体工作中会产生哪些不一样的做法和效果呢？

李烈：我想先讲个故事。有一天，一位青年男教师来到我的办公室，支支吾吾了半天，不好意思地说道："校长，我来辞职。"我当时一愣，因为很突然，第一反应是问他："为什么啊？出什么事儿了？"

原来，这位多才多艺的美术教师在业余时间与几个朋友一起组成了一个四人合作小乐队，他在其中担任作曲与弹唱。一个月前，一个队友提出四人组合去参加电视台的擂台选秀节目，本来大家还在犹豫中，但那位做音乐教师的队友却非常坚持。终于有一天，她向学校提出了申请，结果，被校长狠狠地批评为"不务正业""不负责任"，盛怒之下女孩辞职了。这位美术教师跟我说："事已至此，我们只能背水一战了。我知道这样对不住学校，也思想斗争了好几个晚上，可是实在想不出别的办法，我也只好辞职。我知道这个时候学校没办法进老师，所以我已经找了一个代课老师，而且我保证他一定能教好。"

我没有对他的去留表态，接着问了他另外一个问题："你们去参赛一定是两个结果。一个是成为冠军，目标实现了，之后你打算怎么办？另一个是中途被淘汰，你又作何打算？"他说："如果成为冠军，就会有公司来签约，我们就可以走专业演出之路。如果被淘汰了，我就彻底死心，再也不参加这种比赛了，然后重新去找工作，当老师。我知道我再也找不到像实验二小这么好的学校了，但是我既然做了对不住学校的事，就要自己承担后果。"

他一口气说下来，我与此同时也有了判断，并且有了几分感动。第一，他对学校有感情，对教师工作是喜爱的，大学毕业后来到学校工作了6年，总体表现不错。第二，他没有因为辞职就把自己在工作上造成的问题和损失留给学校，而是主动想办法补救，找好了代课老师，是有责任感的。第三，他做人很仗义，在同伴已辞职这个关键时刻，他选择共进退，是他的大气使然。第四,他分析到了事情的两种结局,而且愿意承担后果,这是很难得的一种担当。

于是,我很平静地对他说:"明天你通知代课老师来见我一下,然后交接安排好工作。下周一你可以不来了,但是不用辞职。我祝愿你们比赛取得好成绩,走上专业道路,你的档案该放哪儿就放到哪儿;如果中途被淘汰,我欢迎你回来,回来就好好地当老师吧。""校长,您的意思是给我留着档案?您说的是真的吗?"他看着我,好像不敢相信。我说:"是真的!因为……"我将四点看法说给他,他哭了:"校长,我回来一定好好干!"回来后的表现自然无须我再介绍了。

《人民教育》:您处理问题的方式的确很不一样。

李烈:现今时代不同于我们年轻时,对待工作必须"安于其业,从一而终",否则就是不守本分,"好高骛远"。年轻人有自己的选择和追求是好事,即使是动摇,是所谓的一段弯路,也未必是坏事,不同的经历可以是更为丰富的学习资源,不同的体验可以是促进一个人发展成熟的关键。我们学校现在的教师队伍中,就有好几位是出了口,转了行,干了一年甚至几年后又回到教育岗位上来的,对于这样的应聘者,我更关注的是他们"为什么走又为什么回",这当中大多是通过不同行业的对比,或深刻地感受到了教师职业的神圣,或清楚地知道了自己真正喜欢的职业是什么,或如梦醒般意识到了自己最适合的还是做老师。这样的感悟是付出代价后最珍贵的收获,甚至可以说是最另类的一种职业培训。每个人都有其天生的长项与短处,当一个人所从事的工作适合他,也就是正好发挥其天赋优势时,成功体验就多;反之,主观的愿望与客观的效果、付出的努力与工作的绩效常常不相匹配。因此,理解和关注教师的需求,运用"适合学说",发现和帮助每位教师自我发现各自的长项,并在工作中充分发挥其长项,是我"为教师自主发展、快乐工作创造条件、营造环境"的定位中一个重要的构成。

"爱"是可以培养的吗？

《人民教育》：您提出"以爱育爱"的办学理念，并用 20 年的实践让它在实验二小落地、生根、开花、结果。不了解它的人可能会觉得：爱不是一种天然的情感吗？有就是有，没有就是没有。有爱的教育最好，没有爱学校又能做些什么呢？

李烈：爱不仅是一种情感，更是一种能力，一种智慧。在教育实践中，爱的能力远比爱的情感重要得多。我举个小例子。

20 年前，一位美术老师在全校"以爱育爱我来谈"大会上发言：

"作为低年级美术老师，过去我最没有办法解决的问题就是有些孩子上课不带彩笔。为此我气得要批评甚至训斥他们，还时常无助地向班主任'告状'，可效果甚微。

"'以爱育爱'的理念使我发生了改变，想着'对学生要遵循无错原则''效果不佳应该提升自我爱的能力''遇到问题，先从改变自己做起'，我开始站在孩子的角度思考问题。我发现，孩子们不带彩笔主要有两个原因：一是简单的'说教和要求'没有使他们理解带彩笔的意义，二是他们缺少可以记住带彩笔的具体方法。于是，我想出了一'招儿'，给他们讲解放军叔叔的故事，我告诉他们：上美术课带彩笔，就像解放军叔叔上战场要带枪一样重要。我教他们像解放军叔叔一样学会整理：枪要分门别类整齐摆放，每天都要擦洗检查装备；可以准备一个盒子，分成 5 个格，按照课表把每天的学习用具放在不同的格子里，每天完成作业后或每晚睡觉前将相应格子里的'装备'装进书包。这样，大家就像真正的解放军了。

"孩子们听得特别高兴。让我意想不到的是，从那以后，孩子们真的很少忘带彩笔了。偶尔出现这种情况，孩子们会提前在班级门口等我，不好意思地说'报告团长！我今天忘带枪了，下次一定带！'他下次真的会带来。困扰我 10 年的难题竟然就这么容易地解决了。"

举这个例子，是想说，敏锐地发现孩子的变化是爱的能力，艺术地解决孩子出现的问题是爱的能力，出色的教学水平是爱的能力……爱的能力需要开发，可以培养，爱的能力更来自教师深刻理解学校“以爱育爱”理念后自动自发的思考与实践。教师爱的能力使爱成为教育手段的同时，更作为教育目标并得以实现。而学生回馈给教师和社会的爱，又会进一步激发教师爱的情感和能力。教师和学生的爱是互动发展的，爱的情感和能力也是互动提升的。

《人民教育》：从理念的提出，到达成共识，其实很难。很多校长有很好的理念，但是难以在学校每一项工作中落实，难以在每一位老师身上得到共鸣和进一步的诠释、提升，实验二小是怎么做到让“以爱育爱”理念深入人心的呢？

李烈：1997 年我任校长的第一年，正式提出了以“以爱育爱”为主旋律的双主体育人办学理念，强调教师和学生在不同层面各自的主体地位，提出以教师“爱的四有”即爱的情感、行为、能力、智慧去培育学生“爱的四有”等。我把相关理念细化为 66 条实施要术，写成一本薄薄的小册子——《“双主体育人”办学思路实施手册》，成为大家的案头书，并用各种方式与大家一起学习、实践。8 年之后，我们全校老师共同参与整理提炼，完成了已有十余万字的《“双主体育人”办学思路实施手册（修订本）》。

的确，理念的转变不是一蹴而就的，达成共识和内化为自觉行为更是不容易，它需要一个脚踏实地、实事求是、反复实践和累加的过程。这中间会有不同的声音，甚至是反对的声音，这很正常。正是因为有不同，才使我们有更多的思考、更完善的补充以及更有针对性的引领与实践。就这样一步一步地走过来。理念理解了，共识达成了，有了共同愿景，建设形成了学校“九大文化”。然而，教师爱的能力的提升是永远难以画上句号的，因为我们永远在不断地面对新的时代、新的孩子、新的期望、新的问题。“研究”成了我们的工作常态，“归零”成了我们的发展心态。多年来，任何新的研究课题及实践成果我们都毫无保留随时无偿分享给来自全国各地的教育同仁，正所谓“分享”走得远！给出去了就不再是我们的独有，我们就又站在了新的出发点上，这正是实验二小人的气度与站位。现在，我们正在对《"双主体育人"办学思路实施手册》进行第三次修改，很快，集合了我们的核心理念及 20 年探索实践的实施手册将再次面世，我想此时的它已经不仅仅是一本"手册"了。

建立一个真正"以人为核心"的自治管理系统

《人民教育》：我们刚刚更多的是在谈情感管理，其实制度管理也是管理的重要组成部分，您如何处理教师管理中情感和原则的关系？

李烈：学校管理是个系统工程，不以制度为主的管理绝不意味着不要制度。有些方面如财会管理，我们不但有制度，还有详细具体的实施流程、严肃规范的议事章程及"一单到底"的问责清单。在学校其他方面的管理中，我们也有相应的机制或制度，只是这些制度与文化联姻，形成的是制度文化，其中有不可触碰的底线，也就是刚性处罚的规定，如师德问题；也有重在明示作用、权力下放、弹性实施的规章制度，如考勤制度；更多的则是激励为主的绩效奖励制度。比如 20 年前设立的"团队和谐奖"，突出强调的是分享，分享经验、分享荣誉，同时也分享问题、分享责任。我们常常看到的景象是，团队中有老师上公开课，课前你看不出是哪位老师执教，因为有太多老师在帮忙。团队成员偶尔出现问题，同组没有抱怨，不去指责，而是第一时间共同研究解决、共同承担和补救。人生来是有差异的，更何况年龄不一，阅历不同，经验不等，因此，对教师的评价同样不可用同一尺度，当一个组中每个人都能够最积极地践行学校的理念，最努力地对待自己的工作，呈现出来的是一种最佳状态，那么这个团队就实现了"和谐"。在《"双主体育人"办学思路实施手册》中，"团队和谐奖"评选条件中有一条：学校行政领导成员只有在全校各组都获得"团队和谐奖"时，才能获得此项奖的奖金。

在这种和谐的团队氛围和学校文化中，每位教师都与所在的团队形成了一种积极的相互依赖关系。老师常常会被感动，他们特别乐意与所有人一起努力，他们特别害怕因为个人的问题给团队带来影响，这种情感常常会变成一种力量，对不当行为的约束力量，对尽全力奉献的驱动力量。

我以为"扬人长，念人功，谅人难，帮人过"是充满情感的人文管理，敢于旗帜鲜明地坚持原则使正气成为文化主流，也是一种充满情感的人文管理。试想，丧失了爱与憎、是与非的原则，何来管理中的情感？因此，管理中的情感和原则本就是相辅相成的一个问题的两个方面。

如今，我们将"治理理念"引入学校，"法治＋元治＋自治＝善治"成了我们变革行政结构、淡化行政管理的目标追求；学校元治："减少管理层级"，突出核心层对理念、原则的引领与把关，强调各项工作先整合再下达，成了我们深化扁平化管理的实施模式；年级自治："更多地放权给年级"，以年级为主出方案，成了我们实现多元主体、民主管理的新探索；"长板＋团队"将教师成长目标分解，成了我们队伍建设减负增效的新尝试；"以学生为目标组团"成了我们为学生全人发展而加大综合研究力度的新举措。我们正在努力进一步解放教师，建立一个真正以人为核心的自治管理体系，以鼓励每位教师成为"最好的我"，即实现"职业价值与生命价值的内在统一"。

《人民教育》：如果有校长请您给他几条管理建议，您会建议什么？

李烈：第一，做校长要以"成就教师"为己任。要舍得个人的名与利。

第二，做教师管理要"心中有爱，目中有人"。尤其要努力提升"感受他人感受"的能力。

第三，要尊重人的差异与教育的规律。万不可追风浮躁，更不能急功近利。

第四，要学会改变。我们无权、无能、无责去改变他人，只能改变自己。校长作为管理者、领导者，并不一定是问题出在我们身上才改变。有时候我们是对的，但是管理效果不好，这是我们爱的能力不够，还是要内归因，改变我们自己，找到适合"他"的方法。有很多问题的解决以及自我领导力的提升，不是靠我们去改变别人，而是靠我们改变自己。改变习惯，改变角度，改变站位，改变思维，改变方式方法，改变行事为人。如此才能由己及人、再及人，一圈一圈地放大影响。这种改变，就如我们的"以爱育爱"，就是这样一个不断互动、生生不息、无限扩大影响的过程。

　　《人民教育》：今天聊得非常深入，也让我们看到了另一个"李烈"，谢谢您接受我们的采访！

（本文作者单位系《人民教育》杂志社）

（文章原刊于《人民教育》2016 年第 05 期）

把社会打开，让孩子进来

程红兵

我曾在《人民教育》2015 年 17 期刊发过《把学校打开》一文，呼吁学生应该走向社会；作为问题的另一面，社会也应该向学生打开。

社会向孩子们打开，应该是全方位的打开，包括政治领域、科技领域、军事领域、文化领域、工业领域、农业领域等。

凡是有益于学生成长的社会资源，都应该成为学生成长的教育资源。

世界是学生的教科书，学生应该面向生活、面向社会、面向世界

杜威认为，教育是儿童现在生活的过程，而不是将来生活的预备。最好的教育就是"从生活中学习""从经验中学习"。他主张"学校即社会"，有两层含义：一是学校本身必须是一种社会生活，具有社会生活的全部含义；二是校内学习应该与校外学习连接起来，两者之间应有自由的相互影响。

陶行知在杜威的基础上进一步发展，他主张"社会即学校"。在陶行知看来，教育和生活是同一过程，教育包含于生活之中，教育必须与生活结合才能发生作用，他主张把教育与生活完全熔于一炉。

陶行知认为，在"学校即社会"的主张下，学校里的东西太少，不如反过来主张"社会即学校"。这样，教育的材料、方法、工具以及环境，都可以大大地增加，学生、先生也可以多起来。"整个社会的运动，就是教育

的范围，不消谈什么联络而它的血脉是自然相通的。"

"社会即学校"的根本思想是反对脱离生活、脱离人民大众的"小众教育"，主张用社会各方面的力量，打通学校和社会的联系，创办人民所需要的学校，培养社会所需要的人才。真正把学校放到社会里去办，使学校与社会息息相关。

过去我们说教科书就是学生的世界，在这个意义上看，学生是读书的，读来读去就是读教科书；今天我们说世界是学生的教科书，学生应该面向生活、面向社会、面向世界。一方面学校应该带着孩子走向社会，走向生活，另一方面社会应该向学生打开，接纳孩子，积极主动地为学生成长服务。

教育的真谛在于人的个性化与社会化的和谐统一。无论是学生的个性化成长，还是社会化过程，都离不开学校教育，同时更离不开社会教育。让学生走向社会，参与社会实践活动，理解社会生活，让他们找到自己的人生坐标，让他们作好职业生涯规划，以适应未来社会对人才的基本要求，这是成人世界为孩子们应尽的职责。

要允许、鼓励学生参与真实的政治生活，这是绝好的教育资源

我曾经担任过人大代表，也担任过政协委员，曾提交了一份关于"把社会打开，让孩子进来"的提案，如果将我国各级人大、政协的会议及相关活动向中小学生开放，那么就可以带动社会各界向中小学生开放，让社会向学生敞开。

各级人大、政协会议既是人大代表、政协委员参政议政的场所，也是绝好的教育资源。与会者都能充分感受到从各级政府到人大代表、政协委员身上洋溢的积极、热情、向上的力量，大家群策群力、集思广益，为新一轮的发展贡献智慧，涌现出了很多真知灼见。这对教育学生热爱祖国，积极关心国家大事和社会发展，具有非常重要的意义。国内许多地方的人大、政协会议都没有邀请中小学生列席参加的做法，这对孩子们来讲是浪费了很好的学习机会，浪费了让学生走进人大、政协关注政治并养成参政

议政习惯的教育资源。

有的地方人大、政协有很好的开放传统。比如有的设置了“人大代表议事厅”“政协委员议事厅”，这是关注政情、社情，汇集民智、民意的好办法，也是开放人大、政协的好办法。深圳明德实验学校的学生就曾经参加过“关于保护红树林”的“政协委员议事厅”活动。活动之后，孩子们纷纷表示“这样的参与很新鲜，很有意思”，让他们“直接感受到参政议政的氛围和自己作为国家主人的责任意识”。

许多国家的议会都有向市民开放、向中小学生开放的例子，比如澳大利亚、英国、挪威、芬兰等国，均产生了很好的教育效果。如果社会生活是开放的，象征着国家各个层面最高级别的政治会议向学生开放，不仅仅是教育本身的意义，而且具有造就开明政治生态的意义。

我建议我国各地的人大、政协可以开展诸如“人大代表议事厅”“政协委员议事厅”，每次议事都特邀中小学生参加。根据每次议事主题内容的不同，邀请不同的学生参加，以活动的适切性和关联度为基本原则，适合高中生的就请高中生参加，适合职校生的就请职校生参加，适合小学生的就请小学生参加。

人大代表、政协委员下基层、作调研的活动，也可以特邀中小学生参与。中小学生原本就不能整天关在学校内，两耳不闻窗外事，一心只读圣贤书。特别是中学生，必须走进社会、调查社会、了解社会，实际承担这种对他们来讲是必需的学习任务。如果人大代表、政协委员能够带领孩子们作调研，则更有一种正式感、庄严感、严肃感，孩子们能实际感受到自己的责任。

除涉及国家机密之外，人大、政协会议的相关环节基本上都可以向学生开放。人大常委会主任、政协主席的报告可以向中小学生开放，让学生了解我们国家、地方政府的基本宗旨、基本目标、基本活动方式。省长、市长、县长的报告可以向中小学生开放，让学生了解他们在想什么、做什么，了解整个城市的发展成就以及今后的基本发展思路。人大、政协的大会发言可以向中小学生开放，可以让学生感受到他们的祖辈、父辈们是怎样以积极的热情参政议政，并了解到各个行业、各个领域的最新发展动态。

人大、政协的小组讨论向中小学生开放，可以让学生感受长辈们是怎样分析问题、积极建言献策的，这是最好的爱国教育。

人大、政协带头向孩子打开，将带动政府向孩子打开。比如政府机关面向孩子打开，让有兴趣了解政府治理方式的孩子走进机关、街道，了解政府机关的运作方式。

封闭的空间将使学生孤陋寡闻、眼界狭隘；开放的空间将促使学生耳聪目明、眼界大开

除了政治领域应该向学生打开之外，科技、工农业生产、文化、商业领域等，都应该向孩子打开。

学校教育应培养未来科技人才，但科技人才的培养单靠学校教育是远远不够的。基础教育学校受到各种客观条件的限制，比如一般不具备一流的科学家，不可能真实、完全地再现科技实验的现场，不可能让学生参加真实的、前沿的科学实验研究。

我曾经到过美国加州理工学院、美国宇航空气动力研究所，我十分惊讶地发现他们以项目为单位的研究团队居然吸纳了高中生参与，他们的团队负责人告诉我们："吸纳对相关项目有浓厚兴趣的优秀高中生参与研究，这是最好的培养未来科学家的方法。这些高中生整天和科学家在一起，面对问题，参与讨论，学习科学家的思维方式、研究方式，虽然他们的知识还有许多不足，但同时他们也少了许多束缚，或许在参与讨论研究的过程中，他们的一个想法就成了点燃创意的一个火花，对整个团队的研究也会产生积极的作用。"

深圳明德实验学校依托腾讯资源，一方面带领学生参观考察腾讯最先进的动漫设计工作现场，一方面邀请相关工程师为学生开设了"编程的艺术""游戏策划""Unity 3D 编程"课程，由一线有着十分丰富经验的创意设计师亲自指导明德学生实际操作。学校有一系列的科技活动，例如带领学生走进万科学习建筑设计；带领学生走进大疆公司考察无人机研制，进而开设航模课程，邀请中国航空动力技术专家刘大响院士给学生作相关报

告；带领学生走进联通、微软、深圳电力调度大厦、大亚湾核电站、深圳气象台，参观考察，学习探究。这么做，至少为学生开阔了眼界，让他们了解了科技前沿的发展概况。

当然，我们期待更多的科技团队向孩子打开，向孩子深度打开，不仅是接纳孩子们走马观花式的参观考察，作一个报告，还应该让孩子们走进实验现场，实际参与相关的研究实验，深度介入。这将对学生产生深度的影响和更加积极的作用。

如今，城市的孩子越来越城市化，他们远离农村、土地、自然和农作物。虽然现在高中学校也有学农的要求，但由于种种原因导致城市学生很难走进农村，他们更多的是在专供学生学农劳动的专用场地进行所谓的劳动，象征意义大于实际意义。因为集约化地接待一批又一批的学生学农劳动，导致专用农场常常根本无农活可干，甚至连草都无处可锄，这与其说是学农劳动，不如说是换一个地方的集体活动。而且这种"伪学农"劳动最大的弊端是根本没有走进真实的农村，真实的农家，真实的农民，不知道农民的甘苦，不知道农民的生活，不知道农民与土地深深的情感联系。

我们利用暑假带领学生走进贵州山区的侗乡侗寨，到海南中部大山深处参与劳动、感受生活，与农家的孩子谈论彼此的生活，畅想未来的生活，向农家大嫂学习织布，向农家大爷学唱侗歌，向橡胶农工学习割橡胶，到稻田里学习插秧，体验农民的生活，孩子们收获了满满的感动。

现在学校一般都有军训活动，但基本上不是在军营里进行的。或许是因为军队有军队的规范，或许军事重地还有保密的要求，总而言之，军营不向学生开放。这就导致学生的学军活动更多的是走过场，隔靴搔痒，因为学生不在军营就无法感受军营的氛围，就无法真正体会到军人的生活，就无法完全理解军人的气质，因此无法产生较好的学军效果。

中华民族历来都有重视教育的传统，但不能只是重视学校教育作用而忽视社会教育作用，如果社会的许多部门因各种客观原因、主观理由和借口对孩子关闭，结果将直接影响孩子的成长。封闭的空间将导致学生孤陋寡闻、眼界狭隘；开放的空间将促使学生耳聪目明、眼界大开。封闭将导致封闭的个性，开放将造就开放的人格。

（作者系广东省深圳明德实验学校校长）

（文章原刊于《人民教育》2017年第01期）

CAP 将让中国更优秀

王殿军

去年 3 月，中国大学先修课程（Chinese Advanced Placement，简称 CAP）试点项目启动。它旨在让学有余力的高中生及早接触到大学课程内容，接受大学思维方式、学习方法的训练，让学生真正享受到最符合其能力和兴趣水平的教育，帮助其为大学学习乃至未来的职业生涯作好准备；同时也为深化我国高中教育教学改革，推进我国人才培养模式改革起到积极的促进作用。

对于学有余力的中学生，一定要让他把自己的能力全部释放出来

开设中国大学先修课程，迫在眉睫。

第一，我国高中课程设置和人才培养模式存在不足。

我们为什么培养不出杰出人才？这可能与我国普通高中课程的层次性、丰富性不够有关。中国所有的高中生，如果要考大学，所学的东西基本上是一样的。这好比举杠铃，一个标准重量的杠铃，全国的同学都去举，有些同学根本举不动，还在拼命举；有些同学则能轻松地举起来，也在不停地举。结果造成后进学生跟不上，程度高的学生又吃不饱，杰出人才的培养难以实现。

首先，课程领域偏窄。新一轮课程改革之后，一些高中也采用了类似大学的学分制，学生只有修够了一定数量的学分才能顺利毕业。但实际上

还是在现有的几门学科内进行选择，把学科分成了必修和选修，学生要学习的内容还是局限在语数外、理化生、政史地的范围之内。教材选修系列的难度确实有所提高，但在实际教学中，很多学校并没有开设选修部分，选修教材形同虚设。学生还是不能选择自己感兴趣的课程，缺乏学习和思考的动力，更难以形成自己的见解。久而久之，学生的创新意识就逐渐被消磨殆尽。

其次，课程深度不科学。新课程之后，高中教材分成了必修和选修系列，必修部分主要包括基础知识、基本技能、基本学科思想和基本的教学活动经验，并无大的改观。选修增加了大量有难度、有深度的知识，但是有的改编幅度太大。"就以（数学）选修教材 4—9 为例，里面太多的知识超过了高中生实际认知能力的极限，很多任课老师自己恐怕都不熟悉，主要介绍了风险与决策，所包含的风险性决策、决策树、最优化问题、灵敏度分析以及马尔科夫型决策都是运筹学里的重要内容。"虽然这些运筹学知识在生活中的用途十分广泛，但是以高中生的数学基础来学习这些知识，未免难度太大。

最后，中学与大学之间断层。高中没有设置和大学课程相互衔接的课程，致使高中教育和大学教育之间出现断层，大学老师认为高中应该学的知识学生却不知道。这也导致部分学生在选择大学相关专业时很迷茫：知道自己的兴趣点却不了解大学的专业。一些学校为了提升学生的学习兴趣，开阔视野，增长知识，开设了和大学教育相衔接的课程，但缺乏统一的规范和管理，教材内容和师资力量没有很好的保证，不利于学生进步提升。

我国现有的高中课程体系的不足给大学的录取招生带来了一定的影响。清华大学教务处副处长白峰杉教授说，清华大学招进来的学生同质化严重，从高考成绩 650 分以上的学生中随机抽取 300 人，都差不多，学生没有自己的特色，千人一面。"选拔学术型人才，其实只需要学生某些文化课成绩不差就可以。"白峰杉说，"我们的教育讲究'一步一个脚印'，这种要求不是创新人才的培养方式，如果只会按部就班走，很难有创新思维。"

一个好的高中课程体系，要能满足不同层次学生的学习需求。我们不能耽误学生在中学期间的时间和精力。尤其是对于学习能力强的学生，一定要让他把自己的能力全部释放出来。因为这个年龄段的孩子充满了好奇心、想象力和求知的欲望。这个时候让他重复做一件容易的事情，对他的创造性是一种极大的伤害。

CAP 课程体系的建立有助于改变这一现状。其多元化的课程、自由的选课机制可以确保学生接受到最大限度的个性化的分层教育；统一标准化的课程体系、考核标准、教师资源可以确保为学生建立个性化学习和发展的平台。

第二，我国的人才选拔模式不完善。

改革开放 30 多年来，我国考试招生制度不断改进完善，初步形成了相对完整的考试招生体系，其中作为大学入学选拔性考试的高考本身已经非常成熟，但也存在一些社会反映强烈的问题。现行的选拔制度除了能为大学提供高考分数之外，无法提供其他具有公信力、权威性、科学性的选拔和评价指标。长此以往将严重影响中学的人才培养和大学的人才选拔。要想为高考减压，拒绝让高考成为独木桥、单行道，促进学生全面发展、健康发展、个性发展，高校招生制度的改革势在必行，着手建立尽可能全面、多维度的评价选拔指标体系迫在眉睫。

CAP 课程的出现，无疑将对丰富人才选拔渠道大有裨益。CAP 课程成绩可以作为大学评价和选拔学生的重要依据，成为人才评价的重要维度之一，推动多途径、多元化选拔制度的形成。

其一，本项目 CAP 课程由全国大学先修课程中心统一制定课程标准、统一编写教材、统一进行考试评价，并对开设大学先修课程的中学进行资质认定，对讲授大学先修课程的教师进行培训、考核和资格认定。这些基础条件都是 CAP 课程成绩评定过程中公平性的有力保障。

其二，选拔性工作应该坚持目标导向性原则，应该由选什么人来决定如何选人。高校特别希望中学能培养出基础扎实、素质全面、富有创造精神的优秀毕业生，特别希望能选拔出真正优秀而富有培养潜质的拔尖人才苗子。CAP 课程的学习内容超越高中学科知识，具有一定的专业深度和知识面广度，而其学习者又是高中生中的佼佼者，符合高校选才的预期。

第三，国际上有比较成熟的大学先修课程的开设范例。

大学先修课程作为一种卓有成效的教育模式，最早出现于美国，现已在多个国家推广。美国大学先修课程，简称 AP 课程，是美国在培养人才方面中学教育体系中的一个重要环节。美国在上世纪 50 年代初就注意到，如何关注学有余力的高中生，如何解决大学与中学教育之间的断层问题。其结果，就是创建 AP 课程。它是由美国大学理事会（The College Board）提供、高中开设的大学水平的课程。美国高中生可以选修这些课程，在完成课业后参加每年 5 月举行的 AP 考试，得到一定的成绩后可以获得大学学分。经过 60 多年的发展，AP 课程已涉及 22 个门类 37 个学科，体系完备。

AP 课程在美国的大学招生中占据重要地位，尤其是一流大学，特别注重学生在高中学了多少 AP 课程、学得如何。进入大学后，如果该大学设有同样的课程，学生的成绩达到 5 分或者 4 分（AP 考试实行 5 分制），那么这门课就可以免修。美国大学先修课程密切连接了中等教育与高等教育的关系，使二者有效衔接，同时也促进了美国中、高等教育的迅速发展。AP 课程自开设以来，得到了社会、学校、家长、学生各方面的认可。

我们曾对美国各大学所需申请材料的清单进行研究，结果发现：哈佛、耶鲁、MIT、斯坦福、普林斯顿、加州伯克利等大学均明确建议学生提交 AP 课程的成绩；学分认定时各校标准不一，例如哈佛大学要求 AP 课程达到顶级（5 分），而加州伯克利只要求达到 3 分即可（但是要求提供 15 门 AP 或 IB 先修课程成绩）；各校还将 AP 课程用于入学后的分级（for placement）。

AP 课程的作用和价值非常广泛，远不止拓宽知识面这么简单。它是一个育人和选人的过程，是美国培养人才的重要组成部分。它体现了对学生个性的尊重，引领了基础教育的健康发展。美国大学升学顾问委员会（NACAC）提供的关于 2006—2012 年美国大学某项因素非常重要的比例变化情况显示：美国高校在选拔学生时，更看重 AP 成绩，而且 AP 成绩的影响力越来越大，从 2006 年的 76% 上升到 2012 年的 82%。这对我们有很大的借鉴意义。

第四，我国教育资源分布不均衡。

如果能够在接受同样考核标准的情况下让学生自主选择课程，如果对执行 CAP 课程教学的教师有统一的标准，如果对于申报进入 CAP 项目的学校有着同样的要求，那么有着同样标准和"下线"的 CAP 课程，将会成为不仅能满足学生需求，而且能让他们享受到最大公平的"选修"课程。

按照这一精神建立起相对完善的 CAP 课程体系，就可以从一定程度上打破教育资源不均衡的问题。同时，CAP 后期开发的慕课系统，可以使其得到广泛普及，地域、收入差异所带来的教育不均衡问题就会得到一定程度的解决。

我们希望，有朝一日 CAP 课程能走向世界

AP 课程为美国创新人才的培养、高校多元化选拔人才作出了不可磨灭的贡献，正如美国大学理事会所说的——"我们的下一个使命就是进一步完善教育制度，使美国成为全世界最优秀的国家。这个，只有 AP 能够做到。"

中国的 CAP 发展历史很短，其组织机构、课程建设、教材研发、教师培训、考试评价等都需要严谨细致的筹划，需要一定的周期去实验。我们面临的挑战是无法回避的。

首先，如何在不加重负担的前提下，科学合理地引导学生选修 CAP 课程？

CAP 课程是针对那些"吃不饱"——学有余力、学有志趣、学有专长的拔尖学生开设的，不是针对所有学生，建议各校前 10% 的学生有资质参加学习（个别学校可以适当考虑前 15% 的学生选修）。这部分学生，往往对自己有更高的要求，且愿望比较强烈。为这部分学生提供平台，用课程作支撑，可提高其进一步学习、研究的能力，为学生进入大学作好衔接。当我们提供的课程匹配他们的学习需求时，他们身上过剩的能量得到激发，而不是无处施展。这就不存在增加学习负担的问题。

从课程开设的时间上看，我们项目组建议 CAP 课程一般每周安排一次，一次两个课时，而且作为高中校本课程选修时间段授课，不占用学生

额外的时间。

相对而言，美国学生高中期间可以修十几门 AP 课程，中国大多数国际部学生一般选修 3—5 门 AP 课程。为此，我们建议那些能够把现有高中课程知识轻松学习扎实的学生，利用剩余精力去学习一两门 CAP 课程，但不主张选修科目偏多。

另外，最近一次在全国 10 所试点高中作的调查表明，86% 以上的学生认为 CAP 不但没有增加负担，反而提高了自己的学习兴趣，增长了见闻，并为未来学术研究指明了方向。

其次，高考改革热火朝天，然而高招录取却遭遇严峻"烤"验，CAP课程能否成功救"火"？

浙江、上海高考改革方案已经公布：文理不分科、外语一年两考、理科向文科倾斜等。这将给未来高校录取带来严峻的"烤"验：高考区分度不足——选考科目按等级赋分，各省单科顶级（满分）的学生数量约 3000人，优秀人才如何选拔？理化生等科目被削弱，甚至出现断档期——入学学生的理化生等科目的基础整体下降，同专业学生选考科目不一，理化生等科目基础不一，高中教育和大学教育如何衔接？

在此背景下，CAP 课程成绩呼之欲出，未来可能成为除高考成绩、高中学业水平测试、综合素质评价外，高校招生时争相采用的重要参考依据。此外，如果 CAP 课程成绩达到大学的规定标准，学生进入大学之后，大学还可以承认其所获得的学分，免修大学开设的同样内容的课程。

目前，个别高中还在纠结于高校今后招生用不用 CAP 成绩。中学只有先行一步，先把体系做出来，让大学知道你干了什么，它才可能参考运用。退一步讲，即使大学最后没有运用，这至少也是选修课，对学生将来的发展有好处。

再次，CAP 如何避免成为某些高校"掐尖"的工具？

CAP 课程在一定程度上就是让最好的大学与中学联合培养人才，这不会造成新形式的"掐尖"；即便大学录取时作为参考，也是在高考成绩达到要求的前提下使用。很多选修 CAP 课程的同学表示，他们并没有很功利的想法，更多的是觉得自己在学完高中课程的基础上，有能力学习一些更深入的知识。此外，CAP 课程的内容不是把大学完整的课程体系下放到中学，而是让学生能够尽早地了解某一个学科的本质、思维方法及该学科最前沿的知识，引发学生对某一个学科产生浓厚的兴趣，方便高校录取时选拔适合自己的学生。考试成绩是为了创新人才的选拔，而不是方便高校“掐尖”。

又次，如何打造卓越的 CAP 师资团队？

打造卓越的 CAP 师资团队是保证拔尖创新人才培养的基石。本项目所有开设 CAP 课程的教师都应获得由中国大学先修试点项目管理委员会颁发的教师培训结业证书。全国 CAP 教师培训一般在清华附中举行，一年两次，寒暑假各一次，每次时间为期四至六天。

CAP 课程对任课老师的要求比较高，一般要求硕士毕业任教三年以上的高中现任教师，或是高级教师；需要具有在所任教学科或专业领域从事科学研究的经历，并持有 CAP 教师培训结业证。

在教师培训中，着重引导教师秉持现代教学理念，熟练组织和有效引导学生开展实验研究、问题探究、项目学习、小组研讨、合作学习等注重学生参与的学习活动；能够根据 CAP 课程内容、学科领域发展和学生发展的需要，主动学习新知识，不断提升自己的知识基础、研究能力、教学设计与创新实践能力。

最后，如何扶持西部贫困地区，促进教育资源均衡？

为解决西部偏远农村高中师资缺乏，无法开设 CAP 问题，我们将利用慕课系统，免费为他们提供 CAP 课程，安排在线学习、答疑、考试、咨询等服务系统。即使某一贫困学校有一名学有余力的优秀学生要求参与，我们也将竭尽全力予以支持。另外，针对贫困生，我们将引进慈善基金、奖学金等资助政策进行帮扶，确保学有余力的拔尖学生，“一个都不能少”，顺利完成 CAP 全国统一考试。

在未来，我们希望：通过 CAP 课程体系的建立，能为我们国家的优秀人才培养作出一定的贡献，尤其不耽误高中学有余力的学生的发展。

我们希望：能够建立起大学和中学衔接培养人才的合作，成为国家基础教育改革的一个亮点。

我们希望：有朝一日美国在中国招留学生不是看 AP 课程，而是看 CAP 课程；改变目前我们只是美国 AP 国际课程消费者的局面，让中国高中课程体系走向国际，让 CAP 走向世界。

（作者系清华大学附属中学校长、中国大学先修课程项目负责人）

（文章原刊于《人民教育》2015 年第 12 期）

教育家办学，需要一点孤独的理想主义情怀

陈立群

10多年来，各地的"教育家发展共同体""未来教育家高级研究班""教育家型校长班"等纷纷出炉。校长被认为是最有希望成为教育家的群体，描绘教育家校长基本素养及其成长规律的文章也时常见诸报端。

但无论是社会大环境还是教育的内在环境，促进教育家校长成长的土壤、气候、水分、养料甚至种子都十分欠缺。

地方政府教育政绩观扭曲不利于校长按教育规律办学

当下的教育，更多的时候是在政府的行政主导之下，按照"长官意志"办学，而没有真正按照教育的规律来办学。

每年高考后，地方政府看重的是上一本线的"绝对人数""万人比"以及"清华北大的上线人数"等，接着就是名目各异的"高考奖"。倘若没有考好，政府领导或许会召集局长、校长开会批评问责，甚或直接撤换校长。于是，学校教育围绕长官意志办学，将考试成绩作为唯一追求。总之，从上到下，高考成绩已构成政府领导的一个重要政绩，而政府领导又掌握着校长的"生杀大权"，于是不少校长开始投情于圈子、人脉，想方设法护住自己的"乌纱帽"。不少校长渐渐地往权术家靠拢，而与教育家渐行渐远。

人的智商呈正态分布，特别聪明和特别愚笨的总是极少数。整体而言，我们的高中毕业生基础知识的掌握不输美国，但拔尖创新人才的培养，我

们还落后较多。

谁赢得高中谁就赢得人才。"钱学森之问"深深地刺痛了每一个有良知的教育人。我曾就学校与中国科学院大学合作培养创新人才一事专门向领导请示。我说：在创新人才培养问题上，现在的高中学生一年半上新课，一年半围绕考纲复习"炒冷饭"，师生合力制作一块"敲门砖"。一个人在接受新事物能力超强的黄金年龄阶段，新内容的学习戛然而止，每天在机械、简单的问题上重复，还有什么创新的冲动可言。获得保送资格的学生，都是某一学科竞赛进入国内前 50 名的人才，对于这些学生，我们高中已然是"教不动"了，而国内一流大学往往只顾抢占人头，没有相应的跟进措施。应该探索一条高中与大学合作培养的路径，而不是像现在这样只是等着上大学而在高中磨蹭一两年时间。在这些方面，我和中国科学院大学副校长高鸿钧院士具有高度共识，准备在创新人才培养上开展合作，具有创新潜质的拔尖人才，由中国科学院大学实行院士导师制提前介入培养……

没等我说完，这位领导打断了我的话，说："你们两个书呆子碰在一起。别的不用说，如果增挂 ×× 大学附中的牌子，在招生时，可以给你们几个降分录取的名额？降多少分？"教育急功近利到如此地步，真是令人揪心，让人无语。也许领导对现实的教育看得比我清楚，也许他们承担的压力比我更大。但教育成为博取政绩的工具，这样的教育令人窒息。

在我们执迷于"灌输式"教育的时候，是否应该想一想，学生的感觉是什么，他们究竟需要什么？在我们执着于分数，为了优异的成绩欢呼雀跃的时候，是否需要问一问自己，教育真正的价值究竟在哪里，我们是否被功利麻木了？在我们匆匆赶路的时候，是否需要停下脚步，看一看前进的方向是否有问题？

中国经历了太长的封建社会。其特点之一就是人与人之间等级森严，不同等第的人掌控不同的社会资源，由此也导致了人人都急着往上一个等第攀爬，而读书似乎是往上攀升的门槛。"万般皆下品，唯有读书高。""吃得苦中苦，方为人上人。"

如今我们已经进入了现代民主社会，每个人的智能倾向不同，人与人应该是分类的，而不是分等的。在社会的求学目的出现偏差时，政府应该有更长远的眼光，应该站出来引领社会，作出正确导向。当国人追名逐利一路狂奔的时候，也许该停下来想想自己究竟想要的是什么，我们是否逐末忘本了，还有什么比孩子的教育更重要的呢？当经济飞速发展、外汇储备全球第一的时候，我们的社会是否也要考虑一下，这样的快速发展是可持续的吗？我们的外汇储备是靠什么换回来的？淡忘了尊师重教的祖训是要付出沉重代价的。

校长的办学理念，需要在办学过程中进行实践。这需要有一个相对宽松的社会大环境。作为校长无论权力受到多少限制和影响，可以按照教育理想和教育规律一心一意办学校也是乐意的，但事实上眼下校长无法做到。在甚嚣尘上的现代化鼓噪中，我们不知不觉地失去了许多美好的东西。大众生活秩序的功利化和情绪化导致了人的精神荒芜。

德国哲学家、教育家雅斯贝尔斯认为："教育首先是精神成长，其次才成为科学获知的一部分。"当下的现实是，社会首先是经济增长，领导首先是政绩增长，家长首先是分数增长，学校首先是升学增长，教育的追求与现实的取向已经产生了严重的冲突。大多数学校只重知识传授，只重分数成绩，而轻人格形成，轻精神成长，缺乏对生命意义的本真追求。

改革开放之初，生产力低下，在经济建设领域奉行"发展是硬道理"无可厚非。时至今日，我国的 GDP 总量位列全球第二，而盲目追求发展的各种弊端一一显现。在教育领域，在高等教育基本普及的前提下，基础教育大多还停留于"不管你是应试教育还是素质教育，只要考得好，就是好教育"的低级阶段。教育充满功利色彩，只着眼于分，而不是着眼于人的全面、完整发展。

过度的功利主义必然导致灵魂危机

在功利、浮躁的环境下，很难产生教育家。社会不同领域的发展目标、方法、手段不同。政治崇尚清明，经济强调效率，军事讲究实力，而教育首先是精神成长。教育是"慢活儿"，人的成长是一个缓慢的过程，如果教育过度奉行功利主义，效率至上，就会出现"灵魂危机"。

当下，在不少地方，政府的政绩需要，学校的功利意识，家长的现实考量，多方利益契合于极度的"应试教育"。在我近期的教育考察中，场面上听到的都是课程建设、特色创设，而内在看到的还是极度的应试模式。某优质高中的一间高三教室正前方黑板上方贴着八个大字："罢黜百事，独尊高考。"另一所优质高中一间高三教室门口的墙面上写着班训："只要学不死，就往死里学。"凡此种种，不一而足。青少年要刻苦学习自是没错，但现实的时间、体力上的竞争让人感到心疼，而且这不是一种健康的竞争方式。在学校，我总希望孩子们能够濡染、浸润在文化里，而不希望看到他们搏击、拼命在高考中。

在西南地区的几所高中，我看到教室的课表上排着上午 5 节课，下午 4 节课，晚上 2 节课。每天要上 11 节课，师生疲惫不堪。为了防止成人过度劳累，有《劳动法》作保障，每周工作 5 天，每天工作时间不超过 8 小时。而处在生长发育阶段的孩子，日复一日地以每天十四五个小时的时间超负荷地坐着学习，身心承受着巨大的压力，绝大部分孩子睡眠严重不足，身体的生长发育受到很大的影响甚至摧残。从某种程度上讲，越是所谓的好学校，生物性一面的压制可能越是严重。学校组织的所谓活动，不是为了应付检查，而是一种点缀。而且双休日往往都有兴趣班、辅导班的安排，起码也有大量的作业要完成，初高中学生几乎没有能享受完整的双休日的。

学校教育，人是目的。但在一些学校，什么精神成长、思维发展，可能连想都没有想过。只要是"出成绩"的学校，参观取经者总是络绎不绝，他们钟情于能够快速提高考试成绩的应试技巧。不少学校都有所谓的日习、周清、月考、期结，各种应试办法无所不用其极。只顾眼下中考、高考一阵子，不顾孩子成长发展的一辈子。学生每天在思想、学习、身体、生活、心理等多个维度上同时生存。学生以学为主，固然有其道理，但倘若我们只关注学生的学习，为考而教，过于重视知识灌输，就会出现精神真空。

校长缺了什么

对照教育家型校长的要求，我以为当下校长还存在以下问题。

一是少了一点使命意识。一个人能否被称为“知识分子”，与其所拥有的知识并无直接关系。一个富于道德情怀、致力于社会进步的精英分子，必然会对社会与权力保持一定的审视距离。一般来说，知识分子当然有自己的专业知识，但是他所从事的职业与“更大的问题”有关。宇宙是什么样的？人类是什么样的？人生是什么样的？你的工作涉及这些大问题才能算知识分子，所以知识分子都有家国天下的大情怀，首先与他的职业是有一定关系的。正因此，知识分子成为了文化的托命之人。

改革开放几十年来，我们在物质层面取得了巨大成功。但问题也非常突出，科技用于“钻营”，追求利益的最大化，心灵的提升赶不上技术的进步。这就是我们在社会转型时期所面临的挑战，也是我们这一代人的独特使命。校长作为知识分子的一部分，应该有一种知识分子的使命意识，不应该每天只琢磨那点升学指标、分数成绩。校长作为知识分子中的精英，在当下的特殊历史阶段，要有“爱与责任”的践行，要有道德底线的坚守，要有民族复兴的担当，要有促进人类进步的责任。

教育存在一些矛盾，诸如教育事业的无限性与学校教育的有限性，教育目的的伦理性与教育手段的功利性等。作为一名教育家型的校长，应该思考教育发展的本原性问题，思索人类发展的方向性问题。这样的思考探索，是信仰追问，是图腾设计，也一定是精神苦旅。

二是少了一点傲骨清风。徐悲鸿说过：“人不可有傲气，但不可无傲骨。”他旅欧 8 年学成回国，开始投身于美术教育工作，发展自己的艺术事业。他参与了田汉、欧阳予倩组织的“南国社”，积极倡导“求美、求善之前先得求真”的“南国精神”。

一个国家、一个正常的社会需要有“傲骨”的知识分子；一个国家要强盛，自己的人民必须活得有尊严；一个国家要获得别人的尊重，必须有自己的文化根脉、人文精神。

所谓傲骨，就是不对上级阿谀奉承，不为升官发财而攀枝；得到自己应该得到的，讲自己应该讲的话；如果领导的意见与自己不合，不说违心的话。

朱熹有言："人面无真实诚心，则所言皆妄。"校长是一校之精神领袖，其言行举止常被师生引为楷模。我以为，校长的傲骨清风首先应该体现一个"真"字，按教育本原的规律办事。规律是求真的结果，价值是求善的追求，教育是求真、求善、求美的事业。

一些校长趋炎附势，取得了一些成绩，拿到了一些荣誉，便傲气十足，不思进取，认为自己已经掌握了教育的真谛，什么话都听不进，慢慢地就整体生活在自满自足的小圈子里，与真正的教育渐行渐远。因为总是"听不进"，慢慢地就会"听不到"，总是"听不到"不同的声音，就会孤陋寡闻，而孤陋寡闻者不是自卑就是自大。

三是少了一点人文情怀。联合国教科文组织发布了关于教育的第三份报告《反思教育：向"全球共同利益"的理念转变》，倡导教育应该以人文主义为基础，以尊重生命和人类尊严、权利平等、社会正义、文化多样性、国际团结和为可持续的未来承担共同责任；采取开放、灵活、全方位的学习方法，为所有人提供发挥自身潜能的机会，以实现可持续的未来，过上有尊严的生活。

学校教育，以文化人。如果用一幅油画来描绘学校的人物事态，那么作品的底色如何确定呢？诚然，不同的学校有各自的基调，但恐怕都离不开其中的一位主人公——校长。深刻理解"有什么样的校长就有什么样的学校"这句话，我们将领悟到校长对学校文化景观的底色渲染甚至主色调功能。

办学思想是学校的核心，是学校的价值取向、独立品格，是学校之魂，是学校持续健康发展的动力。校长管理学校，做到极致就是一种文化引领。学校文化是学校的宝贵财富，是师生成长的阳光雨露，健康的学校文化是师生健康发展的重要保障和坚实基础，建设优秀的学校文化应当成为校长心中的重任。

人文情怀体现在校长的办学行为上，首先表现为校长对师生生命质量的关怀。这不仅是提高他们的衣食住行等物质生活质量，更重要的是让他们享受到工作的成就感，从而产生更强烈的职业自豪感和幸福感。教育应该有灵魂安顿的设计和精神居所的创生。学校要成为教师的心灵栖所，校长就要成为教师心灵的阳光使者。其次，表现为校长的“人文管理”，即以师生为本的学校管理机制，让师生作为主人翁参与学校决策，让自主管理成为学校的行为准则。再次，表现为校长高远的教育理想，即着眼于学校的可持续发展，摒弃那种将办学成绩作为“仕途”台阶的私利行为，摒弃那种以牺牲师生身心健康为代价的短视行为。

四是少了一点“道”的坚守。校长应该对人的身心发展规律和教育教学规律抱持敬畏之心，并在实践中一以贯之。之所以要对教育之道进行坚定的守护，是因为这种守护有难度、不容易。这种难度来源于“长官意志”下的行政命令瞎指挥的干扰，来源于社会片面追求升学率倾向的侵袭，来源于自身内部功利意识的诱惑。

我以为，关于中小学教育种种问题的探索，大学教授可以在理论层面研究得很透彻，但由于他们没有进入过中小学课堂，因而这种理论往往难以与实践有机衔接，我把这种现象称为“下不来”；而长期在实践一线的中小学校长、教师具有大量的实践智慧，但对于种种问题的理论背景和源头在哪里不甚明了，这叫作“上不去”。谁能够更多地找到其中理论与实践的结合点，谁就是“草根教育家”。中小学校长有实践优势，又有着比一般教师更多的培训学习机会，理应成为“草根教育家”的最有利人选。

当然，“草根教育家”必须有自己的教育思想，这来源于自己对教育问题的独特理解与感悟。如果观点是一个点，理念是一条线、一个面，那么思想就是成体系的立体的几何体。社会意识有两个层次，较低层次的叫社会心理，较高层次的就是思想体系。所谓一些校长有思有想而没有思想，就是还没有构建起自己的思想体系。

我以为，校长有时必须是一个孤独的理想主义者。因为一个学生、一个教师、一所学校的发展存在着很多种可能性，而我们总梦想着能够往最好的方面发展，这其中带有一定的理想主义色彩是必然的。很多时候，校长所思考的问题，都是教师还没有想到或者教师不会去想的，因而有时校长是孤独的。譬如对教师的引领如何展开？学生思想工作如何进行？办学质量提升的根本在哪里？校园文化如何营造？以上归纳有什么共同之处？支撑这些行为背后的理念是什么？这些理念的共性何在？这中间层层递进的过程，也就是校长独特教育思想的产生过程。

（作者单位系浙江省杭州市学军中学）

（文章原刊于《人民教育》2016 年第 19 期）

别拿校长当"官"做

厉佳旭

放眼四周，校长真像个官员

校长是不是官员？显然不是。在一些教育行政部门领导眼里，校长是一个官员，和其他的科长、股长没什么区别。在有的局长看来，校长只是一个可以随意摆布的棋子，谁当都一样。有的局长，根本不理解一个好校长对一所学校意味着什么，对一群孩子和家长意味着什么，甚至对一个区域的教育意味着什么。凡是有点个性的校长，他就会感觉有些"碍眼"，就不舒服，总要找理由，想办法"拿下"。有的局长不明白什么是文化，也不知道学校文化的形成需要一个较为稳定而持续的良性发展环境，热衷于频繁的人事调动。

某地一所学校5年内换了三任校长。这些校长没有做过多少事情，一律是到这所学校"镀金"来了。教育局领导呢，也认为这是一所"黄埔军校"，想要重用某个人，就先把他放到这所学校当一两年校长。

上海一位教授痛心疾首地说，当地有位局长，一上任就推行校长大轮岗，全区校长"大洗牌"。全不顾这所学校是否刚有起色，那所学校的班子是否为"黄金搭档"。在局长看来，校长一轮岗，人就"活"了，他的工作就"顺"了。他不知道，校长们一旦感受到自己的位置和命运是"朝不虑夕"的时候，他们的功利之心就被唤醒了，而同时做教育的宁静之心和淡泊之心也开始"枯死"。当然，那些有骨气、有定力、有追求的校长则更容易因此变得让人感到"碍眼"。

一些校长常把自己当官看，开口闭口谈自己的级别，比如正科、副处、正处或副厅等。他们认为自己和其他官员一样，是专门"管"人的，所以一方面在权力上竭力"一手抓"，另一方面在工作上努力"往下推"，还美其名曰"懂得放手""善于用人"。说到治人用人，刘邦出类拔萃，带兵打仗不如韩信，运筹帷幄不如张良，治理天下不如萧何，却能够君临天下，足见异乎常人。校长如果一味学刘邦，只精于权术，却不长于学术，只谙于驭人，却不善于育人，充其量只是一个行政型或管理型校长，甚至只能算是一个政客，断难成为一个教育家，甚至不能成为一个真正的校长。

尽管校长同时应该是一个社会活动家，需要处理好和上级部门、社区以及家长等方方面面的关系，这点和行政官员有相似之处，但就最重要的特质而言，校长首先应该是一个学者，是教育方面深有研究的专家。一些校长把自己当作官员看，盲目尊崇那些官场作风，凡事不求做好，只求"搞定"，搞定就是能力；对人，不求引领，只求"摆平"，摆平就是水平。殊不知，学校毕竟不是机关，学校以学生为主体，以学生的健康成长为首要目标和任务。

学校工作远不仅仅是管理，它更是"教育"

管理，总体上以约束和规范为主要特征，是按照社会的规则或者管理者的意志进行的，它的用力更多是向内的，是约束性和制约性的。而教育，则是以发现、唤醒和引领为主要特征，用力更多是向上的，甚至是向四周的，是解放性和支持性的，它让人顺着自己的特点，向着美好的方向去发展生长。

一所只有管理而无教育的学校，不管升学率看起来多么炫目，也很难令人信服这是一所以成就师生为己任的好学校。现在许多学校，成了"高考工厂"和"中考工厂"，学生成了考试的机器，教师则成了操作工人，毫无教育味可言。而众多领导对其赞美有加，众多同行和家长依然趋之若鹜，惑矣。

校长是专业岗位，应当有自己的专业理想、专业信仰和专业追求，当然更要有专业能力和专业操守。他所有的决策、行为和意志，都必须符合教育规律、师生实际和学校特点。他更追求教育良心，对每一个师生负责，而不是追逐教育政绩和自己的仕途。他的一切工作的出发点，只能是学生的成长。

校长把自己当官看，就会心浮气躁，失去内心的平衡。校长这官太小了，不必说在科长、局长和县长、市长眼里，多数校长只是个"虾兵蟹将"而已，就是在校长队伍中间，也因为等级分明，而让众多民工子弟学校、薄弱学校、农村学校、特殊教育学校和小学校的校长们时时感到自己的卑微和弱小。

校长躁动不安，自然就眼睛向上，心思向外。一心琢磨如何尽快做出些"政绩"来，一心研究如何结交更多的"达官贵人"。于是，无视教育的"慢"规律，大搞"形象工程"，大搞宣传战役；于是，一个劲儿往外跑，上班看不到一点人影，下班看不了一页书刊，整日里和一些"重要他人"一起喝酒、打牌。最后，拍拍屁股，顺利高升。留下一屁股"半拉子工程"——看见的和看不见的；还有一群和他一样一心向上、一心向外的"后备"干部——有名分的和没名分的。

一些教师也习惯于把校长当官看，甚至把所有的学校管理人员，比如主任甚至组长们当官看。他们更擅长在领导面前表现自我，而不是在学生面前展示自己。他们更热衷于研究领导的爱好和人际圈，而不是学生的兴趣和亲友圈。他们更希望能够一步登天，而不是让自己的教育能力和教育贡献更上一层楼。他们不把心思放在工作上，而是放在研究人事与人际上。他们研究哪个领导何时"转正"，哪个领导何时"调走"，哪个领导何时会"高升"，哪个领导和哪个领导又是什么关系。即便不是自己学校的领导，他们也异常关心和关注。在他们看来，获得一官半职，远比教育出彩来得耀眼。每逢暑假，他们就会对这个校长说"你下半年要高升了吧"，对那个校长说"你前途无量"。在他们看来，校长就是官。而且，不同学校的校长官阶不一。中心学校校长比附属学校校长大，初中校长比小学校长大，高中校长比初中校长大，城区中学校长比农村中学校长大，一中校长比二中、三中校长大。所以，从农村到城区当校长就是升官，从二中校长变一中校长就是升官，至于从职高到普高当校长更是高升，而从校长到科长或者副局长，则更是"飞黄腾达"了。

学校里官气太浓，学校就单纯不起来，教育也就沉潜不下去

以上种种，也难怪老师们。每年的教育局会议上，许多校长们也是凭着会议安排的座位来精确判断各所学校及校长的地位的，局工作人员早把每个校长和每所学校在他们心中的位置排好了。

据我所知，目前各地中小学校长会议，鲜有按照校长的年龄、资历或者姓氏笔画等来排位的，更少有不讲位置顺序，随性而坐的。如果哪个地区的校长们都被一视同仁，真正实现了一律平等，我想此地的教育一定会多一些与众不同的新鲜空气，校长们一定会更加安心于办好一所学校，老师们也一定安心于教好一群学生。

把校长当官看，时日一久，便会习以为常。学校里的官僚气太浓，学校就单纯不起来，教育也就沉潜不下去，学生的成长自然也就缺乏底气与厚度。最糟糕的是，当校长成了官员，学校就成了"官场"，本已经高度功利化的教育将会变得更加势利，本已经高度工具化的学生将会更被异化。那时候，恐怕更多的教育怪象和乱象会纷至沓来——那将是真正的教育灾难。

我非常赞赏有省份出台了这样一份选配学校书记、校长的新规：学校书记、校长须从教师队伍中产生。在我看来，这样的规定显然迟了些，甚至显得多余。但为何在"取消校长行政级别""大力推行校长职级制"呼吁了多年后，依然成为引人关注的"新闻"，足以令人沉思。

（作者系浙江省宁波市立人中学校长）

（文章原刊于《人民教育》2015年第24期）

在全社会的尊重与自重中，教育再出发

叶翠微

教育人从未放弃过自己的梦想、使命与担当。但是，几番奋进与阵痛下来，我们在新的历史坐标方位上对办教育有了更理智的认识："教育的全社会尊重"与"教育人的自重"，恰如生命体 DNA 的双螺旋体，支撑着教育事业的成长。未来，要办"具有中国特色世界水平的现代教育"，离不开这一双螺旋体。

"教育的全社会尊重"是教育最重大的供给侧改革

"教育的全社会尊重"在我们的传统文化里是有群众基础的，尊师重教一直是中国老百姓心目中的基本共识。党的十八大后党中央更加重视教育，提出国之兴衰系于教育，教之兴衰系于社会。习近平总书记指出："基础教育是全社会的事业。"

从这一论断出发，我们看到教育事业的社会性，没有全社会对教育的尊重，教育只会是一场自娱自乐的"乌托邦"。我们看到教育事业的发展性，中国的现代物质文明给了我们一份从容，而这份从容如不能内注于教育之中，它存在的价值与意义让我们情何以堪？我们看到教育事业的文明性，工业文明和后工业文明存在一个基本的逻辑：谁拥有一流的教育谁就拥有一流的文明。

　　由此，"教育的全社会尊重"不应是割裂的、非线性的，而应该是整体的、长效的。因为没有中国教育的崛起，就不可能有中国的崛起。没有中国教育的现代化就不可能有中国人的现代化。"教育的全社会尊重"不应是外加的，而应该是内生的并沁入人性的，因为内生而基于人性的教育才是真的教育，才是有希望的教育，才是自洽于时代并引领时代的教育。"教育的全社会尊重"不应是只为当下的，而应该是今天与明天的互动，当下与未来的对接。

　　"教育的全社会尊重"说到底是教育最重大的供给侧改革。现代教育一刻也离不开绿色的非功利的人本的社会供给。如果没有超 GDP 4% 的教育供给，没有"不低于公务员的待遇"，没有全社会发乎于心的"关心关注关爱"，"教育是天底下最受人尊敬的事业""再穷不能穷孩子，再苦不能苦教育"这些主张呼吁都将是苍白无力的口号。

　　英国诺贝尔奖获得者詹姆斯·莫里斯在中国教育三十人论坛上提出："我建议社会应该给人才培养更多支持，以便培养更多具有创造力的人才。"他认为，"这会对社会更有利，而且我们的生活会更加丰富多彩"。清华大学钱颖一教授也喊出了"教育是中国的核心问题"。因此"教育的全社会尊重"是中国最富有时代性的呼唤。

教育人也要觉醒、自重、自强

　　"教育人的自重"，首先是我国优秀传统文化的一份自托，所谓君子"自强不息""任重而道远"就是这个意思。其次是基于中国大发展大进步的今日，教育人又面临着空前的选择。

　　然而，具体来说，教育人如何自重？

　　第一，必须敬畏常识。这些年我们的教育的确太热闹了，口号太多，自己忽悠自己的事也太多。一时间，我们成了世界教育科研课题最多的国家，成了世界教育论文发表最多的国家，成了世界教辅练习资料最多的国家，而这一切并不是因为我们的教育有多先进，有多高的世界水准，恰恰是因为我们的无知，我们无知的"无畏"。何言"无畏"？因为我们对"常识"缺乏敬畏。

美国作家托马斯·潘恩有一篇名著《常识》，曾经深刻地影响美国的建国之父们。他认为，常识是人们所有见识中最珍贵的"真相"，它往往令人蓦然惊醒：啊，原来是这样的啊！

习近平总书记说"爱是教育的灵魂，没有爱就没有教育"。遗憾的是，我们常常无视这一常识，教育的冷暖没有了，彼此关切没有了，自然人性也渐行渐远了。

教育的常识告诉我们，"育人"是教育的根本，只育分不育人是对教育的最大反动。问题是我们恰恰视"分"为神明，不惜人力，不计成本，习惯于用这样的"皇帝新装"吸引眼球、赚取银子，低俗至极。

教育的常识还告诉我们，"游戏"是教育的天趣，席勒讲"只有当人充分是人的时候，他才游戏；只有当人游戏的时候，他才是完整的人"。但我们教育的现实却尴尬地告诉我们：我们的学生时常只能在电脑上想象大川名山的历游，时常是在足球场上臆想奔跑的快乐，时常是在从早到晚不断重复操练的课堂上异想"游耍的明天"。我们怎么了？！我们需要回归常识，从觉醒走向自重。

第二，必须矢志改革。改革是开放以来最大的民生红利，背后是三个字：第一个字是"镜"，它是一面镜子，让我们知道"我是谁""为了谁"。第二个字是"劲"，它是一种力量，"取法乎上，仅得其中"，靠的就是劲道。第三个字是"进"，它是一种行动，马克思讲"一个行动胜过一打纲领"。基础教育改革的魅力就在于行动。

我认为，"矢志改革"可以做好四篇大文章。一是信守"方针思想"。党的十八大提出"坚持教育为社会主义现代化建设服务，为人民服务，把立德树人作为教育的根本任务，全面实施素质教育，培养德智体美全面发展的社会主义建设者和接班人"。这既是我们的最高纲领，也是我们的行动指南。我们要守中抱一，一以贯之。

二是深化课程改革。课程改革有三个攻坚战：其一，如何将立德树人内化于学校课程建构及实施之中；其二，如何将核心素养内化于学校的价值引领和追求之中；其三，如何将创新创造内化于学校内涵发展及成就之中。

三是浸养教育自信。自信离不开根，我们是一个有"根"的民族。源于这份根性，我们在教育的现代转型中必须表现出一份进取，一份超然，一份唯一。由这样的"进取"，我们可一览众山小；由这样的"超然"，我们可"胜似闲庭信步"；由这样的"唯一"，我们可"少谈第一，但求唯一"。

四是坚持技术创新。科技的高端化、日常化，给教育带来极大的资源和便利，我们要与时俱进，既"利于器"又"善其事"，为每一位学生"自由而全面的发展"提供平台。

为此，我们期待：

新的一年，我们像蔡元培先生那样，独具一双慧眼，做一个虔诚的美育倡导者。先生认为"美感者，合美丽与尊严而言之，介乎现象世界与实体世界之间，而为津梁"。让美育大放时代光芒。

新的一年，我们像陶行知先生那样，"捧着一颗心来，不带半根草去""解放儿童的双眼，解放儿童的大脑，解放儿童的双手，解放儿童的嘴，解放儿童的空间，解放儿童的时间"。教学合一，知行统一。

新的一年，我们像苏霍姆林斯基那样，静心呵护着帕夫雷什中学32年，不事官位，不图名利，只求育"真正的人"。时至今日，他的《把整个心灵献给孩子》仍然闪烁着跨文化、跨时空的风采。

新的一年，我们像杜威先生那样，信奉"教育即生长""教育即生活""教育即经验的继续不断的改造"。学校在理性的操持中引领学生不断发展。

新的一年，我们像平凡人马小平那样潜心教学，"最具世界眼光"，虽死犹生，让一个个活着的马小平似的人物谱写出中国当代教育的世界版。

......

新的一年，不论我们如何觉醒，如何自重，如何自强，教育的伟大时代已悄然走来，不如现在就出发！

（作者系浙江省杭州第二中学校长）

（文章原刊于《人民教育》2017年第01期）

史家教育集团：构建"动力群"，激发"群动力"

王　欢

推动教育均衡发展：优质校的责任与使命

　　均衡发展是义务教育的战略性任务。在这项任务中，每一所学校都有自己的责任和使命。作为北京市东城区"朝阳门—东四—建国门"学区的一所优质教育资源校，史家小学有责任和义务发挥学校优质教育资源的辐射作用，为学区内其他学校的校本课程开发提供资源支持，从而推动东城区"学区化管理"实践，促进教育均衡发展。

　　2008年4月，史家小学携手七条小学共建深度联盟校。2011年2月，深度联盟建设实施"一长执两校"制度，提升了两校发展的紧密度。2014年，在北京市推进义务教育优质均衡发展的政策引领下，史家人光荣地承担了多项改革任务。一是史家小学与遂安伯小学实施一体化管理，共建跨校区的优质资源带；二是将原曙光小学升级为九年一贯制的史家实验学校，与史家小学实现紧密型发展；三是西总布小学、史家小学分校作为保留法人代表的深度联盟校，与史家小学实现相对紧密型发展。2015年1月，群聚6所学校的史家教育集团正式成立，为促进教育公平、推动区域均衡打造了一个新载体。

激发群动力是集团化建设的重要挑战

集团成立后，为了把优质均衡效应拓展至各校区，史家人孜孜探求如何突破各种教育要素的固有边界，使其按照集团化办学的现实需求，以更加灵活的方式发生聚变，进而在一个全新的教育公平联合体与教育质量共同体中，创造性地生发改革与发展的内动力，让更多的教师更加融合地专业成长，让更多的孩子享受更加优质的教育供给。

相对于过去的办学模式，史家集团化建设主要面临育人价值、学校运行、教师队伍等一体化发展的挑战。对此，史家人形成的改革共识是：构建改革的"动力群"，激活发展的"群动力"，使各种教育要素在和谐"群动"中持续促进集团的一体化建设与均衡化发展。

在史家人看来，"群动"是推进集团化办学的力矩所在。在校区层面，各个教师专业共同体是"动力群"，骨干教师及其同研者是"群动力"；在集团层面，各校区是"动力群"，各校区干部教师是"群动力"；在区域层面，各集团是"动力群"，各集团干部教师是"群动力"。

五大措施促进集团从管理走向治理

集团"群动"的实质是以理念创新带动、战略创新驱动、架构创新促动、机制创新联动、队伍创新推动等方式多向促进集团从管理走向治理，进而形成干部自觉引领、教师主动谋变、团队内在聚合的整体推进态势，让每一个史家人都积极地拥抱变化、激活发展。

理念创新带动。集团发展过程中，我们既注重学校发展的历史性，又强调区域发展的现实性，以"和而不同、共同发展"即"和谐＋"为建设理念，让教育质量在均衡拓展中提升，让教育均衡在优质提升中拓展。

"和谐"是集团龙头校史家小学长期秉持的育人理念。史家和谐教育观的要义是：着眼全体学生的成长，关注基础教育的基础，优化并协调各种教育因素，使之在辩证统一中不断创造教育的整体效应，持续推动学生全面和谐发展。

在义务教育综合改革中，为充分发挥和谐教育的辐射带动作用，兼顾各集团校的既有文化，集团提出"和谐＋"的建设理念。在集团理念的创新带动下，各集团校提出"和谐＋生态""和谐＋七巧""和谐＋适合""和谐＋同行"等校区理念，形成了一个价值融合、逻辑自洽的和谐理念群。

战略创新驱动。集团丰富了史家小学"种子计划"的主体内容，使其成为核心发展战略。史家人既把一个个学生视为一颗颗种子，又把优质教育看作一粒鲜活饱满的种子，在有质量的均衡发展中促公平、增活力。

孩子成长永远是史家教育的出发点和归宿。史家教育强调用和谐的方法培养"全面和谐发展"的人，并把和谐育人具化为"人与人的和谐""人与知识的和谐""人与自身的和谐""人与社会的和谐""人与自然的和谐"五个方面。在五个和谐关系的基础上逐步生成了史家的"种子计划"，即以培养"和谐的人"为目标，凸显五大和谐支柱、强化五大基本意识、培养五大核心能力、完善五大特色课程、打造五大金牌项目、建设五大资源基地，成就一个"和谐的人"。史家和谐育人体系犹如一粒鲜活饱满的种子，深深植根于每个孩子的幼小心灵，伴其一生，惠其一生。

从外部环境而言，我们致力于形成包括优质的课程、优质的项目、优质的教师、优质的资源、优质的机制在内的"五大优质"，并在集团内共享，为每一粒"种子"的生长内蕴优质的教育生态（见下页图1）。

"种子计划"的创新建构，使集团建设理念"和谐＋"得以丰厚，形成了深化改革的驱动内核，并使集团办学有了具体明确的思考与实践路径。

架构创新促动。集团确立了"条块并举、纵横贯通、统分结合"的组织架构。各集团校校长在对分管条脉负第一责任的同时，也要服务并引领分管校区发展，内化集团标准，外化集团品质；各集团校校长牵头的纵向管理层级在年级层面打破条块分割，实现横向协同，强化一线服务；集团在全局布划方面有"统"率力，各校区"分"别保留教育特色及其执行的灵活性，合力形成一幅集团主题鲜明、校区特色显著的史家教育地图。

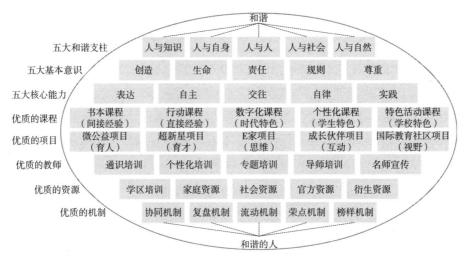

图 1 "种子计划"示意图

为了让组织架构创新有效促动集团各项工作，集团首先成立了管理委员会，由校长、书记牵头，6 位校级领导共同构成集团决策管理中心，其职能是讨论与决策集团整体发展与规划、管理与协调等相关工作，从机构设置上强化史家教育集团的概念和史家人的概念。

每位集团校长负责一个校区，各校区设一名执行校长。集团校长与校区校长密切联系，各校区落实集团整体发展规划，并将落实情况及时反馈给集团管委会，以便集团及时改善、服务校区。

我们成立了六个集团大年级组，校长、书记带领集团各校长，每人直接下沉到一个集团年级组，服务一线工作，优化部门配合，有效化解年级组工作层级上报、无人统筹的实际困难。基于此，史家人进一步消融了各科、各班、各部门、各校区的固有边界，促进扁平化层级管理，确立了一种收放有度的管理新生态。其中，战略规划、重大决策、教育督导、人事管理、基础建设、财务总控等核心职能"收"在集团，教务管理、总务协调、电教支持等辅助职能"放"在校区。

机制创新联动。集团以"协同机制"协调校区工作，以"流动机制"统筹内部资源，以"复盘机制"强化效果监督，以"荣点机制"和"榜样机制"提升干部教师的专业化水平。五大机制共同推进集团发展中的"理念互联、运行互动；课程互联、课堂互动；活动互联、师生互动；科研互联、管理互动；校区互联、品牌互动"。

协同机制旨在促进全体教师形成集团整体归属感，保证工作有序、沟通有效、合作主动，包括集团统一制定标准或计划、集团下发给各校区、校区配合执行、校区及时反馈上报给集团等四个首尾相接的环节。基于集团协调、校区执行，管理和沟通两个子机制共同支撑起集团内的组织、制度、教育特色、管理队伍、重大活动等五大协同。

流动机制秉持有利于集团内资源均衡配置、有利于教师队伍和干部队伍的专业成长、有利于调动学生和教师的积极性的原则，推动基于干部、教师、学生的基础流动和基于思想、资源、项目的深度流动。

复盘机制包括计划安排、信息收集、评估反馈、调整或发表等四个首尾相接的环节，旨在通过日常小复盘和重点大复盘，着重在教育、教学、教科研、行政、后勤、党务、工会、少先队、金牌项目、教师培训等方面沉淀精品。

荣点机制旨在通过授予荣誉奖项、奖励学习机制、建立发表体系等方式，使教师体会到作为史家教育集团的教师是非常荣耀、十分幸福的，从而更有效地激励教师不断进步。基于集团优势共享和校区分层激励，对应该机制的具体措施是工作室/工作坊培训、导师制培训、人文培训、信息化教研平台日常工作认定、重点论文推荐等。

榜样机制指集团选拔日常工作中表现突出的教师，将其树立为榜样，通过对其进行宣传，激励教师向典范学习。基于集团优中选优、校区全面筛选，对应该机制的具体措施是市区骨干教师带徒弟、名师主持工作室/工作坊等。

队伍创新推动。集团强化"领袖教师"的专业影响力与学术领导力，依托其带动遍及各个领域的专业共同体在科研融合中定方向、定标准、定重点，深层促进思想、资源、项目的持续流动。在给"领袖教师"赋权的同时，集团以多种方式为全体教师增能，不仅成立了干部教师的专业精修学堂和职业成长基地——史家学院，还通过"史家讲坛"、国博人文培训、家庭教育指导师培训、北师大脱产培训等深度引导教师专业发展。

史家学院以"日常性育人即专业化研究"为价值取向，把日常教育教学视为研修的主题、内容、形式与路径。研修全程源于实践、依于实践、用于实践。学院秉持"任务驱动、项目推进、伙伴学习、平台集成"的发展思路，为每一位学员提供体验实践的综合研修情境，进而在职业价值的建构、专业方向的引领、成长条件的创设等多个层面持续推动师德发展、师能提升和师情畅达。同时，学院以项目研究为核心进行课程设置，并在通识课程、伙伴学习课程、学员自主开发课程的融合实施中完成资源生态链与成长生态链的深层交织。特别是"互联网＋研修"的实践取向，汇聚国内外众多专家和名师的教育智慧，即时性地交互课内外众多导师和学员的思想火花。

当前，一种"动力群"多样、"群动力"丰富的教师领导型治理结构正在史家教育中全面生发。这种平行式、分布式、参与式的治理结构，在集团建设层面激活了每一个校区、每一个部门、每一个学科的内在动力；在教师发展层面开辟了职务擢升、职称晋级之外的第三条道路，即依托学术启导、专业话语、文化引领的自我实现之路；在学生成长层面确立了由更为贴近学生的一线教师，而不是行政领导来决定和供给的更加适合的教育新模式。

（作者系北京市史家教育集团校长）

（文章原刊于《人民教育》2016年第16期）

发现教师：揭开学校发展的密码

孙双金

在校长心中，教师永远是第一位。学校发展最根本的是教师发展，唯有教师发展了，成长了，学生才能得到真正的成长。我当了近20年的校长，有一个坚定的信念：教师是学校最宝贵的财富，人是学校的第一生产力，抓住了人的发展就抓住了学校发展的根本和关键。而发现教师，是我校领导、管理教师的共识，正如哲人所说："生活中不是缺少美，而是缺少发现美的眼睛。"江苏省南京市北京东路小学（以下简称"北小"）是如何发现教师、发展教师的呢？

教育即发现

谈到发现教师，首先要回答的问题是：为什么要发现教师？

在希腊德尔菲神庙门楣上，有一句著名的名言："认识你自己。"苏格拉底将其作为自己哲学原则的宣言。作为万物之灵的人类，在认识自然、认识社会，探索科学真谛的道路上已经走得很远了，但是在认识自己的道路上却举步艰难。因为人是最高级、最复杂的生物，人的心灵成长、大脑发育、思维规律等还有许许多多的盲区、黑箱等着我们去探索、去破译。古人讲"不识庐山真面目，只缘身在此山中""当局者迷，旁观者清"。著名画家吴冠中先生说："风格是作者的背影。"这些名家名言都深刻地揭示了一条真理：人的成长需要他人的发现，也需要自我的发现。

作为校长，发展学校是第一要务。可怎样发展学校，却是仁者见仁，智者见智。有的通过砌大楼买设备，改善外在形象；有的通过创品牌、搞宣传赢得名声；有的通过抓分数求升学率迎合大众。而我们始终认为，发展学校的第一要务是发展教师。没有教师的发展，学生的发展、学校的发展终究是空中楼阁。

学校作为发展共同体、学习共同体，人与人之间互相发现显得尤为重要。马克思说："人是社会关系的总和。"人在群体中、集体中，互相赞美、互相鼓励、互相欣赏、互相激励、合作竞争，对人的潜能有极大的激发和唤醒作用。教育就是一朵云推动另一朵云，一棵树唤醒另一棵树。教师与学生是如此，校长与教师、教师与教师也是如此。

孔子曰："三人行必有我师焉，择其善者而从之，其不善者而改之。"陶行知先生也说过："当心你的教鞭下有瓦特，你的冷眼里有牛顿，你的讥笑里有爱迪生。"这两位中国历史上最伟大的教育家的话语，都道出了教育艺术的真理：教育即发现。教师要善于发现学生的潜质，发现学生的特长，发现学生未来可能的优势。我们校长做的也是伯乐的工作，肩负着伯乐的使命，发现每一个教师的潜能，把每一个教师培养成"千里马"，让他们驰骋在人生的万里疆场。

把人性内在的力量唤醒、激发、放大

怎么发现教师？这是对校长智慧的挑战。我们的管理团队在多年的探索中，总结出一套行之有效的方法。

首先要相信教师，要相信每一个教师都是优秀的。

"天生我材必有用"，世界上没有两片相同的叶子，也没有两张相同的面孔。优秀不是与他人比较，而是与自己比较。只要找到自己的闪光点，尽情地让自己的光芒闪耀，你就是优秀的。要相信每一个人都是可塑的。人是发展中的人，成长中的人，逐步成熟的人。每一个人都蕴藏着巨大的潜能，都有无限的可能性。一旦得到领导肯定、同事认可、学生信赖，他们就能爆发出巨大的能量，释放出夺目的光彩。要相信每一个人都是向上的。"人之初，性本善"这是古训，我们认为"人之初，性向善，性向上"。这是我们的管理哲学和人性判断。因为我们这样认识人，相信每个人都向上、向学，在管理中就顺性而为，把教师内在的人性力量唤醒、激发、放大，让每一个人都走在向学、向上的大道上。我们尝试了一些策略：

地平线报告。每3—5年，我们要求每位教师撰写个人的《地平线报告》。报告的重要一点是规划人生愿景：我的一年地平线在哪里？5年地平线在哪里？10年的地平线在哪里？并且在报告中要表达出个人的内在潜力是什么，希望学校提供什么平台。我们在阅读教师报告后，综合分析，因人设岗，充分相信每一个，调动每一位教师的潜能。

北小大讲坛。"北小大讲坛"不仅邀请各地名师来北小献课，各行精英来北小传道，更重要的是让北小有一技之长的老师在讲坛上一展身手。有的擅长中医，就讲养生之道；有的擅长水墨画，就教水墨技艺；有的擅长烹饪，就展示厨艺。真正体现能者为师，人人为师。

教师品牌日。在教师个人申报的基础上，学校统筹安排，某一天为某位老师教学品牌展示日。这一天这位老师就是学校的聚焦点：有教学思想微报告，有教学风格大课堂，有教学沙龙大家谈，有教育才艺大展示。

其次是解放教师。这里讲一个小故事。

音乐老师查育辉是团队中最年轻的成员之一。2005年刚由高淳应聘到北小的他，很快便接到了一次面向全南京市的优质音乐课展示的任务。执教的课题是音乐欣赏课《听妈妈讲那过去的事情》。这个一向被孩子们戏称为"麻辣教师"的查老师，会给孩子们呈现怎样的一节音乐欣赏课呢？参与活动的每一位老师都充满期待。然而，即便是有了这样的心理期待，当课堂进行到后半段时，查老师的"另类演绎"，仍然让不少老师惊诧不已——

"毫无疑问，这首歌的歌词离咱们城里孩子的生活有些遥远。要不这样，同学们能不能根据自己的生活与理解，重新来为这首歌填词？"大胆而富有创意的建议很快便得到了同学们的积极响应。于是，同学们4人一小组，忘情而投入地参与到歌词新编的活动中来。不一会儿，孩子们即兴编撰的歌词新鲜出炉。听听——"霓虹灯在繁华的都市里闪耀，晚风吹来周杰伦那忧郁的歌声；我们坐在软软的沙发上面，吃冰激凌还看着电视；我们坐在进口的电脑面前，玩 CS 还听 MP3……"

下课了，面对听课老师的热议与质疑，查老师多少也有些惴惴不安。毕竟，以这样的方式重塑音乐经典，对他而言也只是一种大胆尝试。然而，随着学校音乐组组长梁老师和分管艺术学科的唐老师一番情真意切的评点，查老师的顾虑很快便烟消云散了。"查老师，这是我们近年来听到的最富有活力与个性的音乐课了。真是太棒了！"

在实践中我们深深地体会到，发现教师，尊重是前提，解放才是关键。束缚教师思想的绳索太多，这个不许、那个不准，这样如何唤醒教师内在的改革愿望，激发改革热情？那么，怎么解放教师？我们的思考是：解放教师的思想。《国际歌》中唱道："让思想冲破牢笼。"我们校长鼓励教师大胆尝试，大胆改革，大胆实践。同时，解放教师的时间。教育改革，管理者往往是"加法思维"，不断给教师们增加各种任务，于是一线教师不堪重负，时间一长，改革的热情就逐渐消失。我们学校十分重视"减法思维"，给教师减去不必要的负担，把教师从无效或低效的工作状态中解放出来，去做更有价值和意义的工作。还有，解放教师的空间。我们鼓励"我的课堂我做主"，鼓励教师有自己的思想，有自己的个性，有自己的风格。我们尝试的策略是：

教师课程。我们鼓励每位教师在融合国家课程和校本课程的基础上，创设自己的教师课程。教师课程就是教师个人根据学生素质发展要求，依据个人的文化底蕴、兴趣特长而开发的富有鲜明自我特色的课程，这一举措极大解放了教师的创造性。于是"诗经课程""绘本课程""牙刷课程""读写绘课程"等像雨后春笋般涌现出来。

"瘦身运动"。人要精干健康，学校管理也要瘦身去肥，轻装上阵。我们要求"瘦"掉一切不必要的形式主义、面子工程。鼓励教师在备课和批改作业上因人而异，百花齐放。可以在旧教案上二次三次备课，骨干教师可以在教科书上写简案，可以删掉练习册上不必要的练习题，作文批改可以变精批细改为重评轻改，互批互改。

"没有天花板的教室"。这一创意含有两层意思。其一，思想没有边际，创意没有边界。鼓励教师创新课堂教学。其二，我的课堂可以行走，花园是我的课堂，紫金山是我的课堂，玄武湖是我的课堂，大学实验室也可以成为我的课堂。

职业幸福存在于每一天创造性的工作中

发现教师，更需要引领教师前行。

这种引领首先是价值的引领。"为一大事来，做一大事去"是我们对北小教师人生价值观的引领。每个人到人世间走一遭到底为了什么——不仅仅是为了生存，为了享受，更是为了实现自身的价值。

引领还应是专业引领。北小有着朴素的理念：领导者首先要成为领跑者。唐隽菁副校长是德育特级教师，她带领的德育团队频频在省市教学比赛中获奖。张齐华副校长是数学特级教师，他手把手辅导出一批又一批优秀数学青年教师。我作为语文特级教师，和教科室语文特级教师朱萍主任，带领语文团队阔步走在"12 岁以前的语文"改革道路上。

引领还体现在思维方式上。个性较强的教师因为自信自负，有时失之偏颇和固执，因此我们引导他们学会多角度思考，换位思考，学会辩证思维。青年教师思维方式往往停留在非彼即此、非白即黑的二元思维模式，在教学研究中，我们就让他们寻求"第三种思维"——除此之外还有哪些可能，把教师的思维向四面八方打开。

引领更是为人处世的榜样。学校有一部分青年教师离开父母、离开家庭，只身来到省城打拼。他们身边没有了长者的指引和告诫，身心容易陷入低谷，为人处世容易失之偏激。我们管理团队以身作则，与青年教师一起探讨，如何处理好人与人的关系，人与自然的关系，人与内心的关系。这种引领帮助他们走向人生和谐安宁的美好境界。

引领教师，我们尝试的具体策略有：

名师模仿秀。这是借外力引领，让每一位教师选择一位自己最崇拜的名师，学他的教育思想、教学艺术、课堂操作流程。等老师觉得自己模仿已近形似乃至神似时，向全校教师展示自己的模仿秀。当然模仿秀是手段，最终是为了超越模仿，成为最好的自己。

同上一堂课。这是用身边的人引领。同上一堂课包含同年级教师同上一堂课，这是同事之间互相引领。更重要的是校长与教师同上一堂课，特级教师与年轻教师同上一堂课，师父与徒弟同上一堂课。这是专业引领、文化引领，更是精神引领和榜样引领。

团队展示周。这是团队引领。我们针对教研组内老中青三代上教研课，往往会把年轻教师推上前台，而中老年教师缺乏展示和锻炼的机会，学校开设“团队展示周”活动，规定展示周内“老大上课，老二评课”，即年龄最大者上课，年龄居老二者评课。这样让中老年教师也有发光发热的机会和平台。

发现教师，为的是成就每一位教师。

马斯洛的“需求层次理论”告诉我们，人的最高需求是“自我价值的实现”。当自我人生价值实现，人的内心才能出现所谓的“高峰体验”。教师的人生价值主要体现在人生追求的达成，内在精神的丰盈，社会大众的充分认可与欣赏，教育对象对自己的崇敬与爱戴以及自己教育思想体系的影响力。如果能达到“立德”“立功”“立荣”的崇高境界，那便是人生的最大价值。

发现教师还要成就教师的职业幸福。教师的职业幸福在哪里？就在每天创造性的工作情境中。我们期待教师每一天都怀有“婴儿的眼光”，带着“黎明的感觉”走进每一堂课、每一次活动。教师的职业幸福就是创造性地开展每一天的工作，创新是教师内在幸福的不竭源泉。这是我们坚定的信念。

十年磨一剑，成就每一位。正是多年来我们对教师发展孜孜不倦的坚持和追求，学校呈现了喜人的景象。

近 8 年里，学校培养出 5 位特级教师。特级教师陈静的“享受数学”享誉省内外；特级教师唐隽菁的“开放德育”讲座遍及大江南北；特级教师唐文国老师的“本色语文”赫赫有名；特级教师朱萍的“生活作文”大名鼎鼎；特级教师张齐华的"文化数学"更是红遍全国，粉丝无数；特级教师林春曹的"言意兼得语文"闻名遐迩；我的"情智语文"在小学语文教学界独树一帜。林丽、吴京钧、查育辉、朱雪梅、吴贤、崔兴君等几十位教师在全国赛课中获一等奖。

团队发展、共同进步是学校文化传统。语文团队和"12岁以前的语文"品牌共同成长，每年接待络绎不绝的参观学习者，多次被评为南京市优秀教研组。数学团队在张齐华副校长引领下，数学文化研究影响不断扩大。英语团队在林丽老师带领下，一路高歌。科学组团队每位老师都是一朵"花"，呈现花团锦簇的繁荣景象。美术团队水墨画特色课程成为南京市水墨画盟主。音乐团队在儿童合唱比赛中屡获大奖。体育团队的花样跳绳、足球、武术操、啦啦操项目竞相斗艳，其中啦啦操更是多次获得全国冠军、世界冠军。

学校"情智教育"的办学主张经过10多年的探索，形成了情智管理、情智课程、情智教学、情智校园、情智活动、情智队伍的体系，多次在全国和全省教学成果大赛中获奖。

北小位于玄武区，玄武教育历来有发现教师的传统。在这片热土上，发现了斯霞、王兰、袁浩、陈树民等一大批卓越教师和校长。学校老校长袁浩先生发现了沈峰、蔡燕、朱萍等杰出教师。沈峰又发现了林丽、赵薇等优秀教师。在北小，发现教师、发展教师、发展学校，我们一直走在路上。

（作者系江苏省南京市北京东路小学校长）

（文章原刊于《人民教育》2016年第13期）

学校转型：

如何调整组织架构和课程设置

当社会不再旁观，教育怎么办？

李希贵

2014 年年末，一部美国大片《星际穿越》风靡中国影院，3 个小时跨越多维空间的关于人类生存的探索激发了国人对未来的想象，更是掀起了一股跨界穿越的思维旋风。

这个时代的迅猛变化，正如《星际穿越》的剧烈冲击，给学校教育带来从未有过的挑战，我们再也不能用关门的办法去隔离学习与生活、无视学校与世界各个角落之间无法抗拒的"连接"。

坚守的困惑，抉择的艰难，教育，从来没有像今天这样需要面对如此多的波诡云谲和气象万千。

当教育的大门再也关不起来的时候，七嘴八舌论变革，众说纷纭说创新。

社会不再旁观。社会对教育变革的诉求，急不可待；社会与教育的交锋，短兵相接。

教育的大门，再也关不起来了。

房檐滴水，年年照旧。曾几何时，我们早就习惯了象牙塔里的日子，以不变应万变，显得我们成熟而稳健；不跟风不逐流，被认为是从容淡定。从农业经济、工业革命到数字时代，100 年的变迁让社会天翻地覆，但今天的学校却与 100 年前出奇地相似。

"唯一办事聪明的是裁缝。他每次总要把我的尺寸重新量一番，而其他的人，老拖着旧尺码不放。"萧伯纳昨日的嘲讽常常让今天的我们尴尬，如果我们试图变成那位聪明的裁缝，就必须打开教育的围墙，去丈量社会的诉求、未来的呼唤和世界的心跳。

风驰电掣的时代穿越，扑面而来的世纪追问，当教育再也关不住自家大门的时候，还是索性跳入社会的瀚海。

"因循二字，从来误尽英雄。"早在100多年前，俄国著名数学家马尔科夫就曾谆谆告诫我们："任何一个进步的体系，也都是开放的，不然，就会丧失其发展的可能性，因而也就会丧失其进步性的特点。"

深呼吸，抬头望远，张开我们的臂膀，拥抱那个我们本该拥抱的社会，与之共舞，与之共赢。

2015将是变革之年，需要我们在变与不变中作出坚守与突破的选择。

拨开"学区制"的霾

十八届三中全会的《中共中央关于全面深化改革若干重大问题的决定》（以下简称《决定》），让"试行学区制"第一次出现在党的纲领性文件中。

应该说，这为我们今后很长一个时期政府公共教育的发展模式，提供了一个具有方向感和操作性的指南。

然而，在还没有弄清"学区制"的情况下，许多地区的官员们便开始生吞活剥，他们甚至连《决定》中的"试行"都给忘记了，立刻在自己的管辖范围内疾风骤雨般推行"学区制"。有的组建教育集团，一夜之间，十几所学校翻牌，让名校成为托拉斯；有的增加管理层次，在学校和教育主管部门之间，又多了一层"婆婆"；有的则重新划分教育主管部门中层处室和直属单位的职能，让他们分区连片管理学校，如此等等。

严格地说，"学区制"是一个特定的概念。作为一个相对独立的治理结构，它只有成为一个具有独立法人地位的组织，才能承担起政府与公民所赋予与期待的责任。责权利相统一，向来是构建任何一个组织或管理层次的首要原则。因而，真正的"学区制"必须"制"字当前，认真厘清每一个学区所拥有的责任，以及履行如此责任所必需的权利。

从这个意义上说，目前以县、区行政区划形成的公共教育基本管理单位，基本具备了这样的"学区制"要素，作为独立的法人实体，他们的责权利在制度设计上是相对完整的。现在的问题是，由于依附于行政区划而形成的学区管理单位过大，学校发展难以均衡，就近入学更是无法实施。面对这样的矛盾，在短期内又不可能完全脱离行政区划设定学区的情况下，我们应当如何面对？

我们的建议是，从"学区管理"起步，逐渐逼近"学区制"。根据目前各地教育管理体制的现状，"学区管理"模式应该把握好两个要素，即模块化管理和扁平化结构。

所谓模块化管理，是将行政区划中的义务教育学校和所属的就学范围，按照一定的原则，划分为若干个组团。条件成熟时，也可将高中学校划入其中（但目前尚不具备条件，这必须与整个社会转型的进度同步操作，切不可操之过急）。这样形成的学区，我们不妨称之为学区管理模块，由于权利赋给、财税体制、资源流动等制度要素在法律法规框架下无法在这样的"学区"内实现，因而，万不可将之"学区制"，更不能赋予相应的行政权力。没有法人地位的组织自然没有责任压力，而没有明确责任压力的组织，一旦行政赋予了一定的权力，就很容易迷失权力的价值取向，不仅权力的边界越来越模糊，尤其值得警惕的是，极可能形成以自我利益为中心的权力，这样的权力对被管理者来说无疑是更多的灾难。

因而，为了便于实现公共教育的发展目标，解决当前义务教育普遍存在的难题，我们完全可以实施"学区管理"，将这样的一个个模块化社区作为规划事业、调配资源、方便就学的管理单位。所有学区的管理主体，仍然是上一级具有法人地位的区域教育行政部门，而不是增加一个新的管理层级。

说到这里，扁平化结构就不言自明了。任何一项改革，都应该以调动育人主体——学校的积极性、激发学校的活力为目标，任何仅仅希望便于管理者掌控的改革都不会得到基层学校、教师、校长的拥护，也就不会具有生命力。因而，目前有些地区所进行的集团化管理、学区制改革，在学校和教育行政部门之间加一些"婆婆"，是逆时代发展之潮流的，也是早在上个世纪就被国务院明令禁止的。

高中教育在内外夹击中寻求突围

从来没有像今天这样，全社会的目光聚焦于超级中学现象。从同情理解到痛恨鞭挞，五味杂陈，七窍生烟，过去我们在教育的象牙塔里可以自说自话、自圆其说的理由，今天已经很难说服社会。

每一位具体的家长都很现实，他们必须要分数；整个社会的人们又很理性，他们一再追问，高中教育，人在哪里？

如果说，过去的高中教育，我们更多地困惑于教师的职业倦怠、学生的厌学情绪，那么今天及今后，我们却进入了一个内外夹击的新时代。

如何寻求突围之路？

我们的态度是，从教育自身开始，而不是等待别人。

我们可以做、应该做的事情有许多。

首先，要调整课程结构。高中教育已经进入普及教育的新阶段，高中校园里的学生，其基础状况、智力水平有着不可回避的千差万别，他们的兴趣爱好、潜能性向五彩斑斓。然而，我们的必修课程仍然是精英教育年代所要求的难度和容量，在那个同龄人中的 5% ~ 10% 精英分子接受高中教育的时代，这样的必修要求并不过分，但对于今天普及时代的绝大部分学生就难以承受。

压缩必修内容不仅仅是因为高中教育的普及，更是因为社会对人才需求的变化。如果说工业社会可以承受传统教育培养的"标准规格"人才，那么在今天，社会已经有着多元的人才诉求，个性张扬、创意无限、跨界思维，已经成为人才市场的流行语。这时候的高中教育就必须从过去的批量化生产，转向面向个体的定制式创造，其课程结构也理应进行相应调整，在压缩各学科必修内容的基础上，加大选修课的比重，这是新时代高中的不二选择。

需要特别指出的是，过去有些学校和地区对选修课程缺乏科学定位，已经严重误读了选修课程的内涵。我们认为，选修课程的主体，仍然应该以高中课程各领域中核心学科以及由此生成的综合课程为重点，让那些学有余力而又酷爱某一学科或学习领域的学生，在自己喜爱的课程学习中酣畅淋漓，找到真爱，发掘潜能，启动自我发展的内动力。

这样说来，表面上各个学科在压缩必修内容，实际上却在为有可能真正喜爱这门学科的孩子们提供更多深度学习的空间，可谓退一步，进两步也。

其次，要通过高中课程标准的修订，解放教师和学生。教育部领导同志曾在多个场合反复强调，今后要取消考试说明，让修订后的高中课程标准成为高中教学、高考和评价的依据，这样的课程标准应该具有可操作性。应该说，这样的要求使我们的高中教育走向越来越接近世界教育发展的潮流。

然而，如果课程标准仅仅是描绘出一个不可企及的至高台阶，实践中再让每一位教师去帮助学生搭建若干个攀往制高点的脚手架，那么由于若干方面的局限性，许多时候教师的做法不一定是科学、合理的，违背规律的教育就有可能发生。一个可操作性的课程标准，应该最大限度在课程内容上分清层次，在质量标准上明确相应的水平，也就是要帮助师生设定好最佳的适宜台阶。

课程标准不仅是教师领导教学的拐棍，更应该成为学生自主学习的指南。在信息来源多渠道已经成为现实的今天，学生自主学习的可能性大大增加，每一位学生的学习进度、深度与自我期待变得越来越不同，他们脱离特定教师指导与掌控之后的学习，应该有一个适合他们的课程标准。我一直在想，这个课程标准的编写，从一开始就应该立足于为学生编写和使用，他们方便了，学得顺畅了，教师的教学自然也就顺当了许多。

从学生到教师，有这样一个让人心明眼亮的课程标准，大一统、一刀切的重复学习与机械训练自然大可不必，也必然市场不再，解放学生和教师也能得到部分实现。

还有一个高利害要素，就是评价，再聚焦一些，就是高考录取制度的改变。2014 年的教育，最为出彩的就是在国家层面考试与招生制度改革引导下的上海和浙江的试点方案。已经有迹象显示，一些有责任心和使命感的高校，已经开始研究分数之外对学生的综合评估。只有这种多元、开放、综合的录取机制开始启动，才有可能大面积开启高中教育百花齐放的明天。

给这些改革以包容，允许他们有一些闪失，等待他们的不断成熟，政府和社会都需要耐心。

落实学生中心，到了撬动"结构"的时候

学校里到底在以谁为中心？这是一个十分清楚又特别模糊的话题。

说它十分清楚，是因为墙上贴的、文章中写的、校长口中讲的，都是以学生为中心。

说它特别模糊，是因为在真实的办学实践、评估奖励等各种看得见、摸得着的工作中，又往往忘记了学生。

尽管大家全都了然以学生为中心在学校教育工作中的关键地位，可要真枪实弹做起来，我们往往选择的捷径是放弃。

十八届三中全会提出的治理结构与治理能力现代化给了我们很好的启示，如何让我们的学校管理真正走向学校治理，对应对这个转型的时代来说，既是挑战，更是机遇。

理论和实践都明白无误地告诫我们，结构决定性质，结构不变，事物的性质很难改变。

在传统学校的管理体制下，管理主体常常被误以为只有一个校长，又由于校长的权力来自上级的任命，因而，在上下利益冲突、左右矛盾纠结、前后路径相左的时候，一所学校到底能否在全领域、各环节自始至终以学生为中心就完全取决于校长个人的价值取向，而制度设计本身并不具有这样的规定性。

事到如今，改造学校治理结构正逢其时，让学校从管理走向治理，关键在于优化学校的治理主体。

十八届三中全会《决定》提出的"试行学区制"，为改善学校治理结构创造了一个机遇。当我们的学校与周边社区真正形成利益共同体的时候，社区各方代表组成的教育委员会，就应该代表孩子和家长的利益参与到学校治理之中。尽管大量的实践表明，他们的权利不能没有边界，同样需要制约，但是，由他们确定校长的选聘，由他们参与校长业绩的评估，由他们参与学校重大战略的方向与资源配置的流向，都会让学校生态发生令人欣喜的变化。这个社区教育委员会以孩子为中心的价值取向，必然会影响校长以学生为中心的办学追求，进而影响到每一位教师以学生为中心的教学实践。

另一个进入学校治理结构的应该是学生会。尽管不同学段孩子的认知水平、思维品质、管理能力各不相同，然而只要把他们吸纳进治理结构中，我们就会惊讶地发现，一个孩子必有成人没有的能量，他们的视角、眼光、经历、渴望与成人大不相同。如果给他们的酸甜苦辣应有的关照，给他们的异想天开应有的地位，学校治理结构的主体里，自然就有了他们的一席。

即使在学校内部管理机制的变革中，也同样有足够变革的空间。目前学校管理中普遍存在的校级干部工作切块分割制，导致了学生地位的迷失。分管教学的，当然以学科教学为中心；分管德育的，大都以组织一些出彩的活动为骄傲；分管科研的，往往比较关注教师论文著作发表的数量。这些分管领导所关注的重点相加，大都是在撕裂学生，尤其是这些分管指令传递到老师那里，而且指令之间存在矛盾冲突的时候，我们很难要求教师有那么大的定力，始终坚持以学生为中心。

因而，通过调整管理机制，让每一位握有重要权力的管理者，不再以做事为目的，让他们心中只有学生，这是从根本上解决目前学校管理痼疾的关键。

跨界思维突破教育瓶颈

有数据显示，2014 年被冠以全国性的教育论坛超过了 1200 场，也就是说，每天都有 3 个以上的论坛在同时拉开帷幕。更值得关注的是，以新媒体、第三方智库甚至其他行业为主办方的论坛大行其道，超过了任何一个年份，悄无声息中，一大拨业外族群穿越边界走进教育。

诸多积重难返久医不愈的教育沉疴，也因此迎来了跨界思维互联互通的新机遇。

无须多说，单是互联网迅猛发展所带来的跨界思维，就向教育变革提供了许多全新的视角和多元的渠道。

首先是基于移动互联的用户观。很多企业突破了过去传统的客户概念，优先考虑的不再是产品和利润，而是把用户需求和如何黏住用户作为公司的重大战略；他们也改变了传统客户思维只关注大客户的习惯，转而面向一个个"最细胞"的用户；他们还改变了传统客户思维中一次性交易的短期行为，转而试图与用户成为终身朋友，进而希望与之长期合作，共同参与产品的开发。

这样的跨界思维方式，恰恰是校园里极度匮乏的，如何松一松抓分数、抓教育 GDP 的那只手，让教育者的眼睛不再仅仅关注教育的"利润"？

当我们把学生看作用户的时候，我们会更加在意他们的深度需求，面向每一位学生的因材施教才会扎根课堂；师生成为合作者，共同开发和创造适切的课程产品才有了可能，师生平等的校园生态才会自然显现。这个时候，真实的教育才有可能发生。

其次，无论我们是否愿意，也无论我们是否准备好了，以线上线下学习相融洽的 O2O 学习模式已经来到了孩子们中间。线上学习的市场特性，必然要求每一家线上平台具有强有力的黏性，而游戏化便成为平台开发商的第一选择。当线上的学习因为好玩而模糊了学习和游戏的边界的时候，学习和学校都必须重新定义。

当孩子们带着线上的体验走进传统的教室时，也必然带来改变传统课堂的渴望。他们不会喜欢一面是火焰、一面是冰山的学习生活。因而，如何让学习变得好玩，以游戏化的思维解决长期困扰我们教学生活的顽症，是我们绕不开的选择。

另外，互联网时代，当人取代商品成为所有信息的核心节点时，我们会发现每个人都在主动或被动地进行着跨界知识储备。一个"个体"或"学校"的价值，是由连接点的广度和密度决定的，你的连接越广、越密，你的价值就越大。这种关联性向我们教育工作者猛击一掌。本来，我们的教育就是特别讲究联系的，不仅包括知识内在的联系，也包括各领域之间的联系，然而不幸的是，分科教学画地为牢，恰恰让我们常常失去这样的关联；育人本是系统工程，每一位教师齐抓共管，学校、家庭、社会通力合作，才能产生教育效应，然而不幸的是，我们恰恰在这个问题上痛心疾首；每一位学生就是一个世界，我们不仅关注他们的分数，还应该关注分数背后的东西，更应该关注他们的生命健壮和精神成长，然而遗憾的是，我们并没有如此系统地形成促进学生成长的关联性模型。教育，依然靠的是零散的经验和想当然的判断。

基于移动互联的跨界思维，让我们为之一振，每个学习者在学习过程中所产生的任何数据都可以转化为信息，任何信息都可以相互关联，任何信息的关联之中，都可能生成意想不到的观点。

留意学生的每一个微笑，关注学生的每一次感动。喜怒哀乐间，倾听他们花开的声音；酸甜苦辣中，欣赏他们果熟的欢笑。把学生们的一切一切都收入眼底，放入心间，每一位教育者的内心都装有一位位全信息的孩子，这样的教育才能真正进入理想天地。

跨界思维，意味着我们要敢于超越之前思维的局限，突破传统工业时代那套讲究程式、严密、控制的思维模式，寻找到专业与人文、理性与感性、传统与创新的交叉点，甚至重新审视自我，完成自我颠覆和重塑。

（作者系国家督学、北京十一学校校长）

（文章原刊于《人民教育》2015 年第 01 期）

让每一位学生成为他自己

北京十一学校

　　21 世纪，我国进入激烈的社会转型期。一方面，经济快速发展，社会文明程度不断提高，人们的行为方式、价值体系都发生了明显的变化；另一方面，个性发展的诉求日益彰显，更加凸显个人在学习中的价值取向和主动性之重要。人们更加关注个人幸福感和生命价值。社会的进步和发展对教育提出了更高的要求。日新月异的信息技术为个别教育的实现提供了可能。

　　我国实施新一轮高中课程改革以来，课程"千校一面"的状况逐渐得到不同程度的改观，但改革仍然是在传统教育模式框架内的修修补补。学校转型任务紧迫。《国家中长期教育改革和发展规划纲要（2010—2020年）》的颁布为学校转型变革搭建了宽阔的政策平台，也对教育提出了更高的要求。

　　这种背景下，2009 年我们开始了学校转型性变革的实践。变革以提供选择性的课程为起点，以制度变革为保障，最终实现从价值选择到教学组织形式，从课程结构到管理制度，从教学方式方法到学校组织文化等全方位的转变。

　　学校转型是学校教育整体形态的根本性变革。我们首先确立了共同的价值观，以让每一位学生成为他自己为价值追求，将"立德树人"作为教育工作的根本任务。通过将国家课程、地方课程校本化，我们构建了一套分层、分类、综合、特需的选择性课程体系，实施选课走班，实现了每位学生一张课表。课程变革带动了学校管理制度的转型，并最终实现学校组织文化的变革，从而构建起了一种全员育人、关注个体的新型育人模式，学校实现了转型。

育人模式改革的价值追求

学校转型是一种实践行为，但要有共同的价值观作为思想基础。在确立共同的价值观的过程中，我们对学校教育的价值和学校培养目标有一个符合时代变化和发展的重新定位。立足"每一个"的自主成长，提出创造适合每一位学生发展的教育，以"让每一位学生成为自主发展的主体"为价值选择。强调教育是发现和唤醒，发现每位学生的不同特点和个性差异，唤醒他们沉睡的潜能。搭建各种平台，利用各种刺激，去发现和唤醒他们的潜质，帮他们找到自我，认识自我，让学生在人生方向的引导下发展。

要让这样的观念成为全体成员行动的指导思想，认同是极为重要的。为此，我们发动全校师生参与讨论，通过各种方式，让这个价值观在学校每个成员的内心扎根；又先后通过"育人目标确立年""课堂成长年""课程成长年""制度重建年""教学落实年""反思年"等系列年会主题活动，把这些价值观具体化，以更加清晰、可操作性的语言表现出来，通过相关主题活动进行深化；更重要的是，通过课程变革，让价值观与具体的教育教学行为联系起来，在每一个课堂和每一位教师的教育行为中落地。

一位学生一张课表

课程是学校育人目标、办学理念的载体。学校顶层设计的思想都必须通过课程才能与教师和学生发生关联。只有通过课程才能形成包括目标、内容、实施方式、评价等在内的教育链条，也才能整合学校所有的教育资源，为学生服务。所以，课程变革是学校转型的基础，只有改变课程，才能从根本上改变学校。针对教育当前存在的问题，课程变革的诉求主要在于增加多样性和选择性。为此，我们首先通过对国家课程、地方课程的校本化，构建了一套分层、分类、综合、特需的课程体系（见下页表1）。以

265 门学科课程、30 门综合实践课程、75 个职业考察课程、272 个社团、60 个学生管理岗位，提供给学生选择。

表 1 分层分类综合特需课程设置

课程类型	科目
分层课程	数学、物理、化学、生物
分类课程	语文、英语、历史、地理、政治、体育、技术
综合课程	艺术、高端科学实验、综合实践、游学课程
特需课程	书院课程、援助课程、特种体育

这套由分层与分类、专项与综合相结合的课程体系，通过对国家课程的校本化，突出以学生个体为单位的选择性，除了少数的必修课程外，其他大部分都是选修课程，所有的课程排入每周 35 课时的正式课表。学生不仅可以选课程，还可以选择学习时段，最大限度地满足每一位学生的学习需求，实现了一位学生一张课表。通过选课，课程与每一位学生联系起来，构建起每一位学生自己的学习系统。随着走班上课，这些课程得以落实在每一间教室、每一节课里，带动教与学方式的变革。随着配套的资源系统、评价与诊断系统的跟进以及学校的各项管理制度的重建，确保课程链条上各个环节形成一个相互支撑的有机系统，学生的选择权由可能变为现实。

为了给学生更多自主选择的空间，我们实施了"大小学段制"，每个学期分两个大学段和一个小学段。大学段主要进行统一课程的集中学习。两个大学段之间的小学段，为期 2 周，学生仍然到校学习，但不安排统一的学习内容，每位学生根据自己的学习需求，制定出符合自己的自主学习规划，进行自主学习；也有很多学生利用这段时间，走出学校，到社会和实验基地进行实地体验学习等。小学段给了每位学生进行校外社会体验和个性化学习的机会，也使他们的自主学习能力得到锻炼和提升。

表 2　高中大小学段安排一览表

学年	高一				高二				高三							
学期	高一（上）		高一（下）		高二（上）		高二（下）		高三（上）				高三（下）			
学段	1	A	2	3	B	4	5	C	6	7	D	8	9	E1	10	E2	11	F1	12	F2	F3

　　学生的课程选择权需要通过一定的教学组织形式来实现和保证。选课包括两层含义：一是选择适合自己的课程模块；二是选择适合自己的学习时段。通过选课，每位学生形成了自己的课表，到不同的学科教室上课，在不同的教学班之间流动，而老师们则在各自固定的教室里等待学生上课。通过走班上课，有选择的课程体系落实到每一节课上，落实到每一个学习过程和每一个时间点上，这时，学生的课程选择权才真正由可能变为现实。正是这种教学组织形式的推进，使学校转型从课程变革深入到管理制度，这才有了管理制度的重建等一系列其他方面的转型。

　　在教学组织的变革中，学科教室的建设和准备是重要的一环。教师要把传统的行政班转变为教学班，教室必须改变，承载更多的教育功能。一方面，要从一种功能转变为上课、读书、实验、讨论、教研等多种功能；另一方面，要从一样的教室转变为具有学科特点的学科教室。在这个变革的过程中，各种学习资源进入教室，走到学生的身边，为学生的自主学习提供了便利。同时，学习资源的进入，带动了学生的自主学习，带动了课堂教与学方式的变革，将变革向更深处推进。

新技术引领个性化评价改革

　　多样化的可选择的课程实施，必然需要评价体系的变革，从管理工具和手段，转变为引导学生的发展，为教与学提供服务。立足多元性、层次性、易操作、抓关键的原则，过程性评价引导学生关注自己的学习过程，随时随地记录和反馈，便于学生有针对性地调整自己的行为和学习状态，成为学生学习动力的推动器，也引导学生学会对自己的行为负责。在过程性评价体系的建设和实践中，有两个环节非常重要：其一，研发适合于本学科、不同的课程内容，甚至是每一位学生的过程性评价指标体系；其二，有多功能的网络技术平台的支撑，方便教师和学生随时登录、记录与查阅。

评价体系变革中的另一项重要内容是学业诊断体系的建设。我们把考试转变为诊断，发挥考试的诊断功能，通过诊断分析，帮助教师和学生查找问题，为改进教与学提供服务。诊断的改进从研究命题开始，我们成立了命题专家团队，对每一份诊断试卷精心设计，对试卷数据进行系统、科学的分析，帮助教师与学生发现问题和漏洞；同时，个性化的学生学业诊断与考试评价分析系统，借助网络平台和数据分析工具，也为每一位学生提供不同角度的学业发展信息，为学生的自我管理、自我规划提供服务。

育人模式改革拉动学校转型升级

学生的独立人格、独立思想和自主发展的动力在课程的选择中被激发出来，要求学校能够包容个性不同的成员，最大限度地发挥每一个人的潜能，给每一位师生自由的空间，激发每一个人的主动性、积极性和创造性，才能为选择性课程的实施提供保障。这种情况下，以注重效率、“成就事”为价值取向的管理，暴露出明显的不适合，学校要从“成就事”转向“成就人”，实现从管理向领导的转型。

领导学校，首先要带领全校教职员工，描绘出学校未来发展的愿景，确立共同的价值观和奋斗目标，实现价值领导。调整组织结构是学校转型的杠杆，课程及其实施过程的变革，凸显学校教与学的需求，迫使学校管理重心下移，形成服务第一、师生导向的扁平化组织结构。校长与师生直接对接，教学一线的需求能够得到快速回应。

领导更关注领导权力的下放与分享，淡化行政管理，注重团队领导，通过让更多的优秀教师参与学校管理，让每一位教师成为学科教室的建设者和领导者等方式，搭设各种平台，扩大教师的影响力。还注重教师的专业成长，提供可选择的专业成长课程，建立各种激励机制，激发每一个成员的主动性、积极性和创造力。教育是一个互动的过程，领导更注重搭建各种沟通的平台，建立沟通、对话、协商的机制，通过与组织成员建立关系，运用情感的力量去达成目标。

随着选课走班的实施，原来的班主任管理模式被打破，面对处于流动中的学生，管理的工作量陡然上升，需要建立与之配套的管理机制。拥有了自主选择权的学生，独立人格和独立思想日渐凸显，需要更多的自主空间，但又要保持良好的教学秩序。经过摸索，我们逐渐建立起全员育人、自主管理的教育网络。从年级层面，我们实施了"分布式领导"模式，把年级层面上的教育教学管理事务分解为导师、咨询师、学科教研组长、小学段与研究性学习主管、过程性评价主管、终结评价与诊断主管、选课与排课主管、教育顾问（特殊行为问题）、自主研修主管、考勤主管、大型活动主管等多个岗位。由任课教师根据自己的专长，主动承担，既确保了年级工作和教育教学管理的高效、有序，又给每一位教师搭建了施展个人才华的平台。更为重要的是，随着行政班和班主任的消失，任课教师的教育和管理的责任大大增加。每一位教师从学科教学走向了学科教育，他们不仅要负责学科的教学，还要关注学生的心理、情绪和人际交往；不仅要教会学生，更要教学生会学，要管理和领导学生的学习。当每一位教师都是教育者，学校就实现了全员育人。

全员育人还要与学生的自主管理能力结合起来，才能构成一张和谐的网络。选择权激发了学生自主发展的愿望，但教育最终的目的是让每一位学生学会自我管理。按照"评优体系引导＋基本行为规范为底线"的思路，我们改革了评优体系，让具有不同潜质和能力、特长的学生脱颖而出，发挥优秀学生正能量的引领作用。而在给予学生最大限度的选择权和自主发展权利的同时，更强调学生要懂得尊重规则，行为规范。为此，我们从学生成长的角度，出台了"学生在校基本行为规范"，每一位学生都必须学习并认真遵守。

实现每一位教师的转型

学校转型不仅是教育实践的变化、培养目标的重新构建和实现，而且是教育者自身的发展变化过程。没有一线教育实践教师自身的变化，要实现转型是不可能的。因为只有教师转型了，学校转型才能深入到每一个课堂、每一间教室、每一个教育过程，学校才能呈现出适合每一位学生成长的生态。教师转型最根本的是观念的转变，当教育致力于让每一位学生成为他自己的时候，教师的职责需要从单纯的传递知识的授业者，转变为学生学习的管理者，通过互相影响、讨论、激励、了解、鼓舞，发现和唤醒学生的内动力；更多的时候，他们还是一位顾问，一位交换意见的参与者、咨询师，一位帮助发现矛盾论点而不是拿出现成真理的人。变革更多的是对惯性思维习惯的挑战，学校转型中面对的很多问题都无法用传统的思维模式解决，只有转变思维方式，换一种思路，才能找到合适的办法。面对全员育人的要求，教师还需要重新思考自己的专业素养结构。学校转型把传统教育加在学生身上虚假的力量剥去，在一所充满学生选择权和决定权的学校，在一个个学生自主学习的课堂，教师更需要从传统的职业尊严中走出来，寻找新的威信。

每一位教师观念的转变，策略的运用，方法的创新、借鉴都必须经历别人无法代替的过程，而由于个体的差异，这种经历的快慢、缓急每个人是不一样的。因此，教师转型更需要策略和方法。让一些学科或一些老师率先尝试，通过各种分享机制，让率先获得的经验得到最大限度的分享，让后来者在先行者的经验中起步。还要允许落后，给没有赶上的教师一个思考、彷徨、旁观的过程。

高校团队助力学校转型

经过 4 年的实践探索，学生状态、教师情态和学校形态都发生了很大的变化。2009 年和 2013 年，北京师范大学脑与认知科学研究院专业人员先后组织了两次调查，数据的对比分析，一定程度上展现了学校转型变革的实践效果（见下页图 1）。

课程的适切度有了明显提高。2013 年 6 月的调查显示：93.2% 的学生认为目前学习的课程适合自己（见下页图 2）。

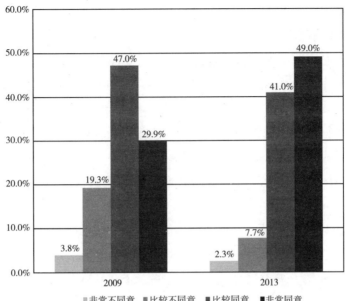

图 1　在学校，我能选到适合我的课程

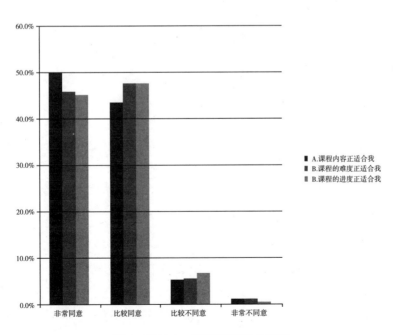

图 2　2013 年对课程适切度的调查

学生的自我负责意识、社会责任意识、自主发展的愿望和能力日渐增强。90.3%的学生认为"学校所学的课程对自己的未来发展有重要意义",94.8%的学生认为"我能够根据学习目标安排自己的学习"。开放性和动态性营造了每个成员积极参与、共同负责的新型群体关系,学生对他人、集体、社会负责的意识和能力提升。2012年"两会"期间,学校"人大代表助理团"的同学在平时搜集舆情民意和调研的基础上形成了8份提案,通过全国人大代表宋鱼水提交到了"两会"。

学校整体质量呈上升趋势。2009年,在学校课程改革进行的初期,调查结果显示:该年度在同伴关系、师生关系、课程与教学、资源与支持、组织与领导和文化认同这六个方面的综合指数均处于C级水平。2013年,学校课程改革进入第四年,诊断结果表明,全面推行课程改革后学校在整体质量上呈现出上升趋势(见图3)。2013年6月进行测查时,在师生关系、课程与教学、资源与支持、文化认同维度均由C级进步为B级,组织与领导保持在B级水平并有一定程度的提高。综合指数值(82.18%)也上升到B级水平。

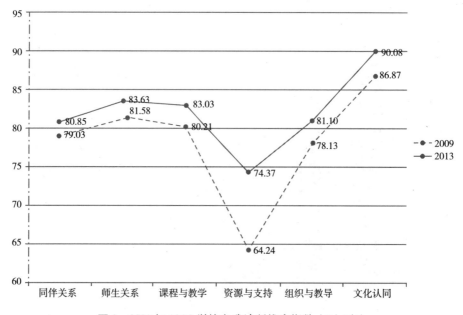

图3　2009与2013学校自我诊断维度指数(%)对比

转型后的校园，同伴关系、师生关系和谐。2013 年的调查显示，89.2% 的学生表示"我对自己与同学之间的关系很满意"，95.8% 的学生表示"我很喜欢我的同学们"。对和谐关系的体验，也在师生关系的调查中得到了验证（见表 3）。

表 3　学生感知到的师生关系状况

调查维度	具体题目	非常同意	比较同意	比较不同意	非常不同意
学生全面发展得到关注和支持	成绩不是老师评价我们的唯一标准	54.9	38.8	5.4	0.9
	老师鼓励我们思考和规划自己的未来	61.2	35.9	2.5	0.4
	老师关心我们的生活状况	53.2	38.1	8.0	0.7
	老师在关心我们的学习之外，还能真正倾听我们的心声	53.7	38.2	6.4	1.7
每个学生得到公平的对待和关注	老师能公平地对待男生和女生	59.9	34.3	4.1	1.7
	老师能公平地对待每一个同学	55.4	38.5	4.5	1.6
	老师不会因为成绩的好坏而对同学们区别对待	48.3	41.1	8.9	1.7
	无论家庭背景如何，老师对同学们都能一视同仁	64.4	34.6	0.9	0.1
老师与我的关系	老师了解我的情况	43.6	48.4	7.0	1.0
	我随时可以获得老师的帮助	52.8	41.7	4.8	0.7
	我和老师相处得很好	53.3	44.3	2.0	0.4
	我对自己与老师之间的关系很满意	52.3	43.5	3.6	0.6

资源服务于学生，得到学生的认可。2013 年，对资源丰富性、开放性、安全性及使用性等方面的调查显示：学生对这几项重要学校资源的平均认可度达到 92.7%（见下页图 4）。学校的管理服务现状以及管理空间的调查，能够在一定程度上反映学校的环境氛围情况。对以校长为代表的管理者的满意度调查，得到超过 90% 的学生的认可，其中，同意"学校管理

者愿意听我 / 同学们的想法"的学生比例由 2010 年的 79.2% 增加到 2013 年的 91.8%。

　　学校整体状况得到绝大部分学生的高度认可。2013 年调查显示，学生对学校的课程、师生关系、同伴关系、资源与设施、组织与管理状况、学校秩序与安全等整体氛围的综合满意度达到 95%，对学校的培养目标、教育理念、学校氛围、社会声望、学校的特色优势等方面，学生的平均认可度高达 97.5%。

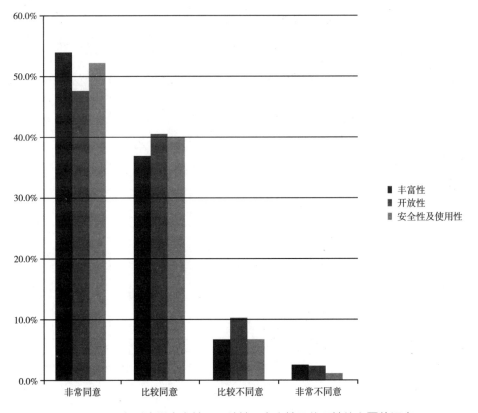

图 4　2013 年对资源丰富性、开放性、安全性及使用性等方面的调查

学校转型任重道远

学校的转型性变革是一个深刻、持续、整体的渐进过程。真正实现转型这样深刻的变化，还需要经历一个较长的时段。

第一，全人教育下教师专业素养结构面临着重构，教师培训和教研任务繁重。在转型过程中，虽积极探索在学校转型过程中的教师专业成长之路的经验，但是随着改革的深入，教师的培训和教研任务仍将十分迫切而繁重。

第二，教师从理念到行为的深刻改变将是一个不断深入的过程。当传统的权威被打破之后，寻找并体验到新的职业尊严和职业生存方式，在学校转型过程中实现每一位教育者自身的发展，将成为每一位教师不断深刻面临的最真实的挑战。面对一个个鲜活的学生个体时，尤其是当一时看不到教育的效果时，挑战的已经不再是教育的技巧方法，而是每一位教师的心理和思维习惯。

第三，学校各项制度重建的工作还只是刚刚开始。在过去几年的摸索中积累了一些对新岗位的认识、对新流程的梳理，但是新的制度还在不断构建，新产生的岗位还需要在实践运行中不断磨合，并找准各自的职责定位和工作流程。学校各项制度重建的浩繁工作量将成为学校整体转型面临的巨大挑战。

第四，启动每一位学生的内动力任重而道远。由于学生存在的个体差异，每一位学生内动力启动的机制和兴奋点可能都是不一样的，这将是一个庞大的数据库，需要多功能的数字化技术支撑。如何真正利用"云计算"的优势，实现对学生个性化诊断、指导、帮助和激励的持续进行，这样的工作我们还在一步一步地摸索中。

第五，转型后的学校与整个教育生态和社会生态的对接仍需研究。在我国现行的体制下，新的育人模式的运行需要考虑与国家课程方案和上级教育主管部门的对接，学校生态需要与整个教育生态和社会大的生态环境的融合。

选课走班后怎么育人？

李　亮

2012 年下半年，我从高三下来，接手北京十一学校新一届高一的历史教学工作，正赶上学校育人模式改革全面铺开。虽然从教 20 多年，自认为有较多的知识储备、经验积累、创新成果，但还是感到力不从心，产生过无数的动摇、怀疑、困惑和纠结。2015 年 6 月，我们的学生自豪地毕业，而经历 3 年的磨砺，我对教育的理解已然发生巨大改变。身份还是教师，但已经不是以往的那一个，焕然成为一名"新"教师了！

以往，谈起教育观念的转变，我认为是比较容易的。比如，"学生的利益高于一切""提高学生的主体性"等，我感觉自己都能理解和认同，并在教育教学过程中自信、主动地去实践落实，自我感觉效果还不错。如今，我意识到，那样的认识其实还相当肤浅，没有科学合理的制度保证，就没有脱胎换骨的转变，就不能逼近教育的本质。是育人模式的改革，催化了我作为一个教育者的涅槃。

用制度解放学生，改变教师的学生观

作为教师，我热爱学生，把他们当作国家民族的希望，积极主动地为他们的成长努力：关心他们的每一个需求，教育他们改正缺点，千方百计促进他们积极学习。20 多年来我得心应手，但进入新模式，我迷茫了。

学生选课走班，没有固定的教室、固定的班级，没有班主任、班长，很难"抓住"动态中的学生。有时感觉某个学生做法不对，要跟他谈谈，他会很礼貌地说："老师，我还有社团活动，有空再跟您解释。"在课堂上，学生胆子大了，个性强了，他们并不认同很多常规结论，会直接质疑我。还有的学生对历史不感兴趣，历史课上做其他事情……我作为教师的权威优势、知识优势、经验优势显得那么不堪一击，我甚至觉得自己不会上课了。

是学生变了？是我落伍了？是我们的改革有问题？我该怎么办？困惑和懊恼随之而来。

今天再回头看，那是制度转型带来的阵痛，是观念转变的必经阶段。后来，我从李希贵校长和许多领跑教师那里得到启发和帮助，在理论上有所感悟，在学生观上发生了根本变化。

我们以往为学生设定了理想的人才模型并赶着学生朝那个方向发展，标榜的是"为了学生的利益""以人为本"。那时，即便我们努力"发挥学生的主体性""尊重个性差异"，也是受到局限或浮于表面的。现代教育是要把学生培养成具有独立人格的人，而不是物或工具。只有这样的人，才具有创造力、责任感和顽强意志。

北京十一学校育人模式的改革突破了传统体制的束缚，能够从本质上落实这一基本观念：学生自主选课，根据自己的情况决定自己的未来，教师只能在尊重学生选择的基础上帮助他们实现理想；高端课程、社团实践给学有所长的学生提供更加广阔的发展空间……

这样的制度设计，使学生真正成为学习的主人，把师生放在真正平等的平台。教师不能再按照自己的理想模式去"塑造"学生，而是按照学生的理想需求去帮助学生、引领学生。教师丰富的专业学识，未必是这一个学生所需要的；教师在自己学术领域的地位，未必是学生敬仰的；教师认为对的，未必是学生认同的……这些都成为正常事。教师要增长更多的本领，尽可能满足学生的成长需求。

再就是怎样看待有个性的学生。个性与缺点是有本质区别的。苏霍姆林斯基说，"每一个学生都是具体的"，没有个性的人是不存在的。以往，虽然我们也倡导"尊重学生的差异"，但对待不合群、不听话、严重偏科，甚至行为出格、思路迥异的学生，我们总认为是问题，想要纠正过来。新模式下，我意识到，不能用自己的个性去抑制别人的个性，企图消灭个性的教育是违背人的发展规律的。我努力帮助学生发展积极个性，学生的天性得以舒展。用制度去解放学生，"以人为本"的学生观得以真正落实。

教学真正转变到从学生发展需求出发

伴随着学生观的转变，我的教学观也在变化。选择历史课程的学生组成教学班，但他们对学习的要求是不同的：有的兴趣多一点，有的兴趣少一些；有的是来听故事的，有的是来学学科方法的；有的想对历史作宽泛的了解，有的想对具体问题进行深刻认识……所以，选修课没必要要求学生一律掌握所学内容，并达到统一的较好水平。把课程内容整合成营养较为全面的大餐，让学生获得各自所需的养分，让学生自己的那部分需要得到满足即可。

教学观的变化引发课堂教学的变化：教学真正从学生的发展需求出发。实际上，现实生活中的每一个细节，都是历史运动规律的反映，从解决学生生活中的困惑入手，以服务学生的成长为目标，结合历史运动的基本规律，适度渗透历史学科的人文素养和历史学科的思维方法，可以激发学生对历史学习的兴趣，把最不喜欢历史的学生与学科的关系拉近，因为人的生存和发展需要理解这些现实问题。这一过程同样也可以使绝大多数学生达到基本的要求。课堂结合现实，剖析与之关联的典型历史案例，则可以使对历史作深入研究的学生获得提升。我的课堂教学，都是结合学生最关注的现实问题整合教学资源，或者由学生提出最需要解决的问题组织教学。

要获得学生的真正需求和感受，教学过程必须是平等、民主、对话式的。我的课堂允许学生以自己的方式听课。在真实的学生面前，我可以发现问题并找到适合的方法帮助不学习的学生，对个性极强的学生，我也能够在课后进行有针对性的引导。

走班选课形成的教学班里，学生更为活跃，需求更为多样，表现更为真实，进而呼唤课堂德育要与之相适应。我深信：只有满足学生的综合性需要，做到德育、教学双落实，才能在选课的过程中，守好课堂主阵地，使课堂成为学生最喜欢的地方。

在宽松的课堂氛围中，我更多地鼓励学生建设良好的伙伴关系，学会合作学习和分享成果，学会借鉴和感恩，学会尊重和妥协；在课堂纪律方面，我更强调底线意识，不断深化个人和集体关系教育。学生很珍惜我的每一堂课，不少理科学生都愿意到我的教室上自习、做值日。他们认为，我的课堂有他们亟待补充的养料。

在分布式管理中树立为学生服务的育人观

成长过程中，有很多因素制约着学生单科（特长）素养的提高和再提高。以往任课教师只管上好自己的专业科目，其他综合性问题由班主任去解决。新模式下没有班主任，要想真正满足学生的成长需求，这些综合性问题的解决任务自然由全体教师共同承担。北京十一学校革新组织机制，在年级组织结构中进一步扁平化，"年级主任——班主任——科任"垂直分层的身份区别不存在了，只存在两个基本身份：教师和学生，实行平等的分布式管理。

分布式管理，是指年级教师分别组成自习管理、咨询师、教育顾问、常规管理、课程管理等几个项目组，每一个项目组有 3 位或者 4 位教师，承担本项目的规划、实施，年级主任在宏观上进行协调配合。例如，咨询师项目组负责对学生的人生理想目标引领、学业专业辅导、心理问题进行梳理；教育顾问项目组负责对学生进行规则意识培养、公民道德教育、违纪违规转化教育。每个项目组独立工作，又相互支持，对学生成长负责，而不是对年级主任或校长负责。图 1（见下页）为分布式管理的师生关系图，每个学生遇到问题都能在身边找到可以帮到自己的教师。

我在辅导历史学困生的时候发现，学生往往提出其他困惑，或者暴露出行为习惯等其他问题，而解决这些困惑和问题会使历史学习上的问题迎刃而解。我主动参加年级的分布式教育工作，担任"教育顾问"，在实践中更多地了解到学生成长的本质规律，更深刻地理解到了新模式的科学性、人文性，也促进了我教学能力的提高。

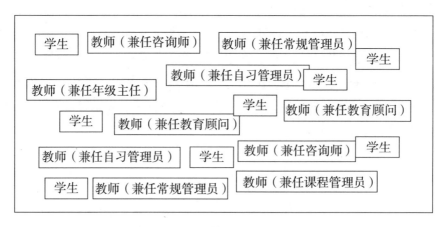

图 1　分布管理师生关系图

学生心智尚未成熟，容易出现各种错误。但通常情况下，我们认为是错误的东西，在学生的认识中可能是当然正确的。所以，我们必须给学生说明、解释和辩护的权利。了解到学生这么做的理由，我们才可以对症下药。以往班主任与学生交流时，学生慑于权威，常常违心地说"我"错了、"我"改正，不敢自辩。这就隐藏了学生思想上的不足，使教师失去了帮助的契机。新模式下，教师没有了给学生定性的权利，成为学生最单纯的帮助者。学生在教师面前，没有必要掩饰真实的思想，会坦然为自己辩护。我们不会也不能立即给学生行为定性，而是肯定其行为、情感、思想中的合理性，弄清他们行为不合理的原因，帮他们找到认识上的误区，争取学生的认同，促使学生心智成熟。这是我对"尊重学生"的新的理解。

学生的本质都是向上的。作为教育顾问，我更多地同违纪的学生进行心对心的交流，当学生触犯规则的时候，进行过不少惩戒、处分教育。捍卫规则是公民的基本素养，我坚定不移地执行规则。但是，了解到学生内心真实的想法和青少年特有的思考方式以后，我感到沟通更为重要，使学生理解规则更为重要。个人性格、成长环境、情绪情感，都会使学生对规则的理解产生不同的想法。但无论多严重的违纪行为，当我们的分析以己推人的时候，学生都会反思自己行为的危害性。我坚信学生"性本善"。

一旦发现问题，我会第一时间帮助学生改进，而不论这个学生是不是我所教班级的，是不是我所管年级的。这是新模式制度决定的：走班选课过程中，许多学生是跨年级选课的，社团活动都是大带小、老带新，很多专业活动是新教老；去行政化以后的校园里，师生关系朴素、简单、实在，教师只需为学生负责，为学生成长服务。这个时候，我是第一责任人，我要在教师职责范围内对我发现的这个需要帮助的学生负责到底，直到这个问题解决，不做二传手，不把问题推给别人。

案例：

调课之争

9月30日下午5点，我正带领学生忙着打扫历史教室，再过半小时，就是十一假期了。这时，两位哭得上气不接下气的学生找到我："李老师，您去帮我们说说贾祥雪老师吧，他太固执了……"话没说完，就又稀溜溜地抽泣起来。

"哟，快坐下，有话好好说，这是怎么了？"

来人是理科的两位女学生：胡丹丹和刘彤彤！北京十一学校规定：本学期选课后可在第一个月内调整，上交调课单截止日期是9月26日下午5点。这两位同学觉得独轮车新奇好玩，就选择了这门体育课程。可开学练了3周多，两人扶着还能蹬半圈，一撒手肯定摔跟头，膝盖小腿摔青了，两人也坚持不住了，想赶在26日那天上交调课单。但当时体育老师在开大会，两人就先在"调出课程"的教师签名处模仿体育老师张继荣的笔迹签了字，又在"调入课程"的教师签名处模仿飞盘教师黄恕的笔迹签了名。26号下午5点之前，她们把这张山寨版的调课单，送到了高三学部专管网上调课的教师贾祥雪的办公桌上。

贾老师身高1米9，体重230斤，北京大学理论数学博士。人长得粗犷，但心思极其细密。周日加班全面调课时，一眼就看出了这张申请单有问题，几经核实查出签字是假的。

"老师，我们都向贾老师认错了，昨天认错、今天认错，可他还是不给我们调课！"两个孩子委屈、不满、急切地说。

"那就是我可以给你们调课了？可我不负责这事啊，再说已经过截止时间了！"我说的是实话。因为全校四千多张课程表、上百门选修课，课表调整是统一利用周末学生不上课的时间各级部课程负责人协商决定的，不能轻易改动。

"贾老师说，亮哥是你们教育顾问，让我们找您，您跟他说说就能改！"两个孩子眼里放光，努力让我意识到，我是他们的那根救命稻草。

我暗自称赞，贾老师这是让我来履行教育顾问的职责啊！我思考了一下，开始施教。

"那你们跟贾老师道歉，是怎么说的？"

"我们就说代替老师签字，是不诚实的，是不尊重老师的，更是不应该的。"丹丹说。

"让贾老师生气，让体育老师生气，给学校体育课造成混乱，也不利于自己成长。"彤彤说。

"虽然当时快到截止时间了，我们找不到体育老师，但我们也不该弄虚作假，欺骗贾老师！"丹丹补充说。

"你们的认识是对的，但没触及本质，所以贾老师让你们来找我。"我指了指身边的一本《社会契约论》说："这本书告诉我们，你们的行为是违背法律的，在很多国家已属犯罪，在我国至少已突破了道德底线。"

听到这里，两双童稚的眼睛充满了震惊。

"每一个人都拥有自然和社会赋予他的独立的权利，包括你们和我。职务权利也同样是独立而崇高的。我们个人无权擅自代表别人行使别人的权利，更不能擅自代表别人行使职务权力。从法律的角度讲，擅自代表别人做事属欺诈行为，后果严重的构成犯罪。具体点说，代替主管教师签名、伪造假的调课单涉嫌伪造公文罪。好在你们认识到错误并及时改正。以后可不能干这种愚蠢的傻事了！"

"从做人的角度，你们的行为也危害巨大。欺骗贾祥雪老师，让你们在老师、同学面前失去了诚信这一最为珍贵的品质，挂上了不诚实的标签。经常突破道德底线的人，你们想想，能得到身边人的信任吗？再有，因为时间紧就擅自简化程序，这容易使你们养成一种害怕麻烦、不按规章和制度办事的坏习惯，都这么做，社会不就乱套了？其实，你们提前一些，就不会有这些麻烦。"

两个小姑娘频频点头，诚恳接受我的观点。

"可是贾老师相当顽固不化！我们昨天给他道歉，今天给体育老师道歉，还补填了正式的调课单，他还是不给我们调！您得去跟贾老师说说！"两个人动手来拉我的胳膊。

"我去他也调不了，都过了时间了，认了吧！我其实打小也喜欢独轮车……"

"您不是说一切为学生服务吗？学生需要您去服务一趟！"刘彤彤杏眼倒竖，来真的了。这下我没辙了，想想去了会得到贾老师的再教育，装作"被胁迫"的样子，去吧。

"我估计你也顶不住。"贾祥雪看着我走进数学教室，乐了。

"贾老师，您让她们找我，我把道理给她们讲清楚了。她们已经认识到对不起老师、对不起自己，课您就给调了吧……"

"贾老师，李老师已经教育我们了，我们从社会、从法律、从做人都知道做错了……"两位女生积极配合。

"李老师，您是教育顾问，怎么也这么想！截止到 26 日 5 点，就是为了周末大家聚在一起统一调课。戏剧、音乐、体育、劳技这些课涉及多少人、多少场地，能定下来、开起来就不容易了，怎么能朝令夕改，有这么办学的吗？"

贾老师义正词严，拉开上数学课的架势，我虽有准备，但也始料未及。不过立马也就明白了，直想拍案叫绝。但我还要继续自己的角色："不对呀，贾老师，咱们不都是为学生服务的吗？学生是有错误，可是课还是得给人家调啊！"

"哎呀，李老师，为学生服务也是要遵守规定的，不能因为她们两人的错误影响绝大多数学生啊！她俩只要在截止时间前拿出真实的调课单，都不至于有今儿这事，她们得为自己的错误负责啊！"

"贾老师，真的不给我们调？"我已经开始放弃了，可两个学生还不死心。

"哎呀，你们两个怎么这么固执？！要调也可以，估计校长有这个权力，你们可以找校长商量商量。"看来，贾老师认为我们的双簧还不足以让两个学生得到足够的规则教育，把校长抬了出来。我一听，感觉有必要从校长角度分析一下，揭开最后的谜底。

"不必了吧，找校长，得从冒名签字说起，再跟校长道一回歉？兴师动众重新调课，还不知要牵动多少部门，现在国庆放假有些老师都下班了，是找回来，还是国庆之后，停课来组织调课？校长也不能破坏规则，也不会决定调课。"我说。

看到确实调不了课，两个孩子泄了气。气氛沉闷下来，我说："其实不调课也没什么，独轮车具有挑战性，我就喜欢……"

"李老师、贾老师，其实独轮车换成飞盘，我们也没下死决心。"彤彤说。

"我们就是怕疼、怕苦，想换一个舒服点的。"丹丹说，"这回我们真就下死决心，练好独轮车！"

我憋不住，直乐。一圈走下来，我相信，这两个孩子一定可以从中悟到很多。而选课走班下，德育工作则呈现出新的样态：每位教师都参与进来，教师之间有了更多的合作与沟通，服务于学生成长的教育合力发挥出更大的力量。

（作者系北京十一学校教育顾问、历史教师）

（文章原刊于《人民教育》2016年第21期）

郭涵：用你对世界的认识去影响他

余慧娟　邢　星

"华润最近收购了英国的 TESCO 超市，这里有一个管理文化冲突的问题。"郭涵站起来，从包里拿出最新一期的《中国企业家》杂志，"这个杂志办得很好。"

她穿一件设计简洁的半身职业裙装，外搭纯白西服外套，简单、干练，透着准确的分寸感，和她的说话风格一样。

"华润面临的文化冲突是东西方文化的冲突，我们集团化办学也会面临城市文化与农村文化的冲突。看看人家怎么解决问题，再想想我们的问题怎么解决。"郭涵说到这儿，也许才让人感到我们是在采访一位中学校长。

采访前不久，一篇题为《北京一零一中学：高考满分作文的"摇篮"》的文章在网上热传。起因是在 2015 年高考中，一零一有 8 位考生获得了语文大作文满分。这个成绩并非偶然。近年来一零一的高考文理科语文平均分持续居于北京市和海淀区前列；2010 年海淀区共有 10 篇满分作文，其中 6 篇来自一零一。高考满分作文背后的诀窍是什么？这篇文章把"读书"列在首位。而采访中，我们发现，这也和郭涵这位爱读书的"文化校长"密不可分。

校长为什么要读书，为什么还要读企业家的书？

《人民教育》：有人戏称“这是一个全民不读书的时代”，特别是移动互联网出现后，大家对电子移动终端非常着迷，娱乐、社交和“快餐式”阅读占据了主导。在这种背景下，您如何坚持自己阅读并带领老师和学生阅读？

郭涵：关键是校长自己要爱读书。校长的内心有了文化向往或文化自觉，读书这事就好办了。记得从上小学到现在，读书一直是我生命的一部分。所以，当了校长，想让老师学生多读书，也就成了我的“自然动作”。

在一零一，我一直主张在学生中开展阅读。老师向学生推荐阅读书目，学生自己组织读书报告会，办阅读季……校长的引领很重要。如果校长自己不读书，去推动别人、影响别人怎么可能呢？

《人民教育》：校长多忙啊，怎么有时间读书？

郭涵：校长“忙”，没错。今天哪里有不忙的校长啊！但是，读书本身就应该是校长“忙”的一部分。并且，读书是随时随地的事情。茶余饭后，难得的节假日空闲，都是我自己的“阅读季”。另外，除了“爱读”，还要“会读”。我看书看得比较快，而且喜欢在上面画画写写，好玩儿，也很有收获。

《人民教育》：校长需要读什么书？

郭涵：读书最好还是要读经典，读名著。人啊，跟谁在一块儿很重要，读书就是与谁为伍、跟谁对话。人生在世，不图钱财，可总得跟那些思想家、文学家对话！而做校长的，更要和历史上的中外教育家对话。这种对话，就是阅读。每当我潜心阅读的时候，书的作者好像就在我身边，在我眼前。

读书还要看校长关注什么事。为了改革，为了管理，企业管理类的书有时也会给我们做校长的很多启示，我把它叫作"治理能力迁移"。企业家改革的步伐要比我们快，他们承受的压力也比我们大。所以，他们改革的热情、思路和方法等很容易引起我们的共鸣，也很有借鉴价值。

而后就是思想文化领域的书。我不同意这是所谓"无用之书"的说法。恰恰相反，它有大用，能"久用"。因为它是沉淀之后的思想精髓。这些东西读多了，不知道什么时候，它就会走进你的头脑，帮助你思考问题，分析问题，处理问题。

教育领域的书当然更要读，要经常读。既要读旧的，也要读新的，这是校长的"必修"啊。尤其是中外教育史，可是要好好读！

我还坚持看《人民日报》，我不但喜欢它的文字，更喜欢它的高屋建瓴，它的家国情怀，它的纵横捭阖、全球视野。有几本杂志我也爱看，比如《三联生活周刊》，最近讲股市那期，给我提供了透彻分析问题的范例；《中国企业家》杂志访问了耶鲁大学金融经济学教授陈志武，他所谈的"一带一路""互联网＋"，我印象很深。

在阅读中，有很多东西看起来好像与教育没有太直接的关系，但是它可以为你提供很多思考、分析和处理问题的角度，这就是刚才我所说的"治理能力迁移"。校长思考、分析和处理问题的角度非常重要。每个学校都面临很多问题，这些问题最后都要校长拍板、作决定。我们要通过阅读明白中国处于什么样的发展阶段，教育在其中的地位和作用；要理解教育政策背后政府的考虑，这是校长应有的高度或境界。

《人民教育》：所以校长读书主要是解决思维方式的问题。

郭涵：对。我觉得思维方式特重要。比如我们办人文实验班的基本目标，不是培养什么"文科状元"，而是希望通过我们的培养，未来有一批人、哪怕少数人能够在思想文化领域影响我们国家，影响这个世界，甚至影响历史。这一点，实在太重要了！所以实验班特别重视学生思维方式的培养。

《人民教育》：您选书的标准是什么？

郭涵：首先是自己的关注方向。通常，我平时关注什么，就会去阅读什么。文后以我的阅读时间顺序列了一个最近几年的阅读书目，你从中可以看出我阅读的"与时俱进"，也可以看出我一以贯之地关注什么和阶段性地关注什么。此外，我也要看作者的经历，看他思考问题的深度。

一零一的前身是 1946 年创办的张家口市立中学；几经辗转、更名，1949 年，学校从革命圣地西柏坡迁入北京；1950 年，经周恩来总理批准，在圆明园遗址非主体部分建新校址。现在每一年，一零一都组织师生赴西柏坡开展革命理想教育，在圆明园大水法遗址前举行高三成人仪式。

不是学生不喜欢德育，而是我们怎样做、做什么样的德育

《人民教育》：大家都觉得现在的德育很难做，孩子很难教育，尤其是道德教育，爱国、担当、感恩……全是难啃的硬骨头。一零一是怎么克服困难，实现育人上的成功的？

郭涵：今天的德育很难做，没错。用心去做，德育就能做好。我时常想，今天的年轻人，他们对职业不会从一而终，可以随时跳槽。但是有一样东西是伴随他们一生的，这就是道德品质。在一零一，我见过太多的学生，他们当年高考成绩不是最优秀的，但是他们在一零一得到了太多太美的德育熏陶，一零一为他们打下了永不消退的精神底色。长大后，他们在职场上表现得非常出色，德才兼备。几十年来，无数的一零一毕业生总是以"一零一人"为自豪。想起这些，我内心总是涌起一种责任感。所以，德育在中小学阶段实在太重要了！

当然，德育的内容有很多：爱国主义教育、法治教育、心理健康教育，等等。我们尤其重视红色文化、公民文化、生命文化这三个领域。红色文化讲一零一传统；公民文化主要讲规则意识，还包括公益文化、领导力；生命文化讲对自己和他人生命，对自然、对动物的热爱。

《人民教育》：我们听说一些学生甚至老师听到"传统""主流"就有点抵触，学校因此做德育的积极性不高，产生一种"他们喜欢什么，我们就给他们什么"的教育倾向。

郭涵：别的学校我不清楚，但一零一不是这样的。比如，长期以来，我们都对学生进行爱校教育，组织学生去西柏坡"寻根"，我们强调的就是"传统"，就是核心价值观。学生老师往返很辛苦，可都非常高兴。学校的任务是什么？是培养人！未成年人有两大特点，一是淡泊传统，二是有主观能动性，所以学校一定要坚持用正面的东西引导他们。

德育不能死气沉沉，年年老是三月学雷锋、五月感恩母亲节。比如，我们每年两届运动会都很有创意。学校有运动会主题，每个年级、班级也都有。2014 年运动会是践行社会主义核心价值观。学生自行设计，把"公正""民主"等丰富元素从入场式一直贯穿到比赛结束，自始至终表现出来。他们事先要学习很多东西，这就不仅仅是开一场运动会了。

《人民教育》：德育各个学校都在做，一零一是怎么做出效果来的？

郭涵：首先，"大道理"还是要讲，要内化于心。每年工作要求中我都会强调：课堂上必须传递社会主义核心价值观。因为中学生阅历少，判别是非的能力比较弱，学校一定要多给他们积极的影响，这是基本要求和做法。

最主要的是外化于行。"思想引导行为，行为养成习惯。"一定要反反复复去做。这种"反复"不是运动式的，不是为做而做的敷衍，而是"随风潜入夜，润物细无声"，是规范、要求、活动、环境……它一直在这个校园里，一直在。

《人民教育》：为什么特别强调生命文化？

郭涵：教育的根本是对生命的培育。首先要珍爱生命，包括珍爱自己的生命、他人的生命、大自然的生态。

我们的学生去北京松堂关怀医院，给年迈甚至生命垂危的老人送去温情。我们的学生去"太阳村",给服刑人员的子女送去生命的关爱。每当听学生讲起这些的时候,我的内心就充满了感动和敬意。其实,一个人如果学会了关爱自己、关爱他人,对这个世界充满了敬意和爱心,他就是一个幸福的人。

德育,就是充分利用学校和社会的教育环境,创造契合孩子天性的教育机会。教育,和天性契合很重要。

《人民教育》:现在有个别孩子在面临中考、高考压力或遭遇挫折时,轻易地就选择放弃生命,学校怎么预防这种事情?

郭涵:生命教育要随时装在校长心中,寻找教育机会,开阔学生的视野和心胸。

比如这次田径世锦赛,十项全能冠军伊顿在100米、400米、110米栏等几个跑步项目上都拿到了高分,可是他当年为什么练跑步?因为他是单亲家庭,没有钱坐车,结果跑步练成世界冠军。这学期学校工作会上我讲了这件事情,讲到体育工作尤其要突出生命教育。我就是这样随时去讲,让干部、老师和学生明白人生就是要战胜很多困难,告诉他们别人在遇到困难后怎么去做。

今年6月11日下午,北京师范大学梁灿彬教授为一零一高二年级学生作了一次名为"相对论与星际穿越"的物理讲座,奇点、黑洞、四维空间这些专业词汇频频从孩子们口中说出来。4月中旬,瑞士举办了第43届日内瓦国际发明展,一零一中学有8名学生参加,4个项目组取得了两金一银一铜的好成绩。3月28日,第35届"中外教师科技教育创新论坛"在一零一召开。更早一些,一零一连续承办了2012～2014年两届北京市中学生模拟联合国大会,是2008年北京奥运会的奥林匹克青年营。再加上我们坚持了20年的、全校师生共同参与的"施光南艺术节""12·9演唱会",还有刚才我说的经常性的各类大型高端讲座等。从大的方面讲,这些都和生命教育相关联。因为学校营造的是乐观、向上和宽松的办学环境。环境,对生命的影响是无形而有力的。

"世界很广阔，你要把他往高处推，并用你对世界的认识去影响他"

《人民教育》：您经常给老师们开非常高端的讲座，引导教师要有高度，这是基于什么考虑？

郭涵：不瞒你说，10 年前，我受过一个刺激。我们请来一个人给老师们讲奥运会，效果不好。后来开教代会的时候，老师们提意见："希望学校开的讲座要有档次。"从此，学校层面，每学期开两次讲座，我亲自请人，内容亲自定。另外，各个部门每学期都要搞很多高端讲座，政治的、经济的、科技的、军事的、文学的，可以说应有尽有。

作为老师，除了教育，还需要知道别的，不能只是备课、教学。世界很广阔，你要把他往高处推，并且用你对世界的认识去影响他。

《人民教育》：您也特别重视给学生开讲座。

郭涵：我特别希望学生眼界宽广。眼界宽并不表现在通过互联网知道很多具体的事实，而是尽量打开思维，提升思维的高度。一个学生在学校 6 个学期如果能听上几场十几场好的讲座，他将一生受益。

比如我们请过好莱坞著名华裔作曲家王宗贤讲《音乐与电影的华丽探戈》，请世界著名建筑师渡堂海讲《聆听自然的呼吸》。他们讲的学生不一定都能听懂，也不一定所有学生都在听，但是总有一些人在听，总能听懂一些，不知道哪天、哪个人就会说："哦，中学的时候我听过这个人的讲座。"教育不是立竿见影的事。

我们各个年级、班级都开讲座，年级针对普遍问题开主题讲座，每个班级有家长的资源。

《人民教育》：一零一出去的学生有什么特点？

郭涵：我们的学生比较鲜明的特点就是敢说。他们不惧怕权威，我觉得这跟他们见得多有关。这就是我希望他们眼界宽广的原因，也是他们迷恋这个学校的原因。

我们的学生正派、大方、大气、厚道。厚道，在今天特别宝贵。他们具有兼济天下的情怀，具有未来担当人才的基本素养。

我们的学生体育好，因为我们很重视体育，不光是制度保证、内容保证，关键是学校传统的作用。我们学校体育、艺术都很好，为什么？我喜欢。因为我喜欢，我更理解"全面发展"的道理，推进起工作来力度完全不一样，所以校长一定要丰富。这个我必须感谢学校。我中学是在一零一上的，时值"文革"，班班自己组织体育锻炼。我们可以从中体会：什么叫校风？一所学校会留给学生什么？学校文化建设的作用是什么？

《人民教育》：刚才讲到学生很迷恋一零一，除了可以开阔眼界，还有其他原因吗？

郭涵：环境。这个学校好玩儿。学校有 4 个荷花池，学生们假期出去，把从五湖四海带回来的水灌到里头。春天荷花还没长起来的时候，航模小组的飞机呜呜呜在湖上转。我办公室对面的山坡上有一个小亭子，经常能看到不知道哪个班级又在那里上课。大雪天我们可以停课，给他们时间出去疯玩儿。学校就是充分利用这样的教育空间。我觉得，学生喜欢这所学校是因为学校给他的东西他接受了，他很快乐。

近几年，国家深入推进义务教育均衡发展，名校集团化办学是其中的重要举措。目前，郭涵管理着北京一零一以及上地校区、双榆树校区等 5 个校区，她有哪些经验和建议呢？

一个校长的管理范围应该有多大？

《人民教育》：集团化办学怎么处理学校文化的差异？管理怎么融合？

郭涵：今天的不少校长都快变成"师长""军长"了，很累。我们有农村校、新建校，有区内的、区外的，有基础薄弱校，也有比较好的，差异真的很大。定位是首要的。校长要根据一所学校的起点和历史去定位，在其现有基础上提出新目标，实事求是。然后就是制度，制度应该基本上是一样的。学校文化一定要"内生"，别人的经验拿回来也要吸纳、改造成自己的东西。

《人民教育》：校长不好当啊。

郭涵：责任太大了。首先是校长工作的边界问题。一个校长究竟能带多少学校？现在几个校区责任都在我身上，我们这些人做事标准又高，学校给我了，总要有所提高。我觉得每个分校有自己独立的法人代表会更好，需要责任分担。我们接管了一所农村校，更理解教育均衡的必要。均衡怎么去做？运行过程中有哪些问题？我们有责任提出来。

"人"是另一个问题。一定要关心人。我们现在管理中最大的问题是什么？激励机制。老师、校长增加了这么多工作量，他所得的待遇和他的付出匹配吗？远远不匹配。

《人民教育》：一零一怎么解决教师待遇与付出不匹配的矛盾？

郭涵：首先，校长必须意识到：老师这个群体在变化，激励机制也要变。一零一现在做"专业和文化激励"，比如帮助博士教师出书，请我们自己的特级教师开研讨会交流心得经验，鼓励每个老师"微创新"。老师群体的经济、文化层次整体在提升，很多时候他们工作可能不是为了物质奖励，而更看重事业和成就。因此要把学校工作变成教师自主的专业发展需要，这就是"专业和文化激励"。

另外，校长要"心中有人"。每个老师的成就，大的、小的；每个老师的困难，孩子升学、父母生病……哪怕学校很大，有几百位教职员工，校长心里要装着所有人，从老师的角度去考虑他的难处，并时时为他取得的成就而由衷地高兴。

《人民教育》：工作和生活，您怎么分配时间？

郭涵：工作和生活是交融的，工作就是生活，生活也是工作。

《人民教育》：如果有新校长请您给他几条建议，您会建议什么？

郭涵：首先要对教育事业有一种敬畏。新加坡校长任命书上写着："你的手中是许许多多正在成长中的生命，每一个都如此不同，每一个都如此重要……他们依赖你的引领、塑造和培育，才能成为最好的自己和有用的公民。"如果校长领导着三千名学生，这可是三千个稚嫩的生命啊！他们背后还站着上万名家长！所以，校长的工作常常是如履薄冰，容不得任何失误。

然后，要遵循教育规律。我们千万不能做违背规律的教育！这句话说起来容易做起来难，尤其在功利化的今天。

至于人品、修养、读书，不仅仅是校长，所有的教育工作者都要争取"全优"。

《人民教育》：您认为什么样的校长是好校长？

郭涵：你领导的这所学校，你走的时候比你来的时候更好，这应该是好校长的标准之一。

郭涵阅读书目：
文　学
《巴金散文选》《老子》《论语》《孟子》《庄子的智慧》及"名家推荐年度最具价值的散文随笔"
经济管理
《第五项修炼》《从优秀到卓越》《赢》《世界是平的》《细节决定成败》《下一个倒下的是不是华为》《经济学内外》《人力资源管理》《组织行为学》《大数据》
教育学
《生活在混沌边缘——引领学校步入全球化时代》《未来的学校——变革的目标与路径》

其　他

《在哈佛听讲座》《历史的坏脾气》《人类行为与社会环境》《生活于趣味》

（作者单位系《人民教育》）

（文章原刊于《人民教育》2015 年第 21 期）

守正出新一零一

赖配根　邢　星

在圆明园的遗址上，坐落着一所中学——北京一零一中学（以下简称一零一）。

走过长长的绿荫小道，抵达学校的大门口，仿佛穿越一段久远的历史。

一零一的前身是1946年创办的"张家口市立中学"，当时的教师队伍由延安大学、鲁迅艺术文学院及晋察冀边区的一批优秀知识分子组成。此后辗转于太行山区；1946年年底迁至革命圣地西柏坡附近；1949年迁入北京；1950年，经周恩来总理批准，在圆明园遗址非主体部分建新校址。它是中国共产党在老解放区创办并迁入北京的唯一一所中学。其校名由郭沫若题写，意为"百尺竿头，更进一步"。

这段光荣的历史，铸就了一零一大气、担当的精神底色。

60多年来，一零一为国家培养了近4万名优秀毕业生，其中有党和国家领导人，有在各个领域卓有建树的科学家、艺术家、学者，还有默默无闻的祖国建设者……

走进一零一，就是走进博大、厚重的精神世界。

"我们追随时代潮流，但不盲从概念"

1999年，郭涵回到母校一零一任校长。

"我刚来，老教师就给我一句话：一零一应该抓什么有什么。这句话对我刺激很深。"郭涵陡然感到肩上的担子特别重：学校的过去如此耀眼，自己还能做什么？

她不愿贸然提出什么新理念，而是一头扎进课堂听课。"教学是学校永恒的主题。那时候规模还没现在大，所有教师的课我都听了一遍，所有人我都谈了一遍话。"她又走进学校的历史深处，内心越发充满敬畏。

她担任一零一校长这段时间，正好是中国基础教育改革风起云涌的 10 多年，新思想、新理念、新口号铺天盖地。但深深理解一零一传统的她，拒绝做教育的"革命者"。她提出了一个似乎不太合时宜的办学理念：守正出新。所谓"正"，就是"第一，要按教育规律办事，第二，要发扬学校独有的传统"；所谓"新"，不是指革命、变革，而是指改革、改良、创新，乃至"微创新"。

郭涵有一句名言："我们追随时代潮流，但不盲从概念。"她认为："办教育，就要对教育规律有种虔诚和坚守。不要盲目跟风，尤其要拒斥教育功利心，要把教育办成教育，而不能办成别的。面对纷乱，有时你也许会怀疑：我'落伍'了吗？但是多一点淡定和理性，多一份虔诚和独立思考，你就不会随波逐流。"对于一零一的发展方向，她从不提国内领先、国际一流之类的话，而是重温学校传统，"上世纪 50 年代，一零一就提出：培养全面发展的社会主义接班人。我们到现在也一直在这样做"。这是故步自封吗？不，"要把这句话真正落实到教育细节里边去，是非常难的"。但她孜孜以求，涓涓细流，终成江海。

她特别重视"基础"。"基础教育，应该是永远按照规律做'基础'，为学生打好做人的基础、学业的基础、身体的基础、心理健康的基础。"她在景山学校上小学。"景山学校一年级非常重视汉语拼音教学，学好拼音，拿字典就会看书了。所以我的汉语拼音特别好。""文革"期间，她在一零一上学，对一位物理教师印象深刻。"那时很多学校的讲台都空了，但这位老师该讲就讲，该测验就测验，他的测验永远是基础性的。换算的单位我有时搞不清楚，数可能是对的，但小数点点得不对。我明白了什么是失之毫厘差之千里。"这就是基础。

她不喜欢教育的“宏大叙事”，这可能有宣传效果，但于学生成长无益。“教育不是一轮，它是一轮又一轮不断地去沉淀、丰富、完善。”教育尤其是基础教育，不是“戏剧”，而是要做好常态的工作。郭涵倡导，在常态中做好每一天。“教育就是积累。我们算过，在中学阶段，学生 3 年上多少节课，6 年上多少节课，这些都是潜移默化的东西，是他 18 岁以前的底片。在这个过程中，教育犯了错是不大有机会改正的。”

“守正”不是“守旧”。正者，真也。对教育的真理和规律，郭涵坚守不移。正者，大道也。如果是符合社会潮流、教育改革大势之事，她常常是“虽千万人，吾往矣”。“教育实践永远走在政策的前头。”这是她常说的一句话。去年，中共北京市第十一次党代会第一次提出建世界城市，今年北京市德育教育的主题就聚焦于世界城市公民培养。早在 13 年前，一零一就有了“校长接待日”活动，至今仍坚持如常，其重要目的就是培养学生的公民意识。

2008 年，北京市启动高中自主排课、自主会考改革实验，一零一是首批 10 所实验学校之一；同年，北京市教委成立北京青少年科技创新学院，启动“翱翔计划”，开展中学创新人才培养的探索，一零一成为其最早的一批基地学校。

2010 年，北京市教委推出高中创新后备人才培养实验班，一零一就率先开设了“人文实验班”……

敬畏历史，追随潮流，赋予郭涵宽广的教育视界。一零一的一个特点，就是善于把教育做“大”，而不是局限于一隅。“我在一零一读书时，我们的数学老师非常爱看书，他读马列著作，《反杜林论》《哥达纲领批判》他都能讲。他还组织了哲学学习小组。讲几何，他就用辩证法给我们讲如何论证。还有英语老师，画画挺好，讲语法时画了好多小人，正在走的是现在进行时，站着的就表示一般现在时。”教育就应该这样有趣、大气。每次高考完，许多中学特别关心自己的升学率在当地排第几。郭涵觉得这很无聊。“教育一定要从中跳出来。我们不能只盯着眼前学习这点事，要站在学生生命成长的高度上看教育。”

今年 3 月 20 日，北京大雪。雪后的一零一银装素裹，仿佛是一个童话世界。她陶醉了，决定让孩子们走出教室，融入雪的王国。整个校园顿时一片沸腾。各个年级包括高三都放开前两节课时间，让孩子们在校园里赏雪景、堆雪人、打雪仗。"一定要让孩子们体验大自然是什么样的，纯粹的美丽又是什么样的。"苏霍姆林斯基说，要让孩子们懂得疼爱大自然。疼爱大自然、欣赏过纯粹美的人，才会有大胸襟。

去年 9 月开学典礼上，郭涵郑重宣布：一零一的育人目标，是培养未来担当人才。因此，她希望从一零一走出的孩子，知识的宽度、精神的高度都要与众不同。"一个人知识面宽，看问题的视角就不一样。"她重视高端引领，比如把各行各业的权威乃至大师级人物请进校园，与师生面对面。"'文革'前，很多国家领导人都到一零一讲过课。"现在，他们请来了莫言、梁衡、王蒙、周国平、李开复、略撒……"领略了大师的风采，想庸俗都难。"她的目的，是要打破权威的神秘感，让学生敢于质疑，不迷信权威，同时，"让他们向这些杰出的名字靠拢，立志长大以后也成为这样的人"。

让每个学生向杰出的名字靠拢——这就是郭涵和一零一的雄心。

责任担当是一个人的核心素养

今年 3 月的一天，北京市海淀交通支队中关村大队的几名警员齐齐地坐在一张大会议桌前，他们正热烈地探讨：一零一校门口上下学高峰拥堵和过马路难的问题到底怎么解决？

与交警们面对面一起参与讨论的人，竟是一帮稚气未脱的孩子！他们已提出了好几个方案：架设过街天桥、借助校门前的引水渠改建地下过街通道……可惜，这些方案可行性都不高。听完交警们专业而细致的讲解，孩子们沉默了。

这时，一位初中生递上厚厚的一沓调研资料，胸有成竹地发言："我们学校门前路口东西向直行红灯持续 40 秒钟，南北向 26 秒，足够行人过马路。但因为直行红灯时车辆仍然可以右转，所以高峰时总有半条马路车流不断。问题的关键在于交通高峰时右转车流量过大。”

他的方案一下子重燃了大家的热情，同学们又争先恐后地讨论起来。这个说：“造成学校门前拥堵的主要是接送学生的车辆。”那个问：“如果加设一排隔离自行车和机动车道的小栅栏，机动车是不是就不能在校门口停放了？”有人显然是有备而来，未等交警开口就抢着回答：“对！这样不能停车就可以分散校门口高峰拥堵压力，也可减少在校门前路口右转的车辆。”

听着孩子们的讨论，交警们心里阵阵惊喜，大队长最终拍板：“加设隔离栅栏的方案可行，我们试试吧！”

很快，这一讨论结果就在学校大屏幕上公布了。

参加讨论全过程的郭涵感慨：这些孩子不愧是从“校长接待日”活动中锻炼起来的，善于从生活中发现问题，并勇于面向社会开展建设性的行动，将来他们一定能够担当大任。“把国家的未来交给他们，是可以放心的。”

在郭涵眼里，中学应该有“天下情怀”。“我总是和老师们说，我们工作在基层，但我们的境界不能低。要从社会发展、国家建设、民族大业的高度来理解、反思自己的教育行为。”一零一一直倡导培养学生的社会责任感。“责任感是一个人的核心素养。具备了这一素养，他才会对自己负责，对父母负责，对学校负责。长大以后，他才会对社会负责。”

因此，2000 年，刚任一零一校长一年的郭涵，便提出开设“校长接待日”：每学期从校长开始，学校所有中层干部每周一中午轮流接待学生，接待地点和接待干部姓名提前公布；所有学生只要愿意都可以跟校领导对话；“校长接待日”学生提出的所有问题都要在学校大屏幕上公开反馈。她希望通过这一活动，引导孩子关注学校公共生活和观察社会问题，逐渐培养起他们敏锐的社会责任感。上述校门口交通问题的解决，不过是这一持续 13 年的活动众多故事中的一例而已。

责任、担当，是公民教育之本。本土情怀、国际视野，是大国公民的精神品格。

一零一是从西柏坡走过来的，他们组织学生开展"寻根"之旅：每届高一新生都要到西柏坡参观革命遗址，向当地小学生赠书、赠学习用品等。每年3月底，组织大约100名学生代表到西柏坡参观，还与当地一所农村小学结对，每次去都要搞捐助活动。"革命传统是我们的基因，是我们的根，我们不能丢，而且要不断丰富它。"他们还引导学生亲近中国传统文化。她说，这样，即使有些孩子出国了，"他也带着中华民族的文化血统，身上流淌着中华文明的血液"。

"模拟联合国"活动在基础教育界方兴未艾。2012年，他们热情地承办了第三届北京市中学生模拟联合国大会。9月15日，大会召开，学生们扮演着不同国家的外交官，奔走于"联合国大会""安全理事会""经济与社会理事会""历史危机委员会""商业挑战赛"等分会场，参加模拟的"联合国会议"发言、讨论。这次活动参与学校达72所、学生及志愿者近600名，是北京市中学生模拟联合国大会开办以来规模最大、辐射范围最广的一届，其会务工作之繁巨可想而知。但是，联系组织"成员国"、设计会议议题、布置分会场等所有会务工作，几乎全部由一零一的学生自主完成。

一零一为什么对这项活动如此情有独钟？"我们认为，它一方面可以为学生提供一个锻炼能力的大平台，提高他们自我管理、自我服务的意识；另一方面，今后中国进一步走向世界，就有一个对多元文化的理解问题，活动有助于提升学生这方面的能力。"郭涵说。

一个未来的公民，不能只会工作，而要懂生活、会审美，有情趣、有品位。

郭涵认为，教育应该为学生幸福奠基，这其中就包括他有喜怒哀乐，要教他如何寄托情感。艺术是对心灵的净化，一零一很重视艺术教育。郭涵谦虚地说自己不会唱也不会拉，"但我爱听"，实际上，她很会欣赏音乐，特别是高雅音乐。于是，以金帆交响乐团为代表的艺术教育，就在一零一蓬勃开展。这个乐团成立于1988年，每年以排练一台新年音乐会为主要训练内容，年复一年，如今积累的曲目有 200 首之多，在基础教育界独树一帜，在全国性比赛中常常拿大奖。"有一年我们去俄罗斯演出，全世界来了10 个乐队，其他乐队都是职业的，只有我们是中学生、业余的。同场排练近千人的交响乐，一开始我们排在边上，但每排练一次，指挥就调一次位置，最后好多主要位置都是我们的孩子。"

郭涵明白，音乐教育不是为了让每个孩子成为艺术家，而是让他们成为合格的公民。一零一之所以 25 年如一日坚持做交响乐团，是"希望从我们学校出去的孩子都能看懂、听懂、喜欢交响乐，并尽量让每个人都具有欣赏一门艺术的能力"。他们的交响乐团，人员全部由初中、高中各年级学生组成，每年都要补充新鲜血液。每年排练的新年音乐会，面向所有新生演奏。乐团的成员，是学校音乐节、艺术节的主力，更是班级、社团里艺术活动的积极分子，他们把音乐之美传递给身边每个同伴。

"天行健，君子以自强不息；地势坤，君子以厚德载物。"有责任，有担当，有情怀，有趣味，这才是形象丰满、可亲可敬的一代新人。

给学生最大的思想创造自由

一零一占地 20 万平方米，可能是北京城区最大的中学。

但郭涵更看重的，是学校为学生个性成长、独立思考提供的空间有多大——这个"大"是看不见的。

她不追求"颠覆性的变革"，而是倡导"因地制宜的改革"。她沿着"微创新"的思路，提出"年级 + 书院"的双轨班级管理制度：实行横向行政班的年级管理和纵向教学班的书院管理相结合的模式。年级负责主题教育，书院负责学业指引。当然，这里的重点是书院。我国古代书院，强调自由讲学和研讨学术并重，提倡学生以学术为中心开展合作研讨，讲演辩论、自修问难，很适于有个性、思想活跃的学生的成长。

一零一成立了 3 个书院："学森书院""圆明书院""IUC 书院"，分别以钱学森理科实验班、人文实验班和国际合作班为基础面向全体学生开放。

普通行政班学生通过学校测验，获得"模块免修"的可以进入书院修习特色课程。书院课程注重发展学生的思想深度、提升学生的素质层次、培养学生的学术能力，班额一般在 15 人左右，为学生讨论、研究、实践留足了自我发展的空间。

每个书院按学科领域聘请大学教授和本校名师各一人为首席导师，另聘一两名教师、学生助教组成导师团队。书院打通高中三个年级的界限，进行纵向自主式学业管理，高一年级上学期进行通识课程培训，到高一下学期再根据研究兴趣确定研究方向、选择导师。

清华大学、国际关系学院、中国社会科学院、中国科学院、北京语言大学、国防大学等一大批知名学校的专家，都成了学校的导师，他们为学生打开通向知识与思想海洋的大门。

更重要的是教学视角的变化。地理老师引导学生从地理的角度重温、解读戴望舒的《雨巷》；政治老师给学生推荐《生活中的经济学》《牛奶可乐经济学》《货币战争》等读物；历史老师围绕着"大禹在历史上是否存在"展开话题讨论，介绍 20 世纪初的"疑古"思潮……有时，课堂就设在图书馆，"学生围坐着，每人一杯茶，边喝茶边聊。我听的那节课聊的是《红楼梦》，评论薛宝钗和林黛玉，书院'山长'与学生质疑、互动，很有意思"。

或许，在这样自由的空气中，能产生一批"中学生思想家"。

当然，只有一部分学生能进入书院，更多的学生还是在常规的行政班学习，他们能有多少思想自由呢？

且看一零一的常规教学制度。

2011 年，学校组织各学科教研组和备课组，对本学科常态课教学基本要求进行了一次集体研究和细致梳理，编写出了一册《北京一零一中学常态课有效教学质量控制标准》，依据不同课型明确教学评价体系。比如，"现代诗歌朗诵会"属于高二年级的活动课。在《语文学科活动课评价量表》中，其评价项目包括：任务导向、清晰授课、多样化教学、引导学生投入学习过程和学习效果五个大项。每个大项又加以细化，比如"引导学生投入学习过程"就被分解为"学生投入学习"和"课堂气氛融洽"两个小项。而"学生投入学习"的具体评价内容共有 3 个方面：能提出有意义的问题或能发表个人见解；能按要求独立思考、多角度分析问题；学生间主动倾听、合作、分享——分值总计 10 分。不要小看这 10 分，分分指向学生在课堂上的思想自由度。

这只是写在纸上的制度吗？

当然不是！

副校长严寅贤的语文课很受学生喜欢，为什么？就是因为他在课上特别注意培养学生的思维能力，鼓励学生向老师、教材提问。他上朱自清的《荷塘月色》，自己不作过多讲解，而是把大部分时间留给学生点评课文。"我把学生分成 5 组，每组做好 PPT，推荐一个人到讲台上来，讲述你所在的组点评《荷塘月色》的观点。随后，我再把自己的鉴赏文章拿出来，与学生共享，看看我们对同一个内容有什么相同或不同的观点。"这就把学生的思维引向深处。10 多年来，他一直坚持做一个读、思、写结合的教学实验：每周编辑一期《语文读写周报》，一版编印总量 5000 字左右不同体裁、不同内容、不同风格的"美文"；另一版留空白页，要求学生紧扣所编印的文章写 800 字以上的"自由作文"。"我创办《语文读写周报》的目的，就是要在课堂之外，拓展学生阅读思考表达的空间。"

郭涵认为，学校不仅要给学生思想的自由，还要给学生创造的自由。

一天，高二学生付泽宇找到负责社团活动的李铁军老师，申请成立"模拟创业社"。李铁军二话没说，同意了。很快，两台复印机被搬进校园，付泽宇热火朝天地开办"免费复印"。原来，他先是发现了校园"商机"：学校复印机只对教师开放，学生大量的复印需求得不到满足。接下来他开始拉赞助，复印纸一面打广告，另一面就可用来给同学们免费复印了。

免费复印的成功为"模拟创业社"吸引了不少社员，付泽宇又开始琢磨着创办一份报纸。李铁军提醒他："我们学校已经有很多校报、班刊，你再办一定要找准定位。"付泽宇仔细研究了"市场"，推出了《先锋一零一报》，观点鲜明、文风犀利，一面世就广受好评。这大大"刺激"了他的创业"胃口"：依托"模拟创业社"，成立了"白日梦"网络融资平台，帮助社员、同学尝试创业梦想；搞 3D 打印，追踪前沿科技……

有思想创造的自由，教育的空间才无限大，像付泽宇一样富有创造精神的学生才会"喷薄而出"。

培育高贵的精神基因

郭涵的梦想，是让学生拥有高贵的精神基因。她深知，一所学校要"立"起来，必须靠高贵的精神。"做基础教育，最理想的境界是促进学生自然生命和精神生命的和谐发展。"

旺盛的生命力是高贵精神的"本钱"。在郭涵看来，体育与智育同等重要，"我在全校会上讲，体育老师不要小看自己，体育可是教育方针的一个方面，跟智育是平级的"。她说，体育运动应成为人的一种生活方式，并提出，让操场成为吸引学生的地方。为此，一零一对学生每天做什么作业、做多少作业，都作出了明确的规定，以留给学生充足的体育活动时间。从上世纪 90 年代起，学校每周都排 4 节体育课。现在，每到中午，学校的大操场都是沸腾的，乒乓球、羽毛球、篮球、足球等各种球类运动，丰富多彩，且都由学生自己组织。下午的"每天锻炼一小时"也早已成为学生们的自觉行动。

他们还形成了独特的"跑文化"。"我们校园特别大，吃饭要跑，上厕所要跑，去办公室找老师更要跑。"一位毕业生说。"利用独特的地理优势，我们每年冬季组织学生长跑，就是绕着圆明园的福海跑。圆明园西区开放以后，那里地势平坦，有山有水，学校就成立了定向越野社团，学生自己组织各年级几十个人到这里做活动，既锻炼了身体，又了解了这个园子的历史文化。"

有了强健的体魄，便可放手"高贵其精神"了。

首先要着眼学生精神的宽度。

今年 6 月 20 日上午，那是令人惊奇的时刻，"神舟十号"航天员聂海胜、张晓光、王亚平在远离地面 300 多千米的"天宫一号"为亿万青少年带来了神奇的太空一课。此时，一零一高一（3）班的王晗同学就在太空授课的"地面课堂"现场，并在质量测量演示实验过程中举手发言，获得了与航天员对话的机会。

当天下午，在一零一的阶梯教室，国家最高科学技术奖获得者、我国预警机之父王小谟与北京京剧院京胡琴师燕守平正进行着一场"科学与艺术的对话"，主要听众就是几百名一零一学生。

仅仅一天，一零一的学生就接触了这样多不平凡的事件。"他们精神世界的收获得多大啊！"郭涵感叹。这样的"一天"多了，学生的精神视界不就宽广了吗？

有了宽度，就要有厚度、深度。

有人说，一个人的阅读史就是他的精神史。一零一很早就重视培养学生的阅读兴趣。他们分两手抓：一手抓"快餐阅读"，比如前述的每周一期《语文读写周报》；另一手抓"经典阅读"。他们每学期都要求学生买一本书、读一本书、点评一本书、完成一篇读书笔记，并开展一次"优秀读书成果展示活动"。一零一校园由此充满书香。

诗歌是人的情感、精神纯美的表达。中学时代就是诗的年代。可是，为了应试，许多中学把诗赶出了课堂。与此相反，诗歌教学成了一零一的一道独特风景。比如，在高中阶段，他们把教材中的诗歌整合起来，尤其是20多首现代诗，集中放到高二教学——高二学生对诗歌的感悟力比较强了。课上不是死板的文本分析，而是让学生自己去鉴赏、朗诵、体验。"只是要求学生做PPT，根据诗歌主题配乐、配图朗诵。朗诵之后，要求学生仿写。整个过程老师只是引领。"一首《我爱这土地》，学生竟朗诵得落泪。"这样的朗诵，让诗歌完全进入了学生的心灵。"

读书，读诗，青春因而变得美丽、厚重。

郭涵不满足于此，她还要让学生去仰望精神的高度。

2013年春季新学期开始，除了大师领航课程、高端人物讲座等"走进高端"的教育形式外，一零一又与中国社会科学院合作开设"走进人文社科学术殿堂"课程。"学生可能了解理工科研究是什么样，但对人文社科研究则无感性认识。社科院文科学术能力最强，我们就让学生走进这样的机构，去了解人文社科学术研究的最前沿。"

目前，他们已参观了社科院的考古所和近代史所。在考古所，他们看到了许多国宝级文物，"屋子不大，里边一件挨着一件，学生看了很震撼"。到了近代史所，他们参观了所里的专业图书馆。"图书馆有好几层，我们进了其中一层，书架特别高，一直顶到天花板，上面密密麻麻摆着的都是民国时期老报纸的复印件。学生拿下来翻看，特别感兴趣，不愿意走。我们从图书馆出来到报告厅听报告时，有一个男生说：老师，我还想在这儿待行不行？我同意了。直到我们要离开社科院了，他才依依不舍从图书馆出来。"高建民老师说，"如果直接跟学生谈学术研究，他们可能觉得很枯燥，但咱们总有办法让他们走进学术。"

是的，让学生走进学术殿堂，就是要让他们去仰望人类文明的高峰，去感受精神生产工作的愉悦。

在此基础上，让学生的精神变得纯粹。

2010年的一天，一零一人文实验班的高一学生来到一所打工子弟学校——风华爱心希望小学（以下简称风华），打算在这里开展一次主题班会活动。可是当他们真正走进这所小学时，顿时被眼前的景象惊呆了：校舍、课桌椅破烂不堪，坐在阴暗教室里的小孩子们一个个显得灰头土脸，教师更是少得可怜——这样的学校距一零一竟然仅有几公里！

"他们需要我们的帮助！"学生们内心的爱与责任感被唤醒了，一次短暂的主题班会活动迅速扩展并持续蔓延开来。他们号召捐款、捐衣、捐文具，又很快组织起每周一次支教，开始持续地帮助风华。一年后，他们又以其为主要对象，着手研究打工子弟学校存在的诸多问题，完成了一份2万多字、包含13个子课题成果的研究报告，并据此向北京市政府提出了6项建议。现在，支教风华的教鞭已从人文实验班传递到一零一的其他班级：自愿报名后经过选拔、培训的18位"教师"，来自高一年级的各个班，他们每周四教授的课程已经编入风华的课表。

也许，他们不能改变什么，但他们给风华的孩子带去了梦想、希望，他们自己的精神也得以升华，心灵因爱而博大。

每年的新生入学和毕业典礼，郭涵都要提醒老师们反躬自问："学生在一零一学习3年或6年，我们能够给他什么？我们又给了他什么？"

一位2009届毕业生在《向我成长的环境致敬》随笔中这样怀念母校：

"她的大气、平和、深厚让我自信地沉默；她的平等、博爱、包容让我温暖地看世界；她的艺术气质、质朴的品格牵引着我追求高尚生活。一零一是花园式学校，这花园更是精神上的花园，她让从一零一走出的学生成为精神上的贵族。"

这就是一零一和郭涵要送给学生远行的人生礼物。

（作者单位系《人民教育》）

（文章原刊于《人民教育》2013 年第 20 期）

改变教育，在我们的一念之间

唐江澎

江苏省锡山高级中学（以下简称省锡中）建校已经 110 周年了。在漫长的一个多世纪的岁月里，我们久久地期待，期待着有这样的一天，当我们学校培养的毕业生进入各所著名高校，都能作为嘉宾欢聚在我们的校园里，检阅我们的教育成果。今天这个期待终于成为现实，这对我们 110 年的办学历史无疑是莫大的鼓励、安慰。

高中如何培养出使我们民族强大起来的生力军

期待这一天绝不是自今天开始，因为从我们建校的那一刻起，当时的校主匡仲谋先生就把匡村大学的计划列入了他发展教育的宏图，连大学的地址都已经选好，师资都已预聘。但是日寇的战火，使匡公的大学梦付之一炬。

大学梦也不是匡仲谋先生的个人梦想。我们知道，中华民族要立于世界强国之林，必须由人口资源大国迈向人力资源强国，而要实现这一梦想，大学和中学就需要联起手来，促使今天的教育发生积极的改变。

各位大学的来宾，在你们的教学生涯中，都会深切地体味到这一点：那些以填鸭的方式锻造出的高分学生，虽然看起来光艳，但进入大学后，往往经不起大学 4 年的锻造。一些高中的"刷题式"教育，只能培养解题高手，而没有办法培养出使我们民族强大起来的生力军。

当你们走进有些高中的时候，会发现体育课早已远离了我们的学生，歌声已经在校园里消失，阅读已经被边缘化，学生参与社会实践常常成为一种奢望。

批评中国今天高中教育的人太多了，而真有变革行动者甚少；省锡中要做的是拿出一点历史担当的精神，让今天的教育发生哪怕看起来微不足道但却足以影响一代人素质的那么一点点改变。

近年来，我们从办学经验中提炼出"生命旺盛、精神高贵、智慧卓越、情感丰满"作为培养学生核心素养的基本追求和课程建设的核心大纲。

我们要培养生命旺盛的人，让运动成为每一个孩子的习惯，于是我们每天设立一节体育课。我们要培养精神高贵的人，广泛的社会参与成为学生校园生活的一种常态，于是我们的诚信超市实现无人值守，学生自我管理……

我们要培养智慧卓越的人，让阅读成为学生奠定一生生命厚度的一种基本方式，于是我们敞开图书馆，把每一间教室的后面布置成班级书房。我们还让学生去动手、体验、实践，把想象变成现实的创造。让学生在想象创造的激励中，学会一种技术语言，制造一件物化作品，完成一份工程日志，形成一篇严谨的学术报告。

我们努力培养情感丰满的人，让孩子们在体验、感悟中表现美、创造美，于是我们把艺术课程变成艺术与生活、艺术与情感、艺术与科技、艺术与社会四大类型的选修课程。虽然我们不得不面对今天的高考现实，不得不考虑升学率，但我们仍然努力追求学生三方面的均衡发展，即学业与学术、品位与修养、竞争力与适应力。

我们为什么要办大学节

现实的高中教育，不谈升学率是没有今天的，但是只谈升学率，我们的民族会失去明天；不谈升学率是没有地位的，但只谈升学率，我们的教育就没有品位；不谈升学率走不动，但只谈升学率，我们的教育就走不远。

有人说，任何教育的改革都是对立的力量相互妥协以达至某种平衡。

我想省锡中今天的所有努力，就是在我们面向现实的时候，仍然仰望理想。

今年是我校建校 110 周年，我们不想把校庆变成节日化、仪式化的庆典，而要赋予校庆教育性、影响力、熏染力。要借校庆活动，把大学的专家、教授请到学校，以期实现大学精神、大学文化对学教育产生一种浸润、渗透、影响。

哲学家雅思贝尔斯在谈及大学使命的时候，认为大学的使命有四个方面：研究与教学；教育与培育；个体间神圣的、生命的精神交往；庄严的学术活动。因为追求真理永远比获得知识重要，因此研究学术就是大学的立身之本。大学应该是研究的神圣殿堂、学生生命成长的生命场。

我们中学太需要这样的文化了：我们要用学术影响力来发展学生的核心素养；要用大学里那种大师与学生之间的生命交往来促进师生平衡关系的建构；我们希望以研究的方式来达到学生的深度学习，而不要把教学都变成风干了知识点的简单记忆。

我们办这次大学节，首要的价值就是要让学校受大学文化和精神的深层影响。其次，我们希望能影响大学招生方式的转变。多年来大学招生主要是以"宣介式"进入中学的，也就是在学生已经被传统的教学方式教育完成之后，在收获的端口大学站在那里进行自我推介，以吸引那些用传统方式培养出来的学生报考。我们这次办大学节，就是倡导把大学"宣介式"招生变成"孵化式"的一种培育。所以，今天有 13 个实验室进入我们学校，有 18 所大学的优质生源基地在我们学校挂牌。

高中是学生人生观和价值观形成的关键阶段，在这个关键阶段有一个重要的使命，那就是让学生认识"我是谁"，知道"我将来要走向哪里"。

怎样实现人生的准确定位？需要两个前提：一是对个性特质充分地认识和把握，我们的做法是让学生在体验式课程环境里熟悉、了解自己的个性；二是学生能够对大学的专业有基本的了解。在此基础上完成自己的生涯规划。可现实是，一些中学生为分而学，考出来待价而沽。

我不得不说，如果中国的大学不能改变只是招"分"而不是招"人"这一现状，那么，培养创新型人才以及建设一流学科、一流大学都将是一句空谈。道理很简单：一流大学建设必须依靠一流的人才选拔模式。

　　我知道现实的政策有时也许是没有办法改变的。但我们依旧可以有为。在我们学校，至少有三分之一的学生能够在高中阶段初步确立自己的志向，能够把高中的"学业"同大学的"专业"选择贯通起来，把大学的"专业"与踏入社会安身立命的"职业"贯通起来，与人生建功立业的"事业"贯通起来，甚至与襟怀天下、造福人类、安顿灵魂的"志业"贯通起来，变"为分而学"为"因爱而学"。如果能做到"五业"贯通，如果我们的学生都能真正地为了兴趣、爱好、追求、使命、情怀而学习，那么几十年后我们国家将大师辈出！

　　在此，我非常恳切地表达一个想法，那就是每个人每天都应该给自己留一点做梦的机会，否则那盏照亮我们心灵的明灯将会暗淡。也许你们不经意间的一句话就点燃了学生心中的一盏明灯，这盏明灯将照亮他整个人生的前程。

　　哲人说，如果只谈理想就会落于空泛，如果只谈实务就会迷失方向。要紧的是把我们脚下的每一步都同我们追求的理想联系起来，只有不让遥远的地平线在我们眼睛里消失，我们的脚才会迈出有意义的一步！

　　（本文是作者在该校 110 周年校庆大学节上的即兴演说。发表时略有删改。）

（作者系江苏省锡山高级中学校长）

（文章原刊于《人民教育》2017 年 13—14 期）

在高考之上

——福建省福州第一中学近年办学探索侧记

赖配根

一所中学到底怎样才算大？

占地260多亩、学生2400多人的福建省福州第一中学（以下简称"福一"）高中部，不可谓不大，但在校园来回溜达几次后，对面积大小也就没有什么感觉了。直到走进学校的体育馆，一块大型木雕赫然入目，上面镌刻着7个大字——"为天下人谋永福"。校长李迅说，这是福一的办学宗旨。

这是何等气魄！有了这样的办学胸襟，就是一间陋室，那也是天底下最大的学校。

我由此真正走进福一。

从历史的血脉中提炼学校之魂

文化是学校之魂，而历史是文化之源。

一个合格的学校校长，首先是学校历史精神的化身。

2002年，刚担任福一校长的李迅，就一头扎进了校史中。"翻开福一的历史，我惊讶了！"越是摸清福一的历史脉络，他越是被学校文化之广博折服。

福一的前身可追溯至1817年创建的"圣功书院"（后改名"凤池书

院”，清末著名的新学创办者陈璧曾任第 12 任山长）和 1870 年开办的“正谊书院”，“圣功”出自《易经》“蒙以养正，圣功也”，“正谊”则取自董仲舒的名言“正其谊不谋其利，明其道不计其功”。1907 年，两书院合并更名为“全闽大学堂”，是福建最早的公立学校。当年，福州人说福一人是“天子门生，门生天子”。“天子门生”指的是进士。另据史载，曾为帝师的陈宝琛当过福建高等学校（福一的前身）的校长。沈葆桢、梁遇春、林觉民、林志钧、陈盛馨等都是福一的历史名人。新中国成立前，福一就被列为全国最优秀的十所中学之一；1957—1959 年，连续三年获得全国高考红旗。

这样的历史沃土，应该哺育出灿烂的学校文化。但有一个现象令李迅奇怪：每年校庆校友回校，只有上世纪 40 年代的校友会唱校歌，而且唱着唱着就激动得哭了。毕业于上世纪五六十年代之后的校友，却常常不记得校歌了。原来，福一的校名屡次变更，每变一次，校歌就改一次。

一所学校有校歌，就像一个国家有国歌。要让学校成为学生终身追忆的地方，就要让校歌成为他们精神图谱的一部分。

李迅决定找回福一的文化基因。他重温那首诞生于抗战烽火令当年校友歌哭与共的老校歌：“闽山苍翠水萦回，美哉伟哉我福中。正谊风池托迹古，此邦人物甲南东。李忠定（即南宋抗金名臣李纲，福建邵武人），俞家军（明代抗倭名将俞大猷，福建泉州人），缅怀壮烈挹高风。鸡鸣风雨同舟切，百千健儿齐起勤勇复公忠，振起中华民族万祀永无穷。”他把这首和其他几首校歌让学校教代会投票决定选用哪首，结果大家一致选出了这一首。

“在这首歌中你能体会到，它唱出了一种冉冉的正气。它缅怀先烈，都是中华民族文化底子里的东西，让人唱得很有激情。”这才是福一的精神底色。2003 年以后毕业的福一学子，每年的校庆聚会，唱的就是这首校歌，他们还制作成微视频广为传播，受到学子热捧。“去年校庆时，厦门大学七八十个福一的校友聚在一起，当时下雨了，他们竟然在雨中唱着这首歌！那一刻，不就是福一文化精神的凝聚吗！”

校训也是学校的精神标识。福一原来的校训与校风是融合在一起的，就是“勤奋、严谨、求实、创新”。这 8 个字放在别的学校似乎也同样适用，“一所有这么长历史的学校怎么会没有自己的魂？”李迅又开始解读校史。早在 1902 年，福一当时由书院变为大学堂的时候，对于要办成什么样的学校就有完整的表述："心术端正，文行交修，博通实务，讲求实用，庶几植基立本，成德达材"。"我组织学校的老先生讨论。'植基立本，成德达材'这不是中华民族的一种追求吗？基础、根本的培植非常重要，其目的是'成德达材'，德摆在第一位，材在其后。"于是，他们把这 8 个字作为校训，又把"心术端正"等 16 个字作为育人目标。"这不是我李迅的创造，而是我们从福一自己的历史脉络中提炼出来的文化基因。"

数学出身的李迅，对历史一直充满温情的敬意。他采纳学生的提议，设立了富有福一特色的"学校纪念日"：把 1902 年 4 月 9 日成立"全闽大学堂"、2002 年 5 月 13 日新校区建设启动以及校友邓拓的诞辰日，林觉民、陈盛馨的殉难日设为纪念日。左宗棠为福一手书的"景贤维明"被制作成匾额悬挂于学校大礼堂；体育馆"为天下人谋永福"大型木刻两旁，是校友林觉民的简介及其《与妻书》全文。学校图书馆藏书多达 13 万余册，其最大的特色就是古籍多，保存了一大批距今 100 多年的线装书，同时有全套的"二十四史"和《资治通鉴》等。这样，福一的 200 年历史、中华民族的精神，就融入学校教育、学生的血液了。

在此基础上，2006 年经过全校讨论，福一清晰提出了学生的八大素养：国家责任、独立人格、学会学习、健体怡情、服务意识、国际视野、实践能力、自力自治。这些素养都扎根于学校的历史和实践，同时具有强烈的未来指向。比如"自力自治"，取自 1921 年著名教育家杜威到福一作专题演讲的内容，又很有现实性。

中学之可贵，在于超越考试

福一的高考成绩一直是全省的骄傲，尤其是近年来，不断上新的台阶。但从李迅到普通教师，都聚焦一个问题：如何不唯高考、超越高考？

作为基础教育的最后一环，福一人明白，厚植基础、严格规范，是中学教育的本分。要做好这一本分，需要耐心、沉静，来不得半点讨巧。"我们福一的传统，就是非常严谨、扎实。"初中部校长林波说，比如"学生手册",就系统、详细地告诉学生升入福一以后该怎么做,"你的一言一行,直到各个学科的作业如何做,都有明晰的规定,甚至有样板示例"。比如高中语文,"每篇课文无论长短均应通读 1 ～ 2 遍。一般要求诵读一遍,默读一遍""默读每分钟不少于 700 字";至于作业的修改符号使用,他们给出了详细的图例。"刚开始学生不太习惯,有的孩子甚至要用一个学期才能适应过来。"但他们从未降低标准。每年高一新生上化学实验课,分管教学的副校长都会去听课并拍照。"就一个拿试管的姿势,五花八门,一个班 40 个学生就有 40 种拿法。我们就拿出科学的规范,对每个学生进行统一要求。"

生活不能苟且,教育更不能。

2007 年,福一初中部复建。李迅给初中的定位是:先树人、后升学——教育,首先要教人把人做清楚。他到初中部检查工作,先看两样:一是学校的卫生怎么样,"地上一尘不染,说明工作落到实处了";二是学生的精神面貌如何,孩子懂事有礼貌,他就开心。

不苟且、严规范,基础教育才"基础"。福一毕业的孩子,无论未来走向何方,他们首先都将是懂规矩、有教养的公民。

超越考试、超越高考,更关键的是要在课程、教学上下功夫。

福一的课堂已经开始突破"考点"思维。

两年前,李迅就向全校教师发出号召:各学科都不能放松学科的本质教学,应该把高考的内容只当作"地板",同时努力去构建或完善自己本学科的"天花板",还要争取让部分学生把"天花板"顶出几个洞。

福建是 2016 年进入全国卷高考的,一些学校措手不及,但福一却很从容,因为他们没有唯"高考马首"是瞻。日常教学他们注意把握学科的本质,注重学科思想、方法。比如理科数学,福建省原来高考选修考查知识点为矩阵与变换、不等式选讲、坐标系与参数方程,三选二;全国卷高考选修考查知识点为不等式选讲、坐标系与参数方程、几何证明选讲,三选一。福一的教学内容则融通两者、超越两者。"我们这样做的目的显然不是为了高考,而是为学生终身发展考虑。"

物理教研组也有一个共识:日常教学一定要跳出题海,不能把物理教学仅仅看成是背一些物理定律、做一些物理习题，而是要发挥物理学科在培养人、培养拔尖人才方面独特的作用。因此，他们不是仅教授高考考点的教学模块，而是全部开出国家课程标准中开列的所有模块，让学生感受物理学科的魅力。

这是福一学科日常教学可贵的底线坚守。

为了培养学生前述的八大素养，李迅带领教师们重构学校的课程体系。他倾注大量心血建立福一的核心课程、荣誉课程。"在国外，核心课程是面向每一个学生且有学校特色的，这所高中确认为核心课程的，另一所高中却不认为是'核心'。"福一最早设立的核心课程，是"中华文化导读"。曾经对美国、德国等教育作过深度考察的李迅，对于中华传统文化在中小学丧失阵地忧心忡忡。"我跟老师们讨论，都觉得当时语文课把体现中华传统的古文去掉了太多。"所以，福一把"中华文化导读"第一个列为核心课程。之后是"公正与责任"课程。"这门课程实际上是讲我们的宪法，但不是就宪法讲宪法，而是用学生身边的案例渗透宪法精神，让学生理解公正、担当责任，非常受欢迎。"

荣誉课程方面，他们做得比较早的一个是"航海"，另一个是"商业"。"商业课程"是从友好学校——英国汉斯比中学引进的，被誉为英国最好的商业课程。至于"航海课程"的开设，还是源于校史情结。"清末，福一的创办者沈葆桢负责马尾船政，招收的学员有好几个都是福一的学生，所以中日甲午海战参加者就有福一的校友。"李迅觉得，不开设"航海课程"，有点对不住福一的先人。"航海课程"就这么开起来了。他现在的"奢望"是在学校旁边的乌龙江"围一块作为福一的航海训练中心，不要让我们的孩子老是在游泳池里去'航海'！"

如今，福一已经建立起面向全体学生的核心型课程和基础性课程、面向不同类型学生的发展性课程（拓展型课程）、面向拔尖学生的高阶课程——创造性课程（精深型课程，即荣誉课程）等三大层面的校本课程体系，总共100余门。现在，李迅可以自豪地说，福一的课程拿到世界上去，也是相当领先的。

"没有体艺，不是福一"

2015年《中国好歌曲》节目比拼现场，迎来了一位惹人注目的选手——来自福一的高二学生雷雨心。

雷雨心品学兼优，喜欢音乐，但不是音乐特长生，她的梦想是做林徽因一样的建筑设计师。当时专家评委就很惊讶：在学习和高考压力之下，你怎么还能有时间和同学们玩音乐？她情不自禁地说了一句震动全场的话："因为我们的李迅校长给了我们别的校长想给而又不敢给的青春！"

一些高中的日常教学，非高考科目常常靠边站。但福一恰恰相反，每学期排课表，从高一到高三，先排音乐、美术、体育，然后才排其他学科。他们的艺术、体育教师都是高标准配置，体育教师25位、音乐教师8位、美术教师4位，而且这些教师，"每一个都有能拿到台面上、非常棒的技能，有一位武术教师就曾拿过亚洲的银牌"。

"没有体艺，不是福一"这一理念被全校师生高度认可。

由于种种原因，"小学、初中把一些应该完成的学科教育给漏掉了。有的孩子进入高中后，连五线谱都不认识，素描一点儿都不会，篮球也不会打"。李迅想起美学家席勒的一句名言："我们读完一首美的诗，想象力就恢复了生气。"他提出，高中是基础教育最后的守望。"不管多么辛苦，我们福一都要保证每个学生完成国家规定的基础教育阶段体艺教育的目标。让童年时代错过的东西，在青少年时代得到弥补！"

另外，中学体艺教学往往被简单处理。曾经有一个学生给李迅写信，反映学校艺术教学很无趣，课上总有做作业的人，期末老师只是凭一幅画或一首歌决定学生的成绩。

李迅决心全面提升学校体艺课程。一是在把握国家体艺课程总目标的基础上制定切合福一实际的课程目标，使学生真正具备体艺素养。他要求高中艺术教育做到：普及基本知识（例如音乐课要解决识谱问题）；学会鉴赏艺术作品；初步掌握一项艺术技能；还有要养成关于音乐、美术的礼仪规范。二是尝试小班化分层教学、分层评价，为不同基础的学生设计、选择不同的教学内容、教学方法和评价方式。比如艺术教育，除了开足国家要求的必修、选修模块之外，还发挥每个教师的特长，为学生开设了电子钢琴、小提琴、琵琶、二胡等单项艺术技能选修课。

不仅如此，整个的福一都浸泡在艺术之中。学生宿舍每层都摆放一架钢琴，"现在我们每个班差不多有 10 个学生弹钢琴，他们家远住校，所以我们就在宿舍楼配置了钢琴"。但还是"琴少人多"，学生就自己排表：这半小时你弹，另半小时我弹。每天下午五点半至七点，宿舍楼飘扬着优雅的琴声。学校的下课铃，都是非常暖人心的音乐曲子，"它们全部由教师、学生选择编排，学校从不干预"。这两年，学校还成立了交响乐团，"全部都是学习不错的普通学生组成，没有一个特长生"。这简直就是奇迹。"福州的小孩一般学的是钢琴、小提琴，但交响乐团五大门类乐器都要有。怎么办？只能让孩子们'转行'！有一个低音大提琴手，是高二才从钢琴改过来的。"

崇尚体育一直是福一的传统。"'没有体艺，不是福一'这个概念，不是学生进入学校之后才开始有的，在他们拿到录取通知书的那天我们就给他们植入了。"体育老师缪滢滢说，"通知书后都附有体育组老师致家长的一封信，主要是锻炼的建议，还推荐观看'福州一中体育先修课程视频网站'，上面有五大项运动技能入门练习等视频。"每年 11 月中旬至来年 4 月中旬，全校师生环校 1400 余米长跑是福一每天不变的风景。学校操场上，几乎周周都有体育赛事。

崇敬规律是教育的生命。高一新生入学后的第一次环校长跑，总有学生跑步动作不规范、呼吸调整不合理，体育老师都一一纠正。"2006 年开始，体育倡导学生按照兴趣选择项目，结果我们发现学生体能下降。"2008 年，他们果断进行了调整：每节兴趣选项课都安排 10 分钟的体能训练，使学生熟练掌握运动技能的同时稳步提高身体素质。体育兴趣选课，许多学生都是一味地按照个人的喜好选择，可能出现有的孩子下肢力量强上肢力量弱的选择了足球，上肢力量强下肢力量弱的选择了排球。实际上，两者的选择应该反过来。"我们普通高中不是要培养运动员，而是要促进每个学生身体素质和谐发展。所以我们提出，体育选项要按照学生兴趣及其实际情况进行。"

运动改变大脑，审美变化气质，福一给孩子们的青春是诗性的。

"我们福一的'傲气'就在于，培养出了一批很正气的孩子"

作为管理者，李迅的一个突出之处，是把每一个员工的冷暖放在心上，让老师在福一活得比较快乐。"只有这样才能使每个老师对学校有依恋感，对工作才会投入。"

福一的许多老师来自外省，近年来福州房价上涨快，怎么解决老师的住房之忧？10多年前，学校就低价购买了一些住房，又在校内盖了一个学术交流中心，把其中空余的房间提供给老师使用，保证每个老师都有床位。李迅还要求学校工会与校外其他部门、系统作好联络沟通，为老师争取最优惠的买房价格。

职称是教师关注的另一个焦点。福一每进一个教师，都要对他的未来发展负责。"从2005年开始，我们就构建了一个人力资源数学模型，以后每年招教师，年龄、性别应该如何分布列得清清楚楚，以保证今后二三十年学校的职称评审都能顺畅评下去。"10多年来，福一的教师职称评定都非常顺利。

"这样我们就把教师给稳住了。教师安心教书了，许多事情就好办了。"

在此基础上，李迅强调以严治校。"一所学校，特别是大学校，一定要有非常严格的要求，这样才能确保学校健康发展。"福一的教育教学管理制度，可以称得上"严厉"。比如私自调课，他们界定为重大责任事故。一位非常优秀的体育老师，一次学校大型活动中很辛苦地负责编排节目，活动结束后回老家待了几天。其中一天下午她有课，她图方便私自让一个老师代课，被教务处巡查时发现。这下事情严重了。"她来我办公室求情，哭哭啼啼的。我让人事部门算了一下，因为这个事故那年她的工资要损失7000多元，确实是一笔不小的数目。"但李迅没有在原则上后退。"我跟她讲，你是我的一员爱将，更应该遵守学校的规定，我不能为你去违反学校的规矩。"

以严治校、尊崇规矩，不是为了较真，而是要守住学校的正气，还教育一方净土。

学校正气自校长始。福建省立医院的一位医生，孩子毕业于福一，想到美国去读书，但英语分数低了些，也希望学校网开一面。"我就问他：你们医院能改医疗记录吗？他说不能。我说你的医疗记录不能改，我们的成绩就能改？"2009 年，福一面向福州市以外招了 50 名学生。按照规定，这些学生高中 3 年都必须住校。那届高一快结束时，一位家长以孩子肠胃不好为由，希望搬到校外住。福一当然没有允许。不死心的家长就搬动有关领导给学校下达"指令"。福一仍旧婉拒了。2014 年，高一期末考试结束，一名成绩名列前茅的寄宿制学生也提出搬到校外住，管理的老师有点动摇了，但李迅严肃地说：如果知识分子连一点骨气都没有了，我们还剩什么？

当了 10 多年的福一校长，在招生方面李迅从未给自己开过"后门"。不仅如此，"我们学校的其他管理者，许多是福州当地人，都有亲戚、朋友，但他们从不跟我提这些事，因为他们知道我的态度"。

公正、正气，是一所学校也是一个人的精神脊梁。李迅希望每个教师把脊梁骨挺起来。

"我常跟老师讲，你一旦选择当老师，千万不要想发财。老师的财富在哪里？在你培养的每一个学生。"李迅在骨子里是一个理想主义者，"如果你以补课的名义收了学生的钱，以后你在学生心目中就一文不值"。

曾经有人查阅过福一教师的档案，发现他们很多都是来自边远的乡村，在社会上没有什么"关系"。为什么会这样？因为他们招聘教师的第一原则，就是公平。当然也会有一些人打招呼，但学校从未因此失去原则。每次新学年第一天的学校工作会，李迅都要向新聘教师交心："你们是靠什么进福州一中的？公平和实力。我希望你们把这种东西还给福州一中的学生们。小到学生的座次怎么排，大到学生的成绩怎么评定，如何评优评先，你们都一定要非常公平。"

一个教育效果自然而然来了：福一的孩子都非常在乎公平。李迅颇为自得地说："我们福一的'傲气'就在于，培养出了一批很正气的孩子。"

"天地有正气，杂然赋流形。下则为河岳，上则为日星。于人曰浩然，沛乎塞苍冥……"

以"为天下人谋永福"为办学旨归的福一，以浩然"正气"、介然"骨气"成就教育"大气"，自觉融入中华民族生生不息的精神洪流中。

（作者单位系《人民教育》）

（文章原刊于《人民教育》2017 年第 02 期）

高考变了，高中怎么办？

吴　坚

时代变了，教育怎么变

　　思考和把握教育发展的方向选择，首先应该读懂时代；而读懂时代，首先应该关注经济社会的发展状态。当今中国经济正处于历史性的发展转型期，其典型特征与生成背景大概有如下几个方面：人口红利时代（以劳动力密集型为特征的制造业）向知识型经济时代转化（高科技、高附加值产业）；资源消耗模式（重污染低效益的粗放型加工业）向创新科技模式转化（技术研发、创意园区）；市场依赖型（产业链低端的外贸出口业）向金融服务、外向投资型转化（互利合作、环境友好型）；政策主导、效益优先取向（透支畸形、集聚膨胀的产业模式）向制度建设、公平原则取向转化（机会均等、负面清单的自贸区模式）。

　　社会需求决定了人才培养的思路与策略，与经济发展相适应的教育发展转型也将成为必然的趋势。基础教育必须改变一味追求成绩分数与政绩数字的现象，不再把统一、标准、格式、效益等工业化特征看作根本原则，而是趋向实施多元评价，鼓励个性发展，创设有利于学生自主成长的教育空间，以更具特色的课程选择与教学组织来满足创新人才培养的需要。

　　2014年国务院颁布的新高考改革举措正是为了适应中国社会政治经济的发展，体现现代教育的基本思想，培养符合时代需要的创新型人才。在高中学段的文化课程中增加选择性，体现以人为本的教育理念，针对不同类型不同特长、具有强烈自主学习需要的教学对象，提供可以满足其合理发展、有序提升、专长突出、公平均衡的分类教学模式。学生拥有自主选择学习类型的愿望应得到充分的响应，而每个学生在学校中的学习经历也将呈现出多姿多彩的样貌，真正实现"考试招生改革方案"所提出的综合培养多元评价的指导理念，打破单一低效的围绕着应试需要而展开学校教育的现状。

教育犹如一场交响乐，当高考这个指挥棒变化了，所有的乐章风格呈现都会变。从问题导向出发，我们可以预见的或正在经历的过程性矛盾会有这样一些：

（1）高中课程格局发生变革，师资结构配置需要调整，课程表需重新设计（一人一张课程表），教学模式也会发生极大转变。

（2）语文、数学、外语三科是否会被过分加强，理、化等科目是否被削弱，教师的教学方式及任教心态将可能发生改变。

（3）学生需提前选定等级考科目，实际存在盲目性和博弈意识，对自身兴趣特长甄别及大学专业咨询指导的需求将愈加迫切。

（4）按照选考单科划分等级比例，高考的区分度下降，合理选科的意义可能大于强化训练的意义，教学分化加剧。

（5）课程改革的力度加大，学生的选择权加大，教学标准设定的适应难度必定也会加大。

教育变了，学校怎么办

问题的产生与思路的开拓是同步进行、相互依托的。学校必须紧密围绕培育学生的核心素养，把握转型发展的社会大趋势，遵循教育规律办学，努力创设自由的环境、严谨的规划、深刻的体验，积极探索。

课程标准、课程方案及课堂实施将走向多样化，无论对学校、教师还是学生，课程选择的自主权大大增加。"3+3模式"意味着原来的文理分科被打破，6门等级考科目中任选3门，完全可以按照学生自己的擅长与喜好进行组合，由此产生的20种组合方式的选择不仅对学生是前所未有的挑战，对学校的课程设置系统更是莫大的考验。

高中学校的办学水平和培养质量可能就在这一环节有了实质性的分野，如同美国高中把能够开设 AP 课程的数量看作自己办学水准的标志。而在学科教学的实施中，由于有了等级考与合格考之分，教师的教学选择也将成为一个原本不是问题的问题：在基础学历的合格类教学中如何保证质量？在升学依据的等级类教学中如何达成目标？相对原来的高考模式，现在的合格考显得太基本，而等级考的评价分决定权并不主要在你自己手上，而是在你同批次同科目其他考生的考试结果的对应关系上。

复旦附中在全员生涯规划指导基础上尊重学生的选择，出现了全部 20 种组合的课程菜单。利用软件设计同时结合人工调整，生成了每个学生的走班课表，最终每个学生一人一张课表，上面注明了走班上课的教室地址及教师姓名。合格性课程每周 2 课时，等级性课程每周 3 课时。

根据 6 门学科教师的实际情况，有的老师只担任合格性考试教学，有的老师只担任等级性考试教学，也有老师同时担任合格性考试和等级性考试的教学，教学任务的安排是根据教师的教学能力、学校发展需要、学生的喜欢程度决定的。目前上海市教委还未公布合格性课程和等级性课程的课程标准，所以我们结合自己学生的实际情况，加上教研组多次研讨，形成了自己的课程标准。

教与学的模式面临转型需求，传统的知识传授和能力培养将不再显得那么有效和可持续，跨越式学习成为普遍的存在方式。课程标准将不再是唯一规定，而仅仅是一个旅行指南，真正的教学实施主导权应该在教师手中，这样教育和教学必然呈现更为多样化的面貌。

当分层走班全面铺开时，每个学生要在相应的学时段（大概占总学时数的 1/2）、不同的教学场地，进行不同的选 3 科目学习，原有的学科教学的封闭性被打破，所有信息在走班传播过程中也会进行丰富和整合。原先的行政班教学有利于整体教学目标的实现，而分层走班的教学实施中个性化增强，可以实现跨越式学习（不同学段、不同层次、不同模式），更关注到每一个学习者的类型和需求，教学的针对性和主动性增强，除班主任外，学业导师制将是一个重要选择，全面培养、全员德育的理念可以因此而真正落实。

经过尝试，我们在高一年级不分层走班，而是按原来的行政班级上课，目的是让学生亲身体验6门学科（理化生政史地）的学习过程，发现自己的学科兴趣，同时也是对国家学历教育的基本标准和要求的实施保障。这期间我们会针对新的高考改革方案进行系列解读和宣传，包括召开家长会和年级大会，让家长和学生首先熟悉并了解新的高考改革的背景和意义，分析选科的基本原则和条件，并充分理解本次高考改革所提供的选择机会和发展规划，学生应本着兴趣特长及以后的专业发展和生涯规划，合理而有力地选择适合自己的学科，而不是以恐慌的心态，甚或是投机的心态去被动迎合新的高考方案。

从高二年级上学期开始，6门学科（理化生政史地）开始分层走班教学。统计学生的选科情况、合理安排师资和教室，接着排课，这是最重要的环节，需要不断调整才能形成完整的课表。开学第一周内，我们允许学生调整选科，从第二周起至学期结束不允许学生再次调整选科。

为了保证正常的教学秩序，取得预期的教学目标，我们采取了以下措施：

（1）在固定时间段实行按照学业水平合格及等第不同要求进行分层教学，合格班代号为H，等第班代号为D，每位同学都确定有3门D类课程，2或3门H类课程。

（2）每位学生仔细阅读个人课表，确定自己的选课类别与具体上课时间、上课地点的安排，对照科目名称与教室号，提前了解并作好学习准备。

（3）分层走班教室分布在博学楼1—4层，每天涉及3—4课时；学生的个人物品必须存放到教室后橱柜中，在非上课时段课桌内外不得存放任何个人物品，相关学习用品（书籍、文具、作业等）走班时随身携带，务必作好上课的提前准备。

（4）课间10分钟（含预备铃2分钟）必须做好个人卫生及上课预备工作，不可拖拉迟到，要有充分的时间考虑，尤其是如果前面一节课不在博学楼进行的情况下。

（5）每门课程都需设有1到多位课代表（由任课老师确定），负责协助任课老师做好课内外教学工作，包括收发作业、联系课程班内的学生、课前课后的教室执勤安排等。

（6）在教师办公室前设有作业收发柜，各门课程布置的课外作业可以按照老师的时间要求，投放到相关学科课程的橱柜位置（看清柜子上的标签），课代表按时整理并负责交送发放。

（7）在相关课程教学中，学生必须按照任课老师安排确定固定座位，不得随意变动；每节课前都由任课老师负责考勤，并作好记录，如有请假可由课代表转达任课老师，事后学生本人一并到教务处办理销假手续。

教育评价需呈现出更加积极的多维度多方位的形态机制，突出人才培养所必需的核心素养内涵，认识教育中过程性体验的意义。原有的考试评价体系侧重解题能力与单一分数形式的评价，而在分层背景下同一学科的不同层次将用不同标准去评价，学习的过程性评价需要有非常充分的体现，也即是考试结果并不能完全取代学习过程。所谓合格考科目的学习并不特别需要为最后的通过与否担心，而体现的恰恰是学历教育的完整性与素质化，评价就应该是多维的，尤其需要掌握对学生学习过程的实录反馈。教学模式也将更重视过程性体验（阅读、运动、游览、实践、研究、交流），努力推行学程性记录和学分绩点（GPA）综合评价，确保全方位培养的质量与效果（见下页表1）。

教育教学环境必须提升与拓展，丰富完善资源配置，提供充足而又合理的教育教学平台，以保障有效教学和个性培养。在分层走班实施中，课程设置更加注重选择性，自主选择分层教学，实行走班，环境资源是极其关键的。从师资的质与量到教室的宽裕度，从专项培养方案的可行性认定到充分的创新实验室和公共教育教学场馆及设备设施，包括艺体及选修板块的教学资源安排，所有资源必然集中于可知可感的教学和培养环节，而非门面形象。

概括起来，基本应该比原有行政班教学模式增加配置20%～50%的教学资源，才能较好满足个性化培养需求。这需要学校因地制宜进行调整，更需要教育行政部门的支持。

表1　复旦附中的评价方法和成绩评定的依据

平时成绩的评定	出勤情况（25分）	①全勤25分 ②迟到、早退一次－1分 ③病假二次，事假一次－1分（公派交流事假除外） ④无故旷课一次－5分
	课堂表现（25分）	①认真专注与否　不够－0.5分，扣满5分为止 ②积极参与与否　不够－0.5分，扣满5分为止 ③主动发言与否　不够－0.5分，扣满5分为止 ④乐于合作与否　不够－0.5分，扣满5分为止 ⑤独立思考与否　不够－0.5分，扣满5分为止
	作业情况（25分）	①及时完成递交与否　欠交一次－1分，扣满15分为止 ②书写工整，格式规范　差别－1分，扣满5分为止 ③完成质量高效、优质　差别－1分，扣满5分为止 ④练习错题有订正　差别－1分，扣满5分为止 ⑤值日工作认真完成　差别－0.5分，扣满3分为止
	测验成绩（25分） （备注：按照学期内指定测试的总评分确定，缺考的当次做0分处理）	①前30%　25分 ②31%—50%　20分 ③51%—70%　15分 ④71%—90%　10分 ⑤后10%　5分

续　表

学期总评成绩	合格性课程	①学期总评成绩（100%）=平时成绩（50%）+期末考试（50%）②平时成绩（100%）=考勤（25%）+作业（25%）+课程表现（25%）+阶段测试（25%）
	等级性课程	①学期总评成绩（100%）=平时成绩（30%）+期中考试（30%）+期末考试（40%）②平时成绩（100%）=考勤（25%）+作业（25%）+课堂表现（25%）+阶段测试（25%）

　　个性化生涯规划与升学指导成为学校教育的必备环节。因为选择的概率大大增加，自我分析和客观判断始终贯穿在学生高中3年的学习生活中，因此，我们为每一名需要的学生配备了选科及升学指导导师，为学生提供相关学业发展过程中的问题解决方案，这也将成为每所高中学校的常规责任。

　　在3年的高中学习中，引导学生选好科是为大学的专业学习打基础，是一种升学指导，更是生涯规划，关系一个学生终身发展与成就。因此，非常有必要设立"综合素质评价"记录的信息平台，试行多元评价，实时记录，持续跟进学生成长的全过程，及时推进确立教育诚信体系建设（见下页表2）。

表 2　复旦附中的综合素质评价设计及操作方法

综合素质评价（备注：我们学校确立了"四个主人"培养目标，即让学生成为学习的主人，学校的主人，国家的主人，时代的主人）	社会工作	主要反映学生在校园内外参与学校管理的具体情况，了解除去学生的学业成绩外，学生还积极参与了哪些校园管理。包括学生在班级内、团学联、宿舍管理等方面的职务。
	志愿者活动	主要记录的是学生除去"博雅网"要求之外的志愿者活动，需要填写活动日期、活动地点、活动内容；学生在校期间，还参与其他志愿者服务或是公益劳动。真实记录学生在高中 3 年每学期的公益劳动。
	出勤情况、礼仪情况	参考德育处下发《复旦附中学生入校情况登记表》中的内容，"出勤情况"指的是学生迟到，"礼仪情况"包括未穿校服及未戴胸牌或违规使用手机，若本学期无迟到或未穿校服记录，请在该两项处填写"良好"；主要记录学生日常行为表现，写实地给出学生的日常成长。
	奖励情况	学生在本学期获得的荣誉称号或在其他各类赛事中的获奖记录。

续　表

综合素质评价（备注：我们学校确立了"四个主人"培养目标，即让学生成为学习的主人，学校的主人，国家的主人，时代的主人）	突出表现	记录学生在拾金不昧、活动参与、志愿者服务、班级建设、小课题调研、研究性学习、社会调查、科研活动、创造发明等方面的突出表现。
	班内情况	主要指班主任老师对于学生一学期的综合评语。
	学期整体情况	主要是根据学生在本学期的表现，请班主任老师给出综合评价，评价共分 A、B、C、D 四个等级，A 为最佳；一旦出现三次以上违规使用手机，则综合评价将是 B 及以下。

　　师资培训及教研活动侧重强调学生中心和问题导向原则，明确教师专业化发展的方向与路径，才能真正赋予教师教学活动的主导权。新高考招生方案中，公平正义和人的培养是教育的核心问题。教育应贯通初中与高中、高中与大学（或职业教育）的培养系列，消除学段之间人为的分割壁垒，尽可能淡化升学的瞬时性压力，去除产生获取教育优先权益而进行社会博弈的一切可能性土壤。因此学校必须首先去除以单一分数效益模式评判教育教学质量的思维导向。教师的主导地位能够发挥正确的作用是问题的关键，其核心内涵就是一切教育行为的出发点和归结点都应是真正围绕"人"的培养，教师的专业化发展具备了有力的支持和拓展条件，教学观念的转变才成为可能。

（作者系复旦大学附属中学校长）

（文章原刊于《人民教育》2016 年第 13 期）

个性化学习中的时间管理"密码"

董君武

个性化学习是新高考背景下学习方式变革的必然趋势。脑科学和神经科学研究的新成果证明了学生学习时间的非同步性，说明学生的优势学习时间具有差异性。因此，对学习时间的科学安排与选择对实现个性化学习非常重要。

学生对不同知识与能力的习得具有关键期、"机会窗"和不同个性偏好

脑科学和学习科学的研究表明，学生对不同知识与能力的习得具有关键期和学习"机会窗"，而且人类个体的生命节律会对学生的状况产生不同影响。

脑科学研究表明，在青春期结束之前，依据功能标准形成并选择神经回路的过程一直存在，但是该过程仅在精确的"时间窗"内才会发生，且不同脑结构的"时间窗"也有差异。Bruer将这一极易受经验影响的脑发育时期称为关键期[①]。只有在关键期内，脑结构才能依据相应的功能标准得到修饰和优化，错过了关键期，皮层相关脑区的回路不再改变，不再形成新的连接，失去的连接无法恢复，不适当的连接也无法删除。

---

① 安东尼奥·M·巴特罗、库尔特·W·费希尔、皮埃尔·J·莱纳.受教育的脑——神经教育学的诞生 [M].北京：教育科学出版社，2011：94.

目前，对于高级认知功能关键期中发展"机会窗"的起始时间以及持续时间的研究仍缺乏有力的证据和成果，但我们仍可以作出一个合理的推断：高级认知功能的获得同样具有关键的"机会窗"①。在学生关键期的发展机会窗的起始时间中，给学生提供对应的经验学习与体验是非常有价值的，因此探索与经验相关的学生大脑发展的关键期，可以有效促进学生的个性化学习与发展。

另外，生命节律与学习偏好时间也对学习安排产生影响。这要求学校在统筹教育和学习时间时，给学生提供广泛的时间选择的可能，这样才能有效地促进学生的个性化学习。

总体而言，学校决定着学生学习时间的整体配置和自主选择时间的可能性。学校安排某一阶段开展哪些学习与实践活动，学生就只可能从中进行有限的选择；学校每天安排上几节课，学生只能在上课时间进教室学习……因此，学校在思考学生学习时间具有选择性的配置时，应考虑：一是配置学生可以任意安排学习内容和形式的"留白式"时间，二是在学校教师和预设的学习内容和形式中，安排学生的自主学习时间。市西中学在促进学生个性化学习中，对学习时间的配置进行了系统的思考设计与实践探索，为学生不同学习内容、不同优势学习时间的科学安排提供了广泛的自主选择和配置的可能。

表 1　市西中学每个学期学习时间安排表

序号	时间	名称	学习主要任务与活动
1	第 1—2 周	开学准备与计划阶段	1. 假期学习实践活动总结、交流分享。
			2. 作好学习准备，适应新学期学习生活。
			3. 制订新学期学习计划，并开始实施。

① 安东尼奥·M·巴特罗、库尔特·W·费希尔、皮埃尔·J·莱纳.受教育的脑——神经教育学的诞生 [M].北京：教育科学出版社，2011：95.

序号	时间	名称	学习主要任务与活动
2	第3—8周	日常学习活动阶段（一）	1. 根据教师教学进度，有计划开始个性化学习。
			2. 自主选择参加学生自主管理、社团活动和研究性学习项目研习等。
			3. 根据自己学习状况，开展个性化的预约学习。
			4. 选择参加学校各类活动，其中全校性活动第一学期体育节、第二学期科技节。
3	第9—11周	期中复习迎考与总结阶段	1. 复习迎考，对半个学期的学习内容进行全面系统的复习总结。
			2. 期中考试，检测半个学期的学习情况，发现自己的进步与薄弱环节。
			3. 总结经验，发现问题，寻找差距，在教师指导下进一步明确下阶段学习的目标与任务。
			4. 实践活动，开展考试之后的"3+5"日实践活动。其中第一学期为高一南京考察和高二农村社会实践活动；第二学期为高一高二创新实验室与社会调查，高三年级成人仪式。
4	第12—17周	日常学习活动阶段（二）	第1、2、3项任务同"日常学习活动阶段（一）"。 4. 选择参加学校各类活动，其中全校性活动第一学期为文史节，第二学期为艺术节（含英语戏剧节）。 5. 6月上旬，高三年级毕业典礼。
5	第18周—20周（学期最后3周）	期末复习迎考与总结阶段	1. 复习迎考，对一个学期的学习内容进行全面系统的复习总结。
			2. 期末考试，检测一个学期的学习情况。
			3. 总结反思，在教师指导下总结一学期学习的得失，思考并明确下学期学习目标与任务。
			4. 实践活动，开展考试之后的"3+5"日实践活动，并准备假期实践活动。

续　表

序号	时间	名称	学习主要任务与活动
6	7月—8月（暑假）及1月—2月（寒假）	假期学习与实践阶段	1. 假期计划，学校编印假期学习与实践指导手册，学生制订个性化计划。
			2. 学习实践，学生根据早期计划开展实践活动。暑假：新生寻访校友和军政训练；高一文化游学和项目研习；高二见习居委主任和进楼宇看企业。寒假：高一开展项目研习志愿者服务等社会实践；高三开展形势考察与教育活动。
			3. 自主学习：根据自身实际，开展免修的超前自学或系统复习，并可预约咨询与学习。

科学合理地整体配置高中三年的学习时间

从学生 7 月下旬收到录取通知开始计算，至参加 6 月上旬高考召开毕业典礼为止，高中学生在校时间不超过 35 个月，计 1050 天左右。这三年，伴随着身体发育的完成，学生的心理、思维和人格等方面发生着非常大的变化，科学合理地整体配置这三年的学习时间，对学生的个性化学习与发展具有重大意义。市西中学将高中三年划分为三个阶段：规划与适应期、践行与发展期、内化与成熟期，据此指导学习时机与内容的选择。

规划与适应期。学生从收到录取通知至高一年级的寒假，是学生个性化学习的规划与适应期，这个时期的主要任务是让学生熟悉高中生活和所在的学校，逐渐适应高中阶段的学习，并在思考未来的基础上规划人生，明确高中三年的学习目标和行为选择。市西中学对这一阶段的时间安排主要包括：高一年级 7—9 月底，入学系列教育；高一年级 9—10 月，适应性学习与教育；高一年级 11—12 月，选择与责任教育；高一年级 1—2 月，阶段总结与反思。

践行与发展期。从高一寒假到高二年级结束是个性化的践行与发展期，这个时期的学生对高中学习的目标、任务和学习方法等方面已经具有比较全面的理解和把握，对自己的学习特点和发展目标逐渐清晰，开始专注于符合自己发展要求的个性化学习进程中，而且，这个阶段的高考压力并没有迫在眉睫，学生还有足够时间根据自己的兴趣爱好，通过更多自主的选择来完成自己所需的独特的学习任务。因此，这是高中个性化学习最关键的发展时期。市西中学对这一阶段时间的整体安排主要包括：高一年级2—6月，选择中践行；高一暑假7—8月，文化游学与项目研习；高二年级9月—次年6月，实践中发展。

内化与成熟期。从高二结束的暑假至高考结束（或毕业典礼举行），是个性化学习的内化与成熟期。这个时期的学生经过系统复习、高考磨炼等环节，对自我以及发展目标具有更加清晰的认知，逐渐内化为自己对未来的信念和追求，学生在这个阶段进一步走向成熟，为他们走向社会和后续学习奠定基础。市西中学对这一阶段的学习时间安排包括：高二暑假7—8月，全面复习，自主安排；高三第一学期9月—次年2月，新课学习与第一轮复习并举；高三第二学期至期中考试2—4月，系统复习，难度达到峰值；高三第二学期期中之后5—6月，冲刺高考，走向社会。

对学生一学年学习时间进行整体思考和配置

学校教育以学年为单位周而复始，每一年都会有一些具有普适性的教育活动，而且这些活动具有一定的周期性，因此整体上科学合理对每个学年教育时间进行配置，有利于不同学生根据自身学习时间非同步性的特点，对学习时间作出适合自己的计划和安排，促进学生个性化的时间安排与管理。同时，每天的教育安排也具有一定的周期性规律，学校对每天作息时间的安排，对学生个性化学习具有直接影响，应预留给学生可充分自主选择安排的时间，这样才能真正保证学生的个性化学习与发展。

市西中学在整体配置每个学年时间时，将每个学期分解为五个阶段：开学准备与计划阶段、日常学习活动阶段（一）、期中复习迎考与总结阶段、日常学习活动阶段（二）、期末复习迎考与总结阶段，每个阶段都有特定的教育要求与学习任务。这样，一个学年2个学期计10个不同的阶段，再加上寒假和暑假，共计 12 个时间配置阶段。表 1 即是市西中学对每个阶段时间的配置及主要的学习活动安排表。

　　学校对一学年学生学习时间整体思考和配置，是学生科学管理学习时间的前提。只有系统把握学习时间的整体安排，学生才能清楚哪些时间可以自行安排，哪些时间应该自己计划，才能学会时间管理。这份时间安排表具有时间模块化、内容交替性、进程节奏性等特点，为学生自主安排学习时间提供了广泛选择的可能，体现了学生学习时间非同步性的要求。

教师对学习时间的配置与学生的自主安排相辅相成

　　在学校对学生学习时间整体配置的基础上，影响学生个性化学习的时间安排还有两个方面的要素：一方面是教师对课堂教学时间的安排以及对学生自主学习时间安排的指导；另一方面是学生根据自身的学习实际和发展需要，对学习时间的自主计划与安排。

　　教师对学生学习时间的配置与指导。教师对学生学习时间的配置具有举足轻重的地位，教师"统"得多一点，学生"自由"少一份；教师"放"得开点，学生"自觉"多一份。而且，教师对学生学习时间的配置和指导，既表现在教师对课堂教学时间的调配上，也表现在对学生课余学习时间计划与安排的个别化指导上。

　　在课堂教学时间的配置方面，教师应该对课堂教学时间进行精细的思考与安排，才能使每节课的时间发挥最大的学习效益。在这方面，教师至少应该关注三方面的问题：

　　其一，关注课堂学习时间与目标的一致性，教师应该充分考虑学生的学习目标达成的可能程度，把更多的学习时间用于较难达成的目标。

　　其二，关注课堂学习时间与内容的协调性，教师安排学生的学习时间需要考虑学习内容的难易程度和重要程度。在时间允许的条件下，对于相对重要的学习内容可以安排比较多的时间让学生进行学习，而且要舍得花时间让学生对应该掌握的学习难点进行学习与突破。

　　其三，关注课堂学习时间与方式的匹配度，教师在安排课堂学习时间时，应考虑运用不同学习方式的时间配置，对于不同的学习方式在一节课中出现的可能性和频度以及学生运用这些方式开展学习的时间，都要进行认真的计划与安排。

在对学生自主安排学习时间的指导方面，教师可通过兴趣培养等方式对学生课余学习时间的安排进行引导，针对学生的个性化学习状况提供个别化辅导。主要表现为：

第一，对课堂学习时间安排的即时指导，教师根据教案预设的学生学习时间，时刻关注每位学生的学习进程，针对学生课堂学习目标的达成程度和学习内容掌握进展，适时调整教学进程，对不同学生的学习时间安排和学习进程进行及时的指导。

第二，对课余学习时间安排的引导，教师通过交流，为不同学生的后续学习指明方向，鼓励和帮助学生根据自己的学习状况和发展要求，有效安排课余学习时间。

第三，对课余时间的安排，教师还应针对学生不同阶段在学习上的特殊状况，及时提供个别辅导，如为解决学生在不同阶段的学习瓶颈，教师要在学习时间的配置与安排上提供有针对性、具体可操作的建议。

学生对学习时间的自主安排。学生对学习时间的自主配置与安排，体现了学生对自身学习状况和发展需要的认知，反映其个性化学习的目标和要求。这种时间管理能力，既是学生学习能力的具体表征，也是学生综合素养的重要内涵。因此，学校应该创造条件，给学生更多自主安排学习与实践时间的可能性，这是学生开展个性化学习的内在要求，也是促进学生持续学习与发展的重要保证。市西中学学生对于学习时间的自主选择与安排主要表现在三个方面。

基于发展需要安排三年学习时间。每位学生要根据自己的人生规划和高中三年的发展目标，整体思考高中三年的学习内容，有效配置各类学习与实践活动的时间。学生整体安排高中三年的学习时间应分析和解决三个问题：

一是根据自己的学习与发展目标，分析自己的学习优势和兴趣，并规划分配多少时间总量，用于学习优势和兴趣的发展，再把时间总量按高中三年的学习任务和重点，进行一个合理科学配置。

二是分析自己学习的薄弱环节和劣势所在，确定这方面学习的基础性目标和要求，规划为达到这一目标所要花费的时间总量，然后分解到不同的学习阶段。三是分析其他课程和活动所涉及的学习内容对自己发展目标的影响，比较均衡地配置剩余的学习时间，以达到自己预设的学习与发展目标。

基于学习科学安排阶段性学习时间。学生学习时间的安排还应该基于学习科学的规律，通过提高自己时间管理的科学性，提高学习的效率和效能。学生根据学习科学安排学习时间应关注四个问题：

一是每位学生应该逐渐认识自己在不同学习时间对不同内容的学习敏感性和效果的差异性，总结出自己学习不同内容的优势学习时间，然后在计划安排学习时间时，应该有意识地将相应的学习内容安排在自己的优势学习时间。

二是大脑在不同学习内容的交替感知过程中，新的学习内容会成为对前面一个内容学习的一种放松和休息。学生在安排学习时间时，除了考虑某些学习内容需要较长时间的专注投入外，还需要考虑两种或两种以上不同领域学习内容的交替性学习。

三是根据人脑的记忆与遗忘规律，学生要通过适时的复习，增强对已学知识的记忆与理解，减少对这些内容的遗忘率。学生在安排学习时间时，应把握好复习的频率以及不同频次复习之间的时间间隔，认清自己记忆与遗忘的时间曲线，科学地安排学习与复习时间。

四是积极的休息是有效学习的必备条件，学生根据学习科学和规律安排自己的学习时间，必须充分考虑学习与休息的关系，科学合理地配置学习与休息的时间分配比例，不仅能够保证身心健康，而且可以大大提高学习效率。

基于学习现实安排每天和每周学习时间。每天的学习时间安排是最需要计划的时间单位，而每周的学习时间安排是学生一种基本的学习周期，所以学生应该对每天和每周的学习时间进行精心计划和安排：

一是每天的作息时间安排既要考虑学校的整体作息时间，更要分析每天课程表的安排，针对每门课程可能需要当天完成的作业量，妥善安排每天的作息时间，并应预留若干机动时间，以应对自己每天学习过程中所出现的突发情况。

二是在每天作息时间安排的基础上，对每周的学习时间作出安排，特别是双休日学习时间与学习内容的配置，对学生的个性化学习尤为重要。例如：根据记忆－遗忘规律对已学内容的复习，在进行时间间隔较长的复习时，很可能需要安排在双休日进行，学生应该针对自己的学习实际，以周为单位，安排一个相对科学合理的学习时间表。

个性化学习的真正开展，有赖于学校和教师在配置学生学习时间方面的基本认识和理念，努力为学生提供可以充分自主选择、安排的时间整体配置，积极指导学生发现自己对不同内容的优势学习时间，科学计划和管理学习时间。这是更好地实现全面而富有个性的学习与发展的重要秘诀。

（作者系上海市市西中学校长）

（文章原刊于《人民教育》2016 年第 13 期）

容短促长：立体课程架构下的动态走班实践

邱　锋　冯冬怡

　　我们一直致力于发展"容短促长"的育人模式。让教育从学生的优势开始，从褒扬他们的长处开始，从正强化开始，着重挖掘他们的优势，给他们发展的平台，使他们的"长"变得更长；并在强项学科学习中，唤醒其主体意识，自信地去改变自己的"短势"学科，使优势变为特点，让"短势"逐渐变强，且最终带动其他资质的和谐发展，成为一块有个性特长的饱满和谐的"钻石"。（见下页图1）

　　我们把学生的个体需求和社会对学生的需要作为课程建设的核心，围绕多元资质和人格养成开发了"三层七类"（纵向三个层次分层分类推进，横向七个类型的课程领域）的课程体系，构建了"璀璨钻石"课程模型，以促进学生有差异的和谐发展，最终成为各种各样的璀璨钻石。

　　三个层次。学校根据学生的实际情况，将必修课程、国家选修课程、校本选修课程有机整合，有层次、有梯度地设置了课程目标，以基础课程、拓展课程、卓越课程三个层次来逐级分层推进，以契合学生实际的发展水平，满足学生的不同发展需求。

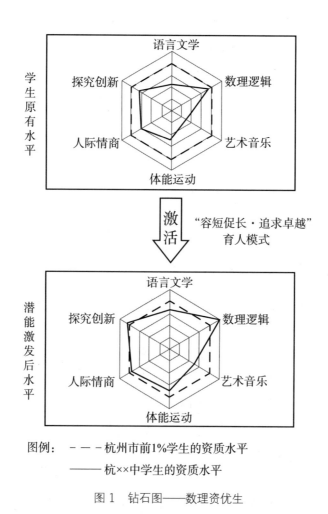

图例： －－－杭州市前1%学生的资质水平

————杭××中学生的资质水平

图1 钻石图——数理资优生

优化课程架构，让每一位学生都能找到自己的舞台

　　七个领域。为了契合学生不同的资质、水平，充分挖掘学生的潜能，在课程的内容上，根据学生的多元资质和人格养成途径进行课程开发，满足学生个性化发展的需求。

　　在开发"三层七类"课程体系满足学生校内发展的同时，我们还开发了生涯规划教育课程体系，引领学生提前认识与谋划未来，并据此调适好当下校内学习的自我定位。

2012 年，学校借鉴国际 AP 中心的生涯规划教育，开始探索适宜本校学生的生涯规划教育。我们引进哈佛大学的 Career Tests 教材，根据本校学生实际，进行了本土化的校本开发和实施。构建了与德育、学科教育、学校活动相融合的"三位一体"的生涯教育系统工程。（见图 2）

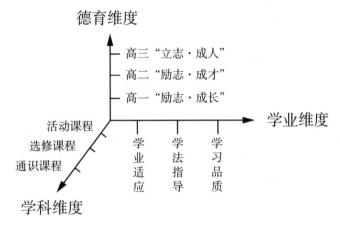

图 2 "三位一体"生涯教育系统工程

与德育相结合。学校一直开展"三气"（"正气、大气、灵气"）立志德育，生涯规划教育与"三气"立志教育相结合，实现从高一到高三以"励志"到"砺志"到最后"立志"的逐步推进。

与课程相融合。面对"7 选 3"及未来大学和专业的选择，学校普及较专业的生涯通识课程，开发了"杭十四中高中生职业生涯规划"通识课程，内容整体划分为四个模块，分别为：认识自我（测试板块）、认识专业（选课板块）、认识职业（兴趣板块）、认识学习（励志板块）。四大板块立足个体由高中到大学再到社会的成长逻辑开展，为学生建构起完整的人生规划的思路和方向。结合深化课改的要求，学校将生涯教育与学生的社会实践活动相结合，鼓励学生利用社会实践亲自去了解相关职业、熟悉职业、体验职业。

与学业相契合。高中的生涯教育是一种学生自我理想实现的教育，因此需要有从高一到高三成就自我的行动路径。鉴于高一年级学生刚进入高中，学校加强学业适应教育，帮助学生尽快适应高中生活，养成自主学习能力。高二阶段必修走班的全面铺开，学生将面临学考和选考，因此，学校加强学法深入指导，提高学生学习的实效性。高三的学生，面对高考的现实压力，学校强调学习品质历练，提高学生学习的坚持力，并根据自我意愿制定良好的生涯规划，实现人生的理想。

动态走班，真正实现个性化学习

为了尊重学生的差异选择，学校在课程设置和实施中采用了分层分类必修走班、网络课程、导师制个别辅导等多种动态的走班管理。

2012 年起，大胆突破传统必修课采用行政班教学的模式，推行必修走班新模式。如信息技术和通用技术课程，每个学期高一、高二的学生可自主地选择。

随着课程改革的不断深入，学校根据学生对物理、化学学科的兴趣爱好、学习潜质和对未来的规划，进行分层走班。

高一第二学期物理、化学开始走班。学生可根据自己的能力选择修习物理 A 层、B 层和 C 层。A 层，是把该学科作为学考科目的学生；B 层，是能力和基础中等，参加选考的学生；C 层，是学科知识基础扎实，接受能力强，参加选考的学生。学校根据学生的选择组成班级进行授课，真正实现个性化学习。

高二第一学期学考结束后（11 月份），参加物理、化学、历史、地理 4 门学科选考的同学进行走班学习。高二第二学期学考结束后（4 月份），理、化、生、政、史、地、技术 7 门学科全部实行走班学习。高三阶段，语、数、外三科根据学生的水平和自愿原则进行分层走班学习。

为扩大学生选课的空间，提高学生的自主学习能力，满足学生个性发展的要求，学校开发和开设了网络课程，依托网络平台建立虚拟班级，实现选修课程的"网上走班"。学校将由视频、学案等组成的选修课程挂在网上，学生在指定时间进行网上选课，教师可通过网络平台完成教学、作业布置、批改、答疑等工作，学生可通过在线学习上交作业，完成课程学习。

目前，学校完成了基于学考、选考和同步课堂的三层次高中微课体系建设，"彩虹学堂"已有近 40 个学科模块，内容涉及全部三个年段的课程，两校区 3000 多名同学可以登录自己的个人门户，根据自身情况安排学习计划。

在走班制下的学生管理上，我们通过"导师制"，开展针对性的指导，使学生的个性得到最优化发展。学校的导师分为朋友型导师，主要由任课教师担任导师，负责对走班学生的教育教学管理，强调对学生兴趣的培养，学业能力的指导；长辈型导师，主要由班主任担任，负责对所在行政班的学生进行常规的指导和教育；学科型导师，主要由学科主教练担任，导师在学科方面有绝对的权威，利用学科指导挖掘学生某方面的潜能，促进学生全面发展；疏导型导师，主要由有一定心理辅导技巧的老师担任，对在个性发展、人格健康等方面存在一些问题的学生进行专业的疏导和人生的指引。

在保持行政班不变的前提下，学校实行行政班和教学班双轨管理制度。

行政班班主任不仅要抓好行政班的各项管理工作，还要把管理的触角延伸到自己班级学生所在的教学班中，加强和教学班班主任及任课教师的联系和沟通，及时解决走班教学中发生的问题。

教学班老师担任走班班主任，全面负责教学班的管理工作。任课教师一岗双责，既要完成学科教学任务，又要承担起对所任的教学班的学生管理的责任。教学班班主任通过"一卡通"系统加强对学生的考勤、纪律、卫生等方面的管理，及时在系统上登记学生的表现情况，并随时与行政班班主任沟通交流，实现无缝对接管理。

"钻石"视角，实现评价的多元化科学化

随着走班的不断推进，学校需要以过程性评价来考量学生，让其在过程体验中获得正向的、有利于激发自我潜能的差异性评价。据此，我们推行数字教学评价系统的应用，实现了上课出勤情况、课堂表现、作业完成情况等教学情况的及时反馈和可视共享。

任课教师每周按时完成学生作业情况、课堂表现等过程登记，相关任课教师、班主任有权限通过信息平台，及时了解学生在走班过程中的学习态度、学业状况、课堂表现等多方面情况，适时指导、教育学生。最终，每一位学生都有一张呈现他多元化发展的类似雷达的"钻石评价图"。（如图3）

图3 学生"钻石评价图"

我们坚持全面的评价观，着眼于学生千差万别的发展现状，坚持从不同的维度评价学生，即评价不只是关注学生的学业成绩，而且要发现学生多方面的潜能，注重他们综合素质的提高，关注其道德、智能的和谐发展。

着力打破普通纸质评价的单一性，不再用简单的量化分数来评价学生，而是采用定量和定性相结合、发展性和结果性评价相综合的方式对学生进行综合评定。

学校还建立《学分认定暂行规定》，对知识拓展、职业技能、兴趣特长、社会实践这四类课程从不同的角度、以不同的方式进行学分认定，其中包括学业认定、证书认定等。

（作者单位系浙江省杭州市第十四中学）

（文章原刊于《人民教育》2016年第13期）

学生发展指导综合性解决方案探索

沈 军

　　学生发展指导是学校为促进学生全面且有个性发展而向学生提供的一系列指导和服务。据中国青少年研究中心发布的一项权威报告显示，目前的中国高中教育呈现出教育环境不理想、学生心理压力大、漠视师生关系和偏好高考科目等问题。这一切都让一线教育工作者深感加强学生发展指导已是迫在眉睫的重要工作，而学生发展指导制度的实施将是我们对应试教育进行纠偏所迈出的实质性一步，关注人本发展，关注学生的发展趋势，必将成为我国未来高中教育发展的一个"不变信念"。

　　其实在学校的日常工作中，包含了学生发展指导的一些内容，只是较为零散和分离。如果把学生发展指导中心置于学校的某一个行政部门之下，甚至当作某一项很具体的任务去完成，我们认为这是缺乏战略眼光的，应该把它作为一项能够影响学校未来整体发展大计的要事去通盘考虑，慎思笃行，谋定而后动。

建立学生发展指导中心，引导学生科学规划人生

　　北京市八一学校学生发展指导中心的学生发展指导体系包含学业指导、升学指导、职业指导、生涯指导、生活指导、健康促进、思想指导和心理指导等功能（见图1），凝聚学生、服务学生、发展学生，帮助学生了解自己、了解社会、展望未来，发现并发展自己的特长，科学规划自己的人生。

我们充分结合现有的德育、心理、社团活动、社会实践课程，在学科教学中融入学生发展规划内容，打造以学生生涯发展脉络为主线的课程、活动、管理、咨询，小初高一体化学生发展指导体系。

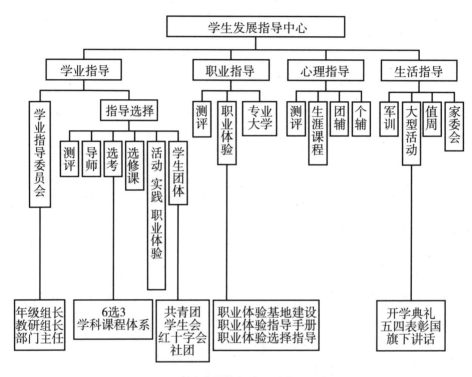

图 1　学生发展指导中心功能与职责

构建学生发展体系，制定综合性学生发展指导解决方案

　　北京市八一学校学生发展指导体系以"学生发展核心素养"为核心（见图 2），采用"分阶段能力指标建立－围绕指标的资源配备－体系实施－发展及评价"的学生发展综合模式，借鉴北美及欧洲成熟学生发展指导体系，结合中国教育体制特点和八一学校特色需求研发而成。该体系以生涯规划课程为核心内容，以职业素养补充课程为资源特色，兼顾相应的辅助教学资源和配套教学场馆，是一个综合性学生发展指导解决方案。

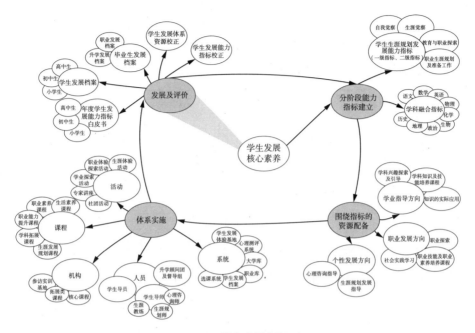

图 2　学生发展指标

　　学生发展指导中心要为学生未来的人生发展作出引导，引领其为自己探寻发展之路。尽管这一指导没有标准答案，如生涯发展既是一个不断自我实现的历程，又是一个不断自我追寻的过程，然而我们作为学生前行路上的引导者、陪伴者，需要以"为学生的品质人生奠基"为学生发展指导中心所有工作的基础，用行动践行"培养具有中国精神的品质公民"的使命。这是学校学生发展指导中心的基本理念。

基于核心素养，分步骤实现指导目标

　　我们学校的学生发展指导以"重视学科指导、引导职业发展、倡导个性培养，提高实践能力"为原则，是建立在国家学生发展核心素养体系指标及北京市中小学生综合素质评价指标上，结合学校自身特点设定的（见图 3）。

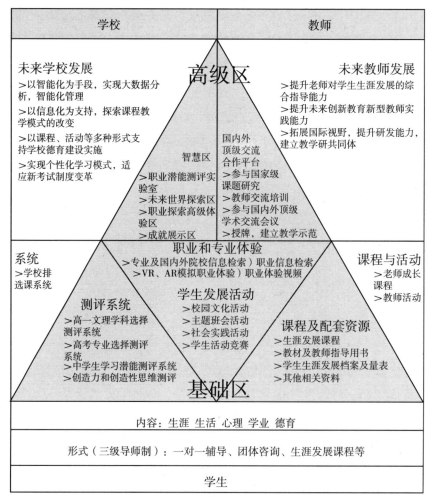

图3 基于核心素养的学生发展指导模型——以生涯引领为特色

在指标的建立过程中，我们借鉴了学科课程标准、学科能力指标，重视学生对学科目标的理解及学生生涯发展过程中学科能力的培养，借鉴了21世纪技能框架中面向职业发展对核心学科教学原则的要求，完成学生素养发展指标及整体框架的设定。

在学生发展综合模式中，我们将学生发展分解为四个部分，并依此确定工作步骤。第一步，完成学生生涯发展分阶段能力指标的建立，从学生发展的角度，小学、初中、高中分为不同的学段进行设定。第二步，围绕设定的不同能力指标完成学科发展、职业发展、个性发展资源的配备，这也是实施前的重要准备阶段。第三步，进入具体实施阶段，完成人员、课程、活动、辅助机构、系统设定，实施全方位的学生发展指导。第四步是发展与评价阶段，在实施过程中，不断修正调整资源配备、实施体系、能力指标，同时完成在校学生发展档案、毕业生发展档案、学校年度学生发展白皮书。

学生发展指导体系如何落地

我们确立的分阶段能力指标资源配备由三部分组成，分别为学业指导方向、职业发展方向和个性发展方向。学业指导方向又依据不同的层面，分为学科兴趣探索引导、学科知识及技能培养、知识技能的实际应用；职业发展方向分为职业兴趣探索、职业技能及职业素养培养课程、社会实践实习；个性发展方向分为心理咨询方向和生涯规划发展指导，辅助学生的个性养成发展。

人员配置分为三个部分：学生导师、学生导员、升学顾问及督导组，督导组将完成专家讲座和对学生导师、导员的指导，学生导师可以通过培训认证考试成为心理咨询师、生涯规划师及生涯教练。

在软硬件资源配置方面，首先是场馆及智能系统的建设。我们建立了学生发展指导中心，功能模块包括公共测评区、生涯视听区、职业探索体验中心、个人咨询指导室、团体指导中心、职业潜能测评中心等。同时，充分利用学校现有的专业教室，比如虚拟演播室、金融体验中心等相关教室进行学生发展指导工作。

在课程体系建设方面，以生涯发展为主线，融合核心素养和 WICS 教育领导力模型，在原有课程基础上发展形成三大课程形态和六大课程集群，重点完善高中生涯规划课程体系并完成资源配置。

在资源建设方面，主要包括一体机评测系统、TOPSIS 选课走班系统、德育建设、专业 / 职业体验和实践基地等。通过一系列研究，我们认为，学生发展指导中心对于学生的生涯、心理、职业和学业的指导，不能简单地凭借直觉和经验，而是应该把这种指导变成大数据支持下的科学、有依据、准确度较高的实践行为。

一体机可以让学生自主进行人机互动，让学生通过测试进行自我探索以及专业、职业倾向探索。TOPSIS 选课走班系统不是排课软件，而是计算工具，通过设置适当的标准参数和权重进行具体应用，对于学生选课有一定的指导意义。该系统的科学性、综合性、准确性和发展性，正在运行过程中逐步完善。这样，学生升入高中后，通过一系列客观科学地测评，而非凭借教师的经验和简单的个人喜好，决定在高考"六选三"要求下的选课组合。通过参考学生累积的大数据，能够真正把选课走班与学生发展指导结合起来，真正实现对学生持续的正向帮助。

不可否认，我国的学生发展指导尚处于初级阶段，机会与挑战并存。一是部分学科教师的短缺及不同层次师资的分配存在问题。二是在师生沟通方面，选课走班后，学生与学科教师的沟通可能达不到与原来班主任的频度。三是课程整合的工作很难，缺少国家标准，教师们动力不足，容易引发抵触。四是要让学生发展指导中心发挥真正的作用，学校组织结构要进行相应改变，而学校整体变革所需时间较长，如何取得师生和家长的理解是学校必须面对的难题。

（作者单位系北京市八一学校）

（文章原刊于《人民教育》2017 年第 09 期）

跑得起来与跑得更好

——上海复兴中学课程设计理念与策略

陈永平

"课程"是什么？作为校长，在我的工作语境中，基本上认同课程既是关于学生生存和发展的顶层设计蓝图（课程设计，也即狭义的课程），又是对这个蓝图的动态化实施（课程实施，也即我们常说的教学）。

其实，通过对课程理论的梳理，我们不难发现课程的核心问题还是学生的发展，因此上海市复兴高级中学在课程构建和实施中都紧紧围绕"把握学生成长需求、引领学生成长追求"展开。

思路："跑"与"道"的双向支撑

在英文中，"课程（curriculum）"一词是由拉丁语"currers"派生出来的，意为"跑道（race—course）"。在这个隐喻中，我们能想到的学校课程类型实际上有两种：一类是先铺好道引导学生去跑；另一类是学生在跑的过程中，学校持续跟进地搭平台、铺出道。这两类课程一类可以保障学生"跑得起来"的质量，另一类可以激发学生"跑得更好"的欲望。

（一）道引跑：基于育人目标的跑道预设，保障学生"跑得起来"的质量

为了贯彻党的教育方针，保障国家教育意志的实现，实现学校的办学理念和培养目标，学校必须作好课程体系的顶层设计，这是保障学生"跑得起来"的底线。

1.在内容设计上，以多元课程保障学生有充分的选择。面对上海市高考政策的新变化，复兴高中进行了学校课程教学模式的系统性变革。我们按照课程特点，具体分为七个板块（见表1）：

表1 复兴中学课程教学系统

	课程领域	相关学科
1	语言与文学	语文、英语、诗词鉴赏、其他语言等
2	数学与逻辑	数学、信息科技、逻辑学等
3	人文与社会	思想政治、历史、地理、生涯规划等
4	科学与实验	物理、化学、生物、天义学、明日之星等
5	艺术与技术	音乐、美术、艺术、劳动技术、影视制作等
6	体育与健康	体育与健身、体锻、排球、游泳、心理等
7	综合学习活动	社会实践、社团活动、主题文化节等

每个板块又设计为基础、拓展、特长、研究等不同等级：

基础——严格按照国家课程标准完成教学目标与基本课时，注重双基落实，达到学业水平考试难度。

拓展——以学科知识体系为主线，以主修、辅修为学习形式的拓展课程，满足学生不同方向与不同层次的发展需要，注重能力培养，达到高考难度。

特长——以综合实践创新能力培养为目标，适合爱好本学科、能力较强的学生，激励学生自主学习、主动探究和实践体验，比高考水平有一定幅度的提升。

研究——围绕体现共同核心价值的学习目标，在自主参与的基础上，以主题活动等形式展开的实践研究课程。不仅涉及单一学科知识，更需要跨学科整合，同时体现德育的渗透与泛化。

整个课程体系按照不同类型功能覆盖了每一名学生在校学习的需要，以供每名学生在教师指导下进行选择性学习。这样的设置提高了课程的科学性、针对性、丰富性、自主性、选择性，满足了学生多样化的需求，实现了从教程到学程的转变。

2. 在学生指导上，以选课指导强化生涯规划。高考新政的亮点在于增加学生的选择性，为学生发现自身兴趣和长处、自主选择等级性考试科目创造了有利条件。由于有 20 种学科组合，许多学生会面临选择困难的局面，因此学校有责任帮助学生认识自我，清晰定位，为学生提供科学选科指导，这对于整个高中的课程改革都是一次很好的推动。比如，介绍高校专业大致分成哪几大类，对学生的基础知识和能力有哪些要求；或者邀请大学来介绍学生个性与专业的匹配度以及各专业的就业前景，让学生对将来要报考的专业有较为清晰的认识，提早作好准备。

（二）跑出道：基于追求引领的跑道创生，激发学生"跑得更好"的欲望

进入新世纪以来，促进人的个性、主体性和创造性发展已经成为全球教改的共同趋势，全课程、无边界课程、STEAM 课程、创客课程等纷纷出现在上海市的教改实践中。面对上海市提出的建设有全球影响力的科创中心发展目标，复兴高中除了注重建构系统的课程来保障学生的综合素养外，也更为注重通过"跑道的创生"，激发学生"跑得更好"的欲望。我们认为，课程也是师生在具体教育情景中联合创造新教育资源的过程，教师和学生不仅仅是预设课程的接受者，也能成为自己课程的创造者和建构者，也就是学生可以跑出属于自己的路，并且能在学校、教师的支持下跑得更远、跑得更好。要贯彻这样的理念，就要给师生提供情境性、经验性和个性化的经历，使得师生在这一"先跑起来"的过程中实实在在地体验、亲历和创造教育经验。复兴高中主要从两个方面入手：

1. 在实践中成长，不断完善综合实践活动课程。学校的综合实践活动课程体系的不断完善，体现了"学生先跑起来，学校及时跟进保障"的创生特征。一方面，复兴高中的学生社团建设是开放、自主、探究、创新的，学生通过寻找志同道合的学友，可以自由结社，学校通过选育和优配校内外指导教师实现跟进，通过这样的滚动发展，学校现已形成了 5 大类 30 余个学生社团，参加人数近千人，社团活动从零散走向系统化、规模化、效益化。另一方面，在学生社会实践课程体系的构建中，也是通过先鼓励学

生自主开展社会考察、党团活动、与社会街道共建等社会实践，学校再在其中发掘、建设、完善一批优质的示范性社会实践基地和项目，以此来培养学生服务社区、服务社会、乐于奉献的精神，增强社会责任感。

2. 在探究中创造，不断建构科创体验课程。为推动把"创新基因"植入每一个学生的素养结构，学校努力搭设多学科、综合性的创新实验室平台，开放多元化的科创体验时空，让学生能够在这样的平台体验中创生自己独特的经验，也为学校创生出新的课程资源。目前学校已经有物理、化学、植物组培、数字影音、数字地理、天象馆、心理等多个实验室，同时也将校史馆纳入创新德育体系，在这些创新实验室中，师生共同创生出环保 DIY、数学 TI、基础机器人等特色课程，为培养学生创新素养、开发学生创新潜质搭建了研究性、探究性优质跑道。学校还构建了具有复兴文化特色的"实验室群"，如地理创新实验室就是依托天象馆、地质馆、环境教育研究室、数字地理教室"两馆两室"而形成的一个实验室群，它可以借助这几种硬件达成对学生综合能力的培养目标。同时，学校还计划与中科院、复旦大学、同济大学等开展深度的人才贯通培养合作，为每个创新实验室聘请配备至少 1 名高校相关专业的博士或博士后，并让复兴的师生与这些科研人员共同研究开发个性化科创课程，真正让想跑起来的孩子跑得更快更好。

策略："分"与"合"的有机结合

课程是学校为实现培养目标而选择的教育内容及其进程的总和，它要能同时回答如何促进学生个性发展和全面发展的问题，一方面要让学生在自主选择中实现个性成长，另一方面也要给学生完整的知识体系和生活。复兴高中通过"分"与"合"的有机结合，让课程这个跑道更宽广、更坚实，让学生跑得更快、更远。

（一）"分"：让"跑道"更宽广

复兴高中在确保完成国家与地方课程的教学内容的基础上，结合教改新思路，大力开展走班制，在课程实施中采取分层、分类和订制的策略，提供"可供学生选择的课程"，给予并尊重学生选择的权利，做到"一人一课表"。

1. 以分层教学尊重差异。为尊重学生在学习基础、学习能力、学习状态上的差异，让教师在授课时更有针对性，同时也给所有学生提供足够的创造性思考的时空，复兴中学在国家课程的校本化实施中大力开展分层教学。如高一年级开展的数学走班制分层教学，就基于分层递进教学的理念，遵循面向全体的原则、分层动态原则、激励性原则，将学生划分为 A、B、C、D 四个层次，设计出适合不同层次学生需要的学习内容。我们发现分层教学有诸多优点：能充分满足不同层次学生的要求，使水平不同的学生都能得到发展；因材施教便于教师课堂教学实施，且便于教学改革；实行分层目标教学可以使一些优秀的学生脱颖而出；便于引入竞争机制，调动学生积极性，减少并消除后进生的心理负担和压力。

2. 以分类培养发展特长。分类教学也是复兴高中课程实施的策略之一，高二的物理、化学等课按照学业水平的不同分为"合格班"与"等级班"两种类型进行走班。一些人文类的基础型课程如语文、英语也按照听说读写等不同主题进行分类教学。另外，分类教学还应用在培养发展学生的学科特长上。2016 年，复兴高中与复旦大学数学学院联办了流动性的"苏步青班"，每周活动一次，为有明确数学偏好的学生提供了高端的学习平台。

3. 以个性定制引领追求。在分层、分类的教学模式之外，为了更好地满足学生兴趣爱好和发展需求，复兴高中创造了"微班级""微课程"制度，为学生提供个性化定制课程。"微课程"容量小，易聚焦，能够及时地反映新知识、新成果、新动态，使学生的课程更趋丰富，多样性也得到了大大提升。学生可以自主选择"微课程"，灵活组合成"微班级"，这样学生能够在一学期内学到自己感兴趣的多门课程。另外，在复兴高中，个性化的定制课程，还包括少数学困生可以定制自己喜欢的学科导师对其进行点对点辅导，导师可对其进行有针对性、差异化的备课。

（二）"合"：让"跑道"更坚实

除了依托"分"的策略体系培养学生的个性特长，复兴高中还通过"整合""对接""统一"等"合"的策略保障学生的全面发展，培育学生的综合素养。

1. 推进学科整合。为了加强对学生综合素养的培育，针对课程实施现状中各学科相对割裂的问题，复兴高中通过多种学科的知识统整来强化学生综合能力的培养。我们的学科整合涉及课程结构、课程内容、课程资源以及课程实施等各个方面。譬如，我们开展政史地的学科整合实践。首先，组织三个学科的教师研究对方学科的教材、教学大纲，挖掘三门学科的共通点，这种共通不仅包括学科知识内容上的重合，更是一种对学生思维能力与情感价值培养目标上的契合，也是社会人文学科方法论的贯通。其次，在课堂教学的形式上设计一系列的专题课程，如在专题中加入地缘政治、历史地理等与地理学科相关的内容，让学生能够把高中阶段人文社会学科的知识融会贯通，形成全面系统的认知结构。通过专题化的研究性学习，学生能够从历史材料中提炼政治观点，在政治现象中对照历史经验，在地理知识中形成综合思维。最后，在教学方式上注重对学生综合能力的锻炼。特别是要提高学生阅读图表、分析案例材料等处理复杂信息的能力，提升学生的社会人文素养和认知水平。

2. 开展培养对接。作为实验性、示范性高中的复兴中学，集聚了一批资优生。这些学生有着更高层次、更远目标的发展需求。学校及时跟进，通过与相关高校的"合作"与"对接"，为学生架桥铺路，让学生能够跑得更远。在这样的培养对接中，我们让高水平大学主动来参与复兴人才培养的体系设计、培养过程和综合评价，从"掐尖"式选拔变为先培养后选拔，建立起真正适合学生发展的课程体系，如我们不仅有上述提到的与复旦大学联办的"苏步青班"，还与同济大学合作探索了"苗圃计划"。可以说，这样一种基于课程协同的培养对接模式，真切体现了复兴高中创建"满足学生充分发展需求"的教育的办学理念。

只有高质量地达成课程目标，才能保障其育人效益。因此，复兴高中特别强调课程实施中的"规准意识"。规准，就是行动的规则和工作的标准，我们主要从课程计划、课程行动方案、课程实施效果评价，从备课、课堂观察、听评课、作业、考试等环节，形成了"可检测"的课程建设与教学管理的基本规范和质量达成标准。如我们规定教研组活动以"主题教研"的方式开展，在研讨中必须回应教学的六个领域：内容与节奏、主题与角色、程序与细节、方法与手段、组织与形式、知识与能力，同时教研活动方案必须包括以下要素：教研主题、教研时间、教研地点、教研人员及人员安排、教研目标、教研负责人、教研主持人、教研准备、教研过程、观察量表、教学设计。

　　复兴高中在课程上的一切努力都是为了让学生们跑得更快，跑得更好。

（作者系上海市复兴高级中学校长）

（文章原刊于《人民教育》2016 年第 14 期）

上海育才中学：基于学程化的课程样态与组织模式

陈青云

高中教育承上启下。高中应该是学生个性、才能、人格发展日趋完善的关键阶段，是自我认知、自主规划、自觉调控能力加强和逐渐清晰的过程，这就迫切要求学校课程在丰富性、多样性、高选择性上有所作为，使学生获得个性化的学习经历，形成个性化的知识结构，养成个性化的思维方式。但是目前大多数高中奉行的"一个班级、一张课表、一个进度、一种方法"的教育模式无法满足学生个性化的学习需求，学校办学特色也被淹没在同质化的培养目标和课程设置中。

我校在长期的摸索中，通过对国家课程的校本化实施，创设了基于学程的课程样态和组织模式，使学校获得了新的生长点。

更具选择性的课程设置

在各国试图增强课程灵活性以满足学生个性化需求的探索中，有效经验之一是开设微型课程。这种方式不仅可以照顾到学生间的能力差异，而且大大增加了学生的选择机会。我们借鉴了微型课程的设计思想，根据国家颁布的课程标准和不同学科特点，结合内容难度和时间跨度，对教材进行科学的重组，将统一、长跨度的课程分解为不同层次、不同类别、小巧灵活的课程模块，让学生根据自己的学习基础、优势和发展志趣进行选学。

如下图1所示，我们对上海市的三类课程进行统整，建构了多层、多向、多类别、模块化的学校课程。多层即学习内容的多个水平层次；多向即学习内容指向学生多样的发展旨趣；多类别即同一学科内不同类别的学习内容；模块即将学科课程划分为内容相对独立但具有内在逻辑关系的相应部分，每一部分称为一个模块。

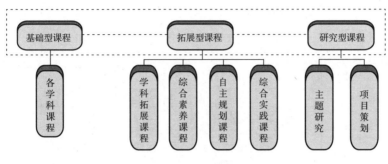

图1　三类学校课程

针对不同的学习需求，学科基础型课程和拓展型课程划分了"A、B、C"或"A、B"不同水平层次。以数学学科为例，数学 A 层面向社会与人文方向发展的学生，数学 B 层面向数理、工科方向发展的学生，数学 C 层面向对数学特别感兴趣的学生；又如英语学科，除了常规课程之外，学生可以在听力、阅读、翻译与写作等方面选择某一类别及层次进行深度或补充学习。

模块的重组不是简单机械地划分，而是科学合理地统整。以生命科学学科为例，上海市生命科学基础型课程和拓展型课程教材共 4 册 14 章 51 节。我们将其划分为 A、B 两个层次，共 17 个模块。根据知识之间的关联和学生的接受程度，对每个模块确立若干个主题，再根据主题对原先教材中各章节的内容进行统整，并链接丰富的相关资源供学生自主学习。如下表1显示的生命科学 B 层次第七模块。

按主题重组模块，不仅有利于学生对主题内容的整体把握，更重要的是可以集中解决学生自主学习过程中涉及同一主题的各类问题，这种课程设置转变了学生知识建构的方式，提升了学生的思维品质，更有利于激发学生学习的兴趣。

表1 生命科学 B 层次第七模块内容

模块序列	主题	主要内容	原教材公布	资源链接
生命科学 7B	遗传	一、细胞分裂	第二册第七章第二、三节	实验：植物花粉母细胞减数分裂的观察资料：基因互作
		二、分离定律	第三册第八章第一节	
		三、自由组合定律	第三册第八章第一节	
		四、伴性遗传	第三册第八章第二节	
		五、遗传病	第三册第八章第四节	
		六、基因连锁和交换定律	第四册第三章第一节	
		七、孟德尔遗传定律的拓展	第四册第三章第二节	
		八、变异	第三册第八章第三节	

基于学程的课程组织方式

丰富的课程为学生的选择提供了可能，但如何把选择的可能转化为现实，就要有灵活的课程组织实施方式。以学期或学年为时间单位的课程组织方式缺乏足够的弹性和灵活性，使学生的选择缺乏变通的空间和余地。为此，我们创设了基于学程的课程组织方式，让微型课程得以落地。

所谓"学程"是指学生学习的一个基本时间单位。我们将每一学期划分成 3 段，每段称为 1 个学程，这样高中阶段原来的 6 个学期就变成了 18 个学程。1 个学程又对应 5 个教学周。

学程和学科模块相对应，每个学程学生都可以自主选择 8 个不同内容、不同水平的模块。由于每一个模块所需要的教学时间是和学程相匹配，就使得 1 个学程内模块的组合有了多种可能，课程组织的灵活性大大增强，保证了课程的高选择性。

学程的创设使得学生可以自主把握学习节奏，自主规划学习进程。学有余力的学生可以通过模块免修直接进阶到高一层次的模块，较其他学生更快地完成该学科的学习，从而获得更多可以自由支配的时间，更好地实现自己的个性化发展。

此外，由于所有的学习过程都需要学生自己去选择和设计，所以学程客观上对学生提出了更高的要求。学生需要基于对自身学习能力的清楚认识去判断、选择，进而找到最适合自己的学习路径，这个过程会增强学生的自主学习意识和能力，使学生学会自主规划。

实施"问题中心"的教学

如果说高选择性的学校课程体系和基于学程的灵活课程组织方式解决了学生"学什么"的自主性，那么课堂教学就需要随之发生变化，以解决学生"怎么学"的自主性。为此我们积极探索和实践"问题中心"的教与学，把问题置于课堂的中心，激起学生认知冲突，引导学生质疑反思，推动学生合作探究，并在不断的思维碰撞中实现价值澄清。

如何实施"问题中心"教学呢？

首先，需建立激励性的评价标准。对于不同的课程模块，教师要制定不同的评价标准，不仅要让学生知道"怎么学"，还要能激励学生发现和强化自己的优势。

其次，制定可视化的学习目标，让学生明确知道"学什么""学到什么程度"，而且目标必须是可检测的。

再次，开展自适应的问题学习。"自适应"的问题学习是指学生根据在独立学习和合作学习中已经解决、没有解决或正在生成的问题，及时调整学习行为，在由解决问题带来的思维碰撞中，形成不同的知识结构和思维方式的过程，学生通过积极思考、自我总结、主动操作获得知识和技能。以"生命科学"为例，学生在完成有关"激素"的问题学习之后，呈现的知识结构图个性化特征十分明显。（如下页图 2、图 3 所示）

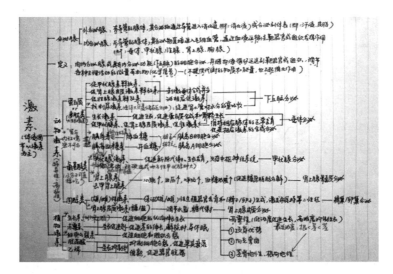

图 2 学生 A 的知识结构图

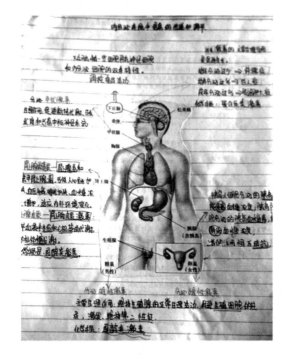

图 3 学生 B 的知识结构图

　　最后，教师要设计分层作业，让不同程度的学生都能体验到学习的成就感，并通过尝试挑战更高层次的作业激励自己不断进步。我们编制了与每一个模块相对应的《学习手册》，优化集聚"问题中心"教学的教育资源，为学生的自主学习提供学习支架，将自适应的问题学习从课堂内延伸到课堂外。

更科学、及时的学习支持

　　学生在选择、规划自主学习的过程中，肯定会遇到诸如"不会选择""不知道学习哪里出问题了"等困惑。对此，我们为学生提供了专业指导和帮助。

　　一是开发基于网络的课程管理平台。

　　分层走班、个性化、高选择性的课程组织形式产生了每个学程近千张的个性化课表，这让课程组织的复杂性大大增加，课程管理的难度超乎想象。学校开发基于网络的课程管理平台，保证了课程组织实施的科学有序。

　　网络平台可以跟踪每一位学生在各学程的学习情况，包括选课情况、各科学习情况追踪分析、学分和学业成就积点统计等，保证每位学生的学习历程都进入学校的管理平台。

　　在评价上，改变了过去期末一个分数、一份评语的简单评价方式，更加关注学生的学习经历和态度。借助网络的即时性，教师可以随时对学生进行过程性评价。学生的一次发言、一次作业，甚至是一个动作，都可能获得关注和点评。学生可以通过平台，及时了解到教师对自己的评价。这种持续、不断进行、动态的评价，对于学生调整、改善自己的学习活动具有重要的指导作用。

　　二是组建学生发展指导中心。

　　在学程化的课程模式刚开始运行时，绝大多数学生表现出不适应。为了帮助学生清醒地认识自己的特质、优势和潜能，学校组建学生发展指导中心，在整个学习过程中给予学生恰当而及时的发展指导，并为每个学生建立了个性化成长档案。

我们对每个学生进行学习多维分析测试。从学习方法、信息处理、时间管理、学习目标、注意力集中、阅读技巧、笔记技巧等方面对学生的学习情况进行测评；借助"学习优势（Learning Styles）测评系统"，从环境偏好、情绪偏好、社交偏好、生理偏好和心理（认知过程）偏好等五个方面对每位学生进行学习优势评估，形成一份学生学习风格测评报告。

依据测评报告，学生发展指导中心对每位学生进行个性化指导，帮助学生清晰地认识自我，科学合理地制定高中三年的学习规划，找到最适合自己学习的路径，初步明确自己的发展方向。

根据测评结果，教师会考虑不同学生的学习优势和学习风格，并在教学目标、教学内容、教学活动、教学组织以及教学管理等方面作相应调整，实现传统的课堂教学模式由粗放式向精细化、由集体施予到关照个体差异的转变。

此外，学生发展指导中心还根据不同时期的学生身心特点，开设相应的课程模块供学生选择。如高一的"新生活·心开始"适应性课程、高二的"跨越生命的彩虹""心灵捕手"发展期课程、高三的"心理与职业规划辅导"预备期课程。同时，学科发展指导中心的教师全天候接受学生预约，给予学生个性化的指导和帮助。

三是开发个性化学业诊断、诊疗系统。

以往的每一次练习后，学生只能获得一个简单的分数，而分数无法暴露学生存在的问题。我们开发"个性化学业诊断系统"，借助评阅软件，为学生的每次练习提供个性化诊断报告，如图4、图5：

首页->学生评价->我的评语->查询教师评语　　　　　　　　　　　　　　　　　　　査询

学　号：2010　　　　　姓　名：

学号：2010　　　　　　　　　姓名：　　　　　　　　　　学程：2010-2011下学期

名称	内容
评价：	和谐的课堂氛围不仅是你所喜欢的，也是老师老师所追求的。从记忆理论来说，整体的记忆效果要好于零散的记忆。学会读图是你学习本学程最大的一个收获，因为地图给我们的信息从某种程度来说是全息的，它所包含的信息远远大于文字，这也是学习地理的人所必须掌握的技能。在读图的同时，老师希望你还能学会读各种表格和统计图，并在此基础上学会自己整理表格或图表，这对一个人的学习和思维训练是终生受用的。
	学程：2010-2011学年第五学程　教师：林斌　课程：地理必修3
评价：	作为第一轮上来参加"人生的旅途"活动的女生，压力是显而易见的，但你凭自己的勇气和信心，独立完成设置调整的"旅途"，车窗的不错。希望今后的课堂上可以更多的参与课堂的活动。
	学程：2010-2011学年第五学程　教师：李爽　课程：心理必修1
评价：	同学在微生物实验的选修课中表现很积极，认真参与每一次的实验操作，并能和同学之间互相配合，合作融洽。
	学程：2010-2011学年第五学程　教师：张莉　课程：微生物实验
评价：	学习上你非常努力认真，但要注意各学科间的平衡，有时要事半功倍才能取得更好的学习效率，希望以后遇到不懂的问题要积极提问，数学相长。
	学程：2010-2011学年第六学程　教师：龚翔　课程：语文必修5
评价：	虽然和你相处的时间不多，但通过课堂的接触，我觉得你是一个很有礼貌，学习十分主动，接受能力很强的女孩子。老师欣赏你，相信你能够战胜自己的努力，得到更多的收获。
	学程：2010-2011学年第四学程　教师：洪瑶　课程：信息技术必修2
评价：	你乖巧可爱，聪明又好学，让老师怎么可能不喜欢你。你在课堂上的认真执着，关注的眼神，总是让人难忘。希望你继续努力，一定会取得更优异的成绩。
	学程：2010-2011学年第五学程　教师：王彩霞　课程：政治必修4
评价：	对待数学比较耐心细致，这也是学好数学的关键。但能够在数学上更上一层楼还需要课堂的积极参与，数学的表达能力也是很重要的。希望在今后的数学课上能够积极发言！
	学程：2010-2011学年第六学程　教师：周心华　课程：变中求活——例谈高中数学思维方法

图 4　教师对学生的过程性评价

学生学业诊断报告

学校：育才中学
学号：20090707　　　　　　　　　姓名：***
学科：11年5月高二第五学程考试化学合议　　属性：----

11年5月高二第五学程考试化学合议　客观题 满分：44.0 分

题号	答案	选择	分数	掌握	题号	答案	选择	分数	掌握	题号	答案	选择	分数	掌握
第1题 有机物通性	C	C	2.0	好	第9题 醛的性质	D	D	2.0	好	第17题 化学式的计算	A	A	2.0	好
第2题 烃类的	D	D	2.0	好	第10题 各种官能团的结构	B	B	2.0	好	第18题 卤代烃的性质	CD	D	1.0	未掌握
第3题 同分异构体	A	A	2.0	好	第11题 卤代烃的性质	B	B	2.0	好	第19题 同分异构体	AD	A	1.0	未掌握
第4题 结构式	C	C	2.0	好	第12题 各种官能团的性质	C	C	2.0	好	第20题 烃的衍生物性质	D	BD	0.0	未掌握
第5题 化学实验	D	D	2.0	好	第13题 反应类型	C	C	2.0	好	第21题 各种官能团的结构	AD	AD	2.0	好
第6题 醛的性质	D	D	2.0	好	第14题 羧酸的性质	C	C	2.0	好	第22题 各种官能团的性质	AC	C	1.0	未掌握
第7题 羧酸的性质	C	C	2.0	好	第15题 有机物通性	C	C	2.0	好					
第8题 结构简式	B	B	2.0	好	第16题 信息合成推理	C	C	2.0	好					

11年5月高二第五学程考试化学合议 主观题 满分：56.0 分

题号	小题满分	分数	掌握	题号	小题满分	分数	掌握	题号	小题满分	分数	掌握
第23题 醛的性质	5.0	3.0	需努力	第27题 信息合成推理	8.0	7.0	一般	第30题 化学式的计算	5.0	1.0	未掌握
第24题 信息合成推理	8.0	8.0	好	第28题 化学方程式的计算	7.0	6.0	一般				
第25题 醛的性质	6.0	5.0	一般	第29题 化学方程式的计算	7.0	3.0	未掌握				
第26题 氨基酸的性质	6.0	5.0	一般								

11年5月高二第五学程考试化学合议 全卷 满分：100.0 分

原始分	标准分	百分等级	Z分数	成绩等级	超均率%	比率%	班级排名	学校排名	考试排名
80.0	--	--	1.91	A					

图 5　学生学业诊断报告

　　当学生明确地知道自己学习存在的具体问题后，就可以进入学校的"个性化诊疗系统"，点击相应的微视频，得到针对性的学业指导，并通过相应的变形题反复练习。在系统中，每个学生都会留下学习的轨迹，这些统计数据能帮助学生系统地分析学习中存在的问题，帮助教师了解学生群体存在或个体集中存在的问题，不断改进自己的教学行为。

更积极、主动发展的教师

当学生的自主学习意识和能力不断提高时，就要求教师的教育观念、教学行为必须发生根本的转变。教师不再是知识的传授者，而是学生学习活动的设计者、引导者、支持者，教师的专业潜能得到激发。

此外，学生选择课程在某种程度上意味着选择教师，这对教师的专业素养和专业能力构成了巨大的挑战，形成了对教师发展的倒逼效应。

政治教研组依据学科特点，设计了多种课型，其中活动课最受学生欢迎。他们根据当前的社会热点和学生感兴趣的问题，结合课本知识，在教学中穿插不同形式的活动，如课题探究、"我做代表我提案"、案例小品辨析、辩论赛等。学生分工合作，查找资料，深入调研，形成初步成果，在课堂上交流展示。每一堂活动课都着眼于培养学生自主学习能力、分工协作意识、质疑和创新精神、口头表达能力等。师生共同设定评价标准、一起参与评价，学生不再是游离于课堂之外的旁观者。争先恐后地举手，头头是道地讲解，你来我往地争论、画龙点睛地解答，成为政治课堂的常态。

当"问题中心"教学全面实施后，老师们认识到教学不单单是传授学科知识，还要深入发掘学科价值，更多地关注学生的认知规律，提供本学科所独具的问题视角、思维策略、特有的运算符号和逻辑工具等，把问题置入课堂，用问题建构学生的学习和成长。

如生命科学教研组设计了有助于推动学生自主学习的层层递进的学习过程：带着问题阅读、初步感知—小组讨论交流，进一步理解—教师精讲拓展、共克难点—主题检测、查漏补缺—知识梳理，形成个性化知识网络。在第一环节，学生初步感知主题学习的内容，同时带着问题进入第二环节小组讨论交流。在交流环节，部分学习能力较强的学生自然成了讲解者，带领其他小组成员学习，而该环节中学生无法解决的问题成为教师精讲拓展的核心内容，这就到了第三环节……如此递进，大大提高了教学效能。

个性化学程的实践点燃了教师智慧和激情的火把，形成学生自主成长、教师积极发展、教育资源不断丰富的"文化场"。

（作者系上海育才中学校长）

（文章原刊于《人民教育》2016 年第 13 期）

网上走班：课程的私人定制

王丽萍

"选择"是本次学业水平考试改革的亮点，"选择教育"是晋元高级中学长期坚守的办学理念。我认为，实施高考新政后，晋元高中的"选择教育"面临三个主要问题：一是学校的办学理念怎样既不断地满足学生的个性需求，又与新的高考政策相适应；二是学科文理不分科，各学科地位平等，没有主科副科之分，对各门学科学校怎样开足开好；三是随着学科的开足开好，班级自然要增加，要满足学生"学考"选择3门自由组合的基本需求，师资和教室空间怎样解决。

为此，我们从办学理念、学习主体、走班形式三方面进行了有针对性的思考，研究有效的综合性解决措施，重在用网上走班的新形式，解决上述三个问题。

一是不断提升"选择教育"办学理念的内涵。学校创设一种自主抉择的学习过程和彰显个性的教育环境，用网上走班的新形式顺应数字化时代的教育，更好地尊重和满足学生的学习时间、学习内容和学习方式的选择权利。

二是不断促进学生个性化学习与发展。我校的实体走班，已经在原有传统教育的组织方式上有了较大突破，但学生学习方式上的自主性、学习时空上的灵活性仍受到局限，特别是学校优质教育资源、名师课堂还满足不了学生的需求。而实施网上走班，则为学生创设了随时随地随需的学习环境，大大激活了学生的自主学习潜能，进一步满足了学生的个性化学习需求和发展。

三是积极主动适应上海高考招生制度改革的需要。实施网上走班，有利于根据每个学生的兴趣能力、发展取向和学涯规划，量身定制个性化课程"套餐"，有利于学生通过线上线下、课内课外、校内校外提供的丰富学习平台，促进个性化学习目标的达成。这些对于学校主动适应高考制度综合改革的新要求，对于学生3门"学考"的选科与自学，时间分配与空间利用，都具有重要作用和现实意义。

何为网上走班

网上走班是相对于实体走班而言的，是在校园网络学习环境下，通过适合的学习技术与学生的学习方式相契合，混合运用实体课堂和虚拟课堂组织教学，由学生自主选择学习的开放课堂。

学校开发了网上走班课程体系，建成了网上走班的选课管理平台、课程资源平台、教学教研平台和自主学习平台等平台系统，特别是专门开发了网上走班学习平台。该平台具有多通道的课程分类、多路径的课程选择和人性化的课程推送，已成为我校学生网上走班学习的保障平台。

网络信息环境为学生创造了线上线下、课内课外、校内校外开放、自由而灵活的学习时空和环境、机会和可能。网上走班教学就时间选择而言，可能在正式课堂或课堂之外进行；就空间选择而言，可能在实体教室与虚拟网络进行；就环境选择而言，可能在校内或校外进行；就网络选择而言，可能是线上、线下课堂同步或交替进行，也可能只在网络课堂进行。但其学习形式有正式和非正式之分，课堂也就有正式的课堂和扩展的课堂之别。网上走班教学的实施与建构过程，是学生学习从实体教室走向虚拟课堂并对网络依赖程度不断增强的过程，也是学习从现实群体环境走向网上群体环境的过程，更是教师主导教学活动逐步减少和学生主体自学活动逐步增多的过程。

怎么开展网上走班

网上走班的教学组织形式丰富多样，总体可归纳为"三类、四层"。"三类"即"基础类、发展类和特需类"学习课程。基础类课程基本涵盖所有学科；拓展类课程有创新素养课程、"苗圃"课程、科技竞赛课程等；特需类课程有各学科普识类、拓展类及巩固类等课程内容。

"四层"即"A选层、B选层、C选层和特需选层"的组织教学层次，知识难度逐层递增。这样的组织形式，学生可以自选不同类型中的教学内容"套餐"，参与不同选层的网上走班学习。

其中，课内的、课外的网上走班，其组织形式又有所不同。课内的网上走班以类似实体走班的组织形式为主，学生网络选课选班，教师组织学生在实体教室里同步自选自学网络课程。而课外的网上走班，学生则在不同的时间地点，同步或异步自选自学相同或不同的网络课程。

以高二年级化学《几种重要的化学计算方法》网上走班教学为例。课前，学生们带着已经完成预习任务的纸质学习任务单进入电脑房，进入数字化学习平台。

环节一：教师课程导学。教师在数字化学习平台进行学习流程的演示，开始课程导学，让每位学生明确本节课的学习目标和学习流程。

环节二：学生自主学习。教师停止导学。学生在网络课程中选择《几种重要的化学计算方法》开始学习。通过课前学习任务单，学生对计算方法中所举的典型例题已有了亲身的实践体验。在网络平台上的任务栏里，学生依据自己的学习习惯自主选择观看"重要计算方法"的微视频或者PPT课件，并在学习任务单上记录学习笔记。教师现场巡视、检查和指导。

环节三：学生进阶练习。学生在网络平台上点击进阶训练A组题，依次进行答题并得到电脑同步反馈。A组题完成后，问题不多的学生，选择观看A组题详解PPT课件的内容，然后进入进阶练习B组题的训练；存在解题错误或者疑问较多的学生，则观看A组题的详解微视频；也有个别学生对于知识内容存在疑问，选择了回看重要计算方法的微视频讲解；要等 A 组题的内容搞清楚，再进入 B 组题的训练。每个学生的学习进度都明显不同。教师通过教师机选择监看部分学生的答题情况，并通过课堂巡视，主动关心学生的答题情况，与学生交流讨论，进行个别化的辅导。

环节四：师生共解疑难。当大部分学生完成了进阶式练习 B 组题，教师通过监看或者巡视交流，明确了 B 组题中学生疑难问题较多的题目，即组织学生进行交流讨论来解决疑难问题。教师在教师机上用 PPT 播放题目，学生讲解题目，讲解时说清使用哪一种化学计算方法、判断使用该方法的依据和解题过程。如果讲解得不完善或者还有其他求解方法，请其他学生补充。C 组题的解答则只给答案和提示，有兴趣的学生可以在课外与老师或者同学进行讨论学习。基础的内容通过线上自学方式完成，较难的内容通过实体课堂讨论分析完成。

环节五：布置分层作业。作业分为难度不同的 A、B 层，学生可以根据自己的学习情况加以选择，A 组题必做，B 组题选做。学生在课后登录平台，在平台上完成题目，并自己进行校对，不懂的内容可与同学、老师进行交流。

环节六：交学习任务单。下课后，学生上交在课堂完成的学习任务单，老师可以从中得到学习效果的反馈。

为加强网上走班课程开发，学校制订了《网上走班课程计划》，确定了课程内容开发的总体目标、内容结构和选择策略，精心开发了一批网络基础课程、拓展课程和特需课程，同时制作了一批精品微课程。其中各类视频课 290 节、微课 337 节、特色范例课 31 节、学科辅导课 697 节，引入校外精品课 254 节。

同时，学校还开发了一批辅助教学资源。如备课资源 4870 多项，课堂辅助资源 4300 多件套，辅导资源 2450 多项，作业资源 5230 多项，评价资源 1680 多项；制作各类微资源包 370 多件，专题学习网页 29 个，极大地丰富了课程的选择性。

网上走班的制度保障

重视教学内容的筛选与设计环节。我校网上走班内容筛选与设计，持守三点原则和三大策略。

三点原则为：强调实体走班与网上走班“两翼”内容的融合衔接，保证教学融通补益，不交叉、不重叠；重视知识类型分析，把握哪类知识更适合网络学习，强调实体走班不可替代性；尊重“教”与“学”的实际，明确重点难点和必教内容，把握学生感兴趣或难以掌握的内容。

三大策略为：加强学校课程领导力，落实实体走班与网上走班“两翼”教学内容的系统设计；加强学科课程执行力，落实学科教学内容的统整设计；加强学习环境构建，落实网络学习内容呈现的表征设计。

在此基础上，学校组建了“配送式”“自选式”两大类教学内容“套餐”，形成了两大模块相整合的网上走班教学内容体系。学校还根据“两翼”教学内容配置，确定用四分之一的课时量实施网上走班。

加强教学方式的策划与实施环节。我校针对线上线下、课内课外、校内校外等不同时空环境，提炼构建了“三式、五步”的网上走班教学方式（见下页图1）。“三式”是指自学·授导式、自学·助学式和自学·协作式等方式。“五步”是指任务单导学、微课程自学、对话式研学、微资源探学、进阶式检学五大学习过程环节。

“三式、五步”教学方式，增强了教学主体、主导的融合，教法、学法的整合，有效提高了学生基于信息技术的混合式学习能力和分布式认知水平。

完善研究实践管理环节。学校以加强研究团队、实践团队和管理团队的三支队伍一体化建设为抓手，确保网上走班课程开发、教学实施和管理的同步发展。具体做法是：强化平台建设优化学习环境，强化团队建设引领教学探索，强化教学设计落实助学过程，强化自主学习转变学习方式，强化制度建设保障教学科学高效，强化激励机制激发教师参与热情。

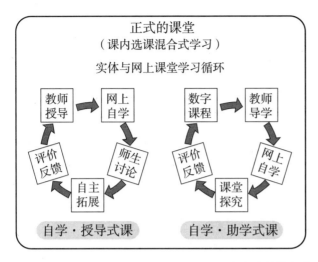 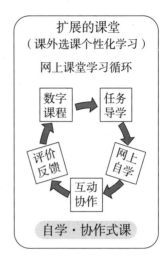

图1　网上走班教学方式

在实施过程中，建立晋元网上走班教学管理机制，不断完善规章制度和管理模式，先后制定了《网上走班实施管理办法》《网上走班学习指导手册》等一系列制度与要求，保障了各项改革探索的有序开展。

强化教学过程指导和操作环节。网上走班学习的过程，是学生自组织、自选择和自学习过程。为此，学校针对教学过程提出了"四性"：尊重教师教授行为与学生学习行为的融合和统一性，增强教师教学设计与内容呈现的助学和生成性，提高学生自学过程与研讨活动的高效和协作性，强化师生双主体的交互性，确保网上走班的科学性和有效性。

我校采取的三项措施是：制定《网上走班教学实施管理办法》，推动资源开发、教学实施、平台维护和服务管理等工作；制定《网上走班课堂教学基本要求》，指导教师开展内容筛选、教学设计、组织策划、讨论交流和组织管理；制定《网上走班学习指导手册》，指导学生加强学习规划、内容选择、网络自学、过程自管和作业评价等基本操作要求。

落实学习评价管理环节。为提高网上走班学习的有效性，我校积极推进评价主体、评价过程、评价方式的改革，注重考查学生线上线下、课内课外、校内校外学习过程和学习体验，按照三类课程中"配送类""自选类"学习内容"套餐"，针对学生共同的、自选的内容与时间，重点从信息素养、学习行为、探究活动、学习成果及知识应用等方面进行评价。同时，根据平台显示的学习时间、次数与过程以及电子作业质量、活动角色等进行综合评价。这些过程性、终结性和成果性相结合的评价形式，进一步完善了学校学分制评价体系。

（作者系上海市晋元高级中学校长）

（文章原刊于《人民教育》2015 年第 02 期）

综合素质评价软而无效问题求解

吕　建

将综合素质评价作为高考招生录取的重要参考，是高考新政的一个亮点。从近年来高校招生实际运行情况看，综合素质评价结果与高考招生之间还只是处在"软挂钩"状态，综合素质评价结果在高招录取中的"参考"作用十分有限，因此，无论是普通高中、高校还是教育行政方面，对学生综合素质评价的实施与运用主要还停留在形式和理想状态。通过多方联动，让"软"挂钩"硬"起来是一种应然性的价值取向。

普通高中：从"写实"到"引领"，保证评价效度过硬

学生小朱的音乐素养在我校是数一数二的。热爱音乐的她总是积极参加学校的各项活动，元旦晚会、英文歌曲大赛，她的音乐才能受到全校师生的一致好评。3年来，在"成长记录平台"上，她详细记录了参加每次活动的感受，班主任也给予了较高的评价。透过她的演唱和写实性记录，老师们都认为她是有音乐天赋的女孩。然而在2016年的高考中，她因一分之差无缘本科院校。

究其原因，我认为是我们忘记了学生的个性化成长需要从生涯规划出发，需要对学生的未来发展给予相应的引领，进行学业规划指导。如果在高一阶段老师对小朱的写实记录进行分析、引领，指导她走音乐之路，凭借她现有的文化成绩、音乐天赋和对音乐的兴趣，或许她能够考

上一所重点院校，她的天赋就会得到更好的发挥。

　　学生小朱的个案告诉我们，普通高中综合素质评价需要从"写实"到"引领"，保证评价效度过硬。

　　有专家指出，基于高考改革的要求，综合素质评价应发挥"两张筛子"的功能和作用[①]。第一张筛子指向群体，看的是筛子筛下的部分，更倾向"基础性发展目标"的"基础性"，依据相对统一性的指标，以基本过关为要求，从而成为录取"入闱"的初始门槛之一。第二张筛子指向个体，看的是筛子里留下的部分，更倾向"基础性发展目标"的"发展"，注重个性和潜质。现行综合素质评价的功能和作用，还基本上局限于第一张筛子，而第二张筛子应该是综合素质评价的主调。但目前可供第二张筛子鉴别的学生在真实情境下的问题解决、任务完成、能力倾向、特长展示、才华表现等综合素质的事例和成果太少了，政策所期待的"可信可用"的综合素质事例、成果和成长记录仍然是稀缺品。

　　在评价实践中，我们起初也局限于"六大指标"的评价，要求各评价主体按照"六大指标"逐项对照，分等级评价，这在促进学生素质全面提升方面的确起到了积极作用。但评价结果的差异化较小，很难看出隐藏在相同等级背后不同学生之间的本质差异，高校对这种评价结果并不感兴趣。顺应综合素质评价与高校招生挂钩的必然趋势，近年来我们把评价的重点放在促进学生个性发展上，"过程写实"是我们采用的主要评价方式，其中教师的引导发挥着越来越重要的作用。

　　"过程写实"评价就是要求综合素质评价的各相关主体，包括学生本人、同伴、老师、家长以及社会人士在内，用简洁的语言文字、代表性的图片影像等，如实记述事件的关键性过程及客观结果，真实展现学生在特定情境下做了什么、怎么做的和做得怎样，一切以事实说话，不加入主观

---

① 杨九诠. 综合素质评价的困境与出路 [J]. 华东师范大学学报（教育科学版），2013（6）：36—41.

描述或评价。做事的方式可以是个人完成，也可以是与他人合作完成，与他人合作完成的，要注明合作的对象、方式和自己在组织中承担的角色；做事的时空不限，可以是在校内，也可以是在家庭或社会，但要注明具体的时间、地点和证明人；做事的内容不限，包括社会实践、公益劳动、研究性学习、自主探究等，能较好体现自己全面发展和个性特长的均可，鼓励展现兴趣特长。

为解决"过程写实"评价带来的信息量大、记录不便等操作性难题，我校借鉴一些网络平台的运行理念，开发了学生成长电子记录平台，并逐步完善升级，配之以手机客户端。各评价主体在任何有网络的时空都可以下载用户端，输入预设的用户名和密码，就能够登录平台，随时记录关键事件的发生、发展过程，保证记录的及时、客观、真实、准确，资料上传后，在平台保存，可供任何有权限查看的主体随时查阅、复制、下载、转发和评价。

为减少无效记录对评价的干扰，保证记录结果的评价效度，方便记录结果在评价中的运用，每学期的期中、期末，教师会引导学生对此时间段内的日常记录按德、智、体、美、劳五个方面进行分类整理，筛选、梳理出最能反映自身成长的关键性、代表性、典型性评价记录，每类控制在 5 条以内（可以不填），放在平台的展示页面。各学期的评价记录由平台按时间先后自动排列，较直观地展现一个学生在高中阶段成长的历程。

高三毕业前，我们专门安排时间，组织学生对 3 年来各类关键性记录再次分类精选，归纳筛选并浓缩成基于日常记录的最能连续反映或集中反映个人特质和潜质的 10 项以内的典型材料，制作成个人推介材料，展示在成长记录平台。典型材料中涉及的需要佐证的材料，通过超链接形式与平台的后台资料相链接，可随时被调用和查阅。需要运用评价结果的人，包括高中和高校教师，只需要登录平台输入学生姓名，就可以方便地调阅、查看该学生高中阶段成长中的关键事件，研判学生的个性和潜质，作出质性评价。如需要对学生深入了解或是对学生的记录存疑，可点击超链接查询原始记录，进一步深入了解。

　　我们认为，对高中阶段的教育而言，综合素质评价重在过程，最主要的任务是动员和组织各评价主体进行搜集、整理，形成丰富翔实、真实可信、能够有效展现学生个性和潜质的过程性为主的材料，通过活动过程的记录和展示，鼓励和引领学生个性化发展，促进学生潜质的最大化发掘，并向高校提供真实可靠、有实际参考价值的过程性评价素材。高中学校还有一个更重要的任务，就是在写实的基础上，基于学生成长过程中写实记录的梳理和数据分析，对有特殊技艺、潜能的学生提供个性化学业指导，为所有学生进行生涯规划的引领。在学校层面要建立学生成长指导制度，把握学生的发展态势，让每一个有个性发展潜能和发展需要的学生都能得到更好的发展，从而保证综合素质评价的评价效度过硬。

高等学校：从“招分”到“招生”，保证评价应用过硬

　　2016 年 7 月，学生小王接到了省内某 985 高校的录取通知书，但小王却提出要重读高三。小王的父亲是一家化工企业的技术总监。在父亲的引导下，小王自小喜欢化学。中考时，小王以化学满分进入我校。进校后，他选择了化学兴趣小组。课余时间，他时常泡在实验室进行相关实验研究，撰写的研究论文发表在核心期刊，获得过化学奥林匹克竞赛一等奖。登录他的电子成长记录平台，相关记录栏目里大多是关于化学方面的实验记录、课题研究、发明制作。老师、家长和同学对他的评价，都显示他有化学方面的天赋和特长。

　　但是在高考志愿填报时，他填写了专业服从，在刚好达到该校化学专业控制分数线，但辅助分中语文没有达线的情况下，被调剂录取到他既无特长也无兴趣的计算机专业，与他感兴趣且有学科专长的化学专业失之交臂。

　　在此，我们作一个假设：高校招生时，在分数相同的情况下，如果能

参考学生的综合素质评价，考虑学生的兴趣特长和发展潜质，也许小王的命运会被彻底改变。普通高中、高等学校和教育行政部门之间科学分工，真正联动，或许是解决问题的有效出路。

作为高中，我们希望高校在综合素质评价实施中发挥以下作用。

一是服务作用。在综合素质评价过程中，高校要发挥其专业优势与学术优势，加强对综合素质评价指标和评价标准的研究，指导普通高中正确进行综合素质评价操作，形成高校与高中之间的全面全程互动，发挥其在综合素质评价中的引领作用；希望高校加快研制包括学校宏观层面和专业微观层面、有鲜明学校特色和专业特点的录取标准，并将个性化且操作性强的录取标准与高中阶段的综合素质评价标准对应和匹配起来，形成一种高校录取与综合素质评价对应接轨的录取机制；希望高校将学校的录取机制通过可操作、可量化的考核制度固定下来，明确学校不同专业在学生基本素养和各项特长方面的具体要求，同时在学校网页、省级招生平台等媒体上展示，既方便社会尤其是普通高中学生随时查阅，并对照要求主动发展和完善自我，也方便社会监督，保障录取条件的公正、公开。

二是引导作用。高校可以通过在普通高中建立生源基地的做法，引导基地学校对应高校的人才选拔要求特色化办学。高校还可以通过在基地学校开设大学先修课程的做法，加强对学生生涯规划、课程选择等方面的指导，并将修学学时学分计入学生综合素质评价档案，在高考录取时作为重要参照，引导生源基地学校的学生适应高考改革的新要求和高校人才培养要求。

三是主导作用。综合素质评价事关大学的人才选拔，在综合素质评价结果的使用上，根据自己的办学理念，对普通高中提供的过程写实性综合素质评价材料进行审查和认定，遴选适合自己需要的学生。这样不仅可以使综合素质评价的等级认定更为客观，减少腐败的发生，而且更有利于高校办学特色的形成。在综合素质评价结果的采用上，希望高校投入一定的人力物力，注重对报考学生自身素养与学校专业培养目标的对应性，选拔出自己所需要的人才。

近年来，我校与高校进行了紧密型合作，积极探索高中与大学的人才系统培养模式。以同济大学的“苗圃计划”为例，我校从高一学生中选拔对同济大学办学特色和理念高度认同、学科专业兴趣比较明确、知识面宽、综合能力强、富有创新精神和具有明显培养潜质的学生作为培养对象，进入同济大学的“苗圃计划”，通过大学课程前移、开展创新性实验计划、学生进大学参加创新活动等方式，引导学生的学习和专业兴趣，发现学生的潜质和专业特长。通过大学专家对学生的全程跟踪指导，以及学生对高校和相关专业的切身感受，由学校与学生双向选择，让真正喜欢并对大学相关专业感兴趣的学生有更多机会进入心仪的大学。同济大学还打破按部就班的教育惯例，给“苗圃计划”学生制定针对性的培养措施，真正做到因材施教，为创新人才和拔尖人才的培养开辟了快速通道。

“自上而下”与“自下而上”机制的切合，个体偏好与群体偏好交融，既能深刻触及学生的精神世界，调动学生主动发展、自主选择的积极性，彰显人性化教育魅力，也激发了高校自主办学、差异化发展的内驱力，必将有助于优化教育生态，释放出多元互动、协同进化的生态张力。

教育行政：从“制度”到“监督”，保证评价体制过硬

从前面讲到的学生小王的事例不难看出，尽管小王在高中阶段的综合素质评价档案已经很完善，能较好体现该学生的兴趣特长，尽管高校也认为将小王录取到计算机专业不利于该学生个性特长的进一步发展，但受于目前招生制度的限制，普通高中和高校都无能为力。解决问题的关键是教育行政主管部门要加快研制综合素质评价与高考“硬挂钩”的体制，并形成与之配套的制度规范，才能真正打通综合素质评价与高校招生挂钩的“最后一公里”。

一是自上而下建立统一形式、有效衔接的普通高中学生综合素质评价信息管理平台。目前，国家采用的是分省招生，各省份在制定招生录取政策时，对综合素质评价结果与高考挂钩的要求不尽相同。同时，各地各学

校在综合素质评价的操作和结果的呈现方式上也不尽相同，这直接导致了高校在招生时，难以用一个相对客观的标准衡量和评判学生的综合素质评价结果，即使参照也往往会受到"是否客观公正"的质疑。

普通高中学生综合素质评价纳入高考招生体系，必须诉求程序和统一性，才能与高校招生有效融合。在建立国家级综合素质评价平台难以实现的情况下，建立以省为单位，省、市、县、校四级统一运行的省内综合素质评价平台，是必要的，也是可行的。省级平台主要是提供一个综合素质评价的格式化评价模板，同时负责学生综合素质评价结果的收录，直接供高校查询使用。

这一方面能够有效引导各地、各学校对综合素质评价工作的常态化、规范化操作，提高评价结果的透明度，方便社会监督，有利于保证评价结果的客观公正；另一方面高校在招生时，能通过省级平台，方便快捷地调阅、查询到各生源学校、每一位考生的综合素质评价情况，同中找异，招到自己学校适合的人才。上海市普通高中学生综合素质评价信息管理系统值得借鉴。省级平台建设不仅要有规定动作，还应该给各地和各学校在平台上提供个性化拓展空间，使地区特色和学校特色得到体现。

二是建立高校有一定自主裁量权、放管结合的招生选人机制。前几年，高校自主招生过程中暴露出的贪腐问题，让自主招生面临信任危机，因此招生政策逐步收紧。这在一定程度上有效遏制了高校招生中的腐败现象，但与此相伴，综合素质评价在高考中的"参考"功能也进一步被弱化，"唯分招人"在看似公平的背后也隐藏了事实上的不公平，学生小王的事例足以显示高校缺少自主裁量权带来的弊端。

学生综合素质评价是一种质性评价，天然具有"主观性"弊病，高考招生体系本能地崇尚和践行"客观性"，两者之间的矛盾和冲突显然不能简单通过控制招生自主权来实现。同时，导致腐败的根本因素不是综合素质评价本身，而是与之有关的制度和环境，比如社会诚信体系、监管制度、公示制度、抽测制度、责任追查制度、惩戒机制等不够严苛，等等。这就需要教育行政部门通过教育立法等方式对相关制度进行更深入、更彻底、更广泛的改革，坚持“谁填写，谁负责；谁使用，谁评价”的原则，规约评价主体的权利和义务，规范操作程序，形成“高校有权不任性、不敢腐、不愿腐、不能腐”的招生机制。

（作者系江苏省海安高级中学校长）

（文章原刊于《人民教育》2017 年第 06 期）

爱国教育要接地气

李晓利

多年来，中学爱国教育最大的困难是如何把爱国转化为学生的心理需要，转化为学生内在的追求。天津南开中学基于中学生的阶段性成长特点和爱国教育的要求，总结出了一些比较"接地气"的做法，或许能为他校提供一点启示。

树立榜样，要贴近学生、贴近生活、贴近实际

南开中学是周恩来的母校，这是学校得天独厚的爱国教育资源。从上世纪80年代开始，南开中学就把"以周恩来为人生楷模"作为爱国教育的主线，但学校没有停留在灌输上，而是从学生的心理认知出发，解决好了"为什么学周恩来、向周恩来学什么、怎么学周恩来"这三个关键问题。

为什么要以周恩来为榜样？

青少年在成长过程中时时在寻找自己的榜样，引领自己成长。中学生在这一方面的心理需求尤其强烈。要效仿什么样的人，追什么样的星，对学生能否树立起正确的世界观、人生观和价值观影响深远。因而，学校应重视榜样的树立，引导中学生在成长的关键期少走弯路。

真正有引领作用的榜样，要能深入学生心灵，有吸引力、感召力，令学生信服，还要贴近学生、贴近生活、贴近实际。对于南开中学的学生来说，这个榜样必然是周恩来。

周恩来中学时代是在南开中学度过的。4 年里，因志向远大、品学兼优、忧国忧民、以天下为己任，他被张伯苓称为是"南开最好的学生"，被严范孙评价为"具有宰相之才"。周恩来待人热情，乐于助人；学习刻苦，成绩优秀；长相帅气，善于演讲和演话剧；胸怀大志，有梦想；有很好的文学功底，写得一手锦绣文章；创办校刊，组织社团，有很强的组织管理能力，是学生中的领袖。他几乎符合了"偶像"的所有素质。

老校友赵启正曾在一篇文章中写道："南开的'DNA'是什么？当然就是南开精神——'允公允能，日新月异'。南开精神具体的形象就是周恩来总理。"可见，周恩来在学生心目中地位之高大。

向周恩来学什么？

学校引导学生学习的周恩来，是中学时代的、与学生同年龄时的周恩来，而不是作为国家总理的周恩来，这样的教育设计更贴近学生。学校提出学习中学周恩来，为成人作准备：

知识准备。周恩来求学时，南开中学学制为四年，总共开设了 17 门课程。他毕业时成绩居于优秀行列。我们把周恩来的学习精神和方法归纳为四点：勤学苦练、联系实际、善思好问、珍惜光阴。

身体准备。中学时的周恩来爱好打篮球、排球、网球，有时候也打乒乓球。他坚持每天早晨的长跑锻炼，增强体质、锻炼意志。

价值观准备。中学时的周恩来实现了两个至关重要的思想抉择，表现出鲜明的价值取向：一是确立国家观念，二是形成民主思想。如在入学第二年，他写有一首诗作《春日偶成》：极目青郊外，烟霾布正浓。中原方逐鹿，博浪踵相踪。由此可以看出，中学时的周恩来已经确立了使中华腾飞世界的理想和信念。

文才准备。周恩来练得一手出类拔萃的锦绣文章。学校至今保留着他在中学时的 52 篇作文，篇篇精彩。

口才准备。周恩来在南开中学期间，积极参加演说活动，锻炼口才，曾连续两年作为学校的 3 名代表之一参加校际辩论赛，南开中学两次夺得全市第一。

能力准备。周恩来在校四年参加了 14 个社团，担当了多种校内职务。

周恩来与同学发起成立敬业乐群会，先后担任智育部长、副会长、会长，还办会刊《敬业》学报，他积极参加由学生承办的校刊《校风》工作，每周出一期，他是编辑代表，还在梁启超、蔡元培等名人来校演讲时承担了记录工作。

当时南开中学话剧社十分活跃，被称为中国话剧的摇篮。周恩来积极参加话剧演出，由于当时学校只有男生没有女生，而周恩来长得清秀，一般女角都由他来扮演。

社会准备。周恩来没有关在校门内读死书，一有机会就接触社会，特别注重深入社会底层，与普通大众交朋友。

人格准备。中学时期的周恩来完成的各项人生准备，归结到一点就是人格准备。

这些努力实在、具体、可学，成为学生观摩学习的参照。

怎么学周恩来？

创建"周恩来班"。我校从 1993 年开始，在高中各年级开展创建"周恩来班"活动，至今已坚持了 22 年。从 2012 年开始，学校在初中设立"邓颖超班"荣誉称号，每年各命名一个"周恩来班"和"邓颖超班"。

成立学习研究周恩来小组。该小组 2010 年 8 月成立以来，以天津市周恩来邓颖超纪念馆、觉悟社旧址纪念馆和南开中学为基地开展学习研究活动。组织撰写了《以周恩来为人生楷模教育读本》《周恩来南开中学校作文笺评》等学习读本。

开设"以周恩来为人生楷模"选修课。从 2010 年开始，我校开设"以周恩来为人生楷模"和"周恩来的人生智慧"选修课，受到了学生们的欢迎。选修课与《以周恩来为人生楷模教育读本》一书紧密结合，针对青少年成长成才的需要，以周恩来在南开中学期间的学习生活为课程重点，引导学生们学习。

精心组织入轨教育、缅怀活动、表彰大会等学习活动。进入南开轨道的第一课是"以周恩来为人生楷模"的教育。学校从高二年级选拔出优秀学生担任新生辅导员。每个新班级委派一男一女两名辅导员，组织和带领新生参观校内的周恩来中学时代纪念馆、南开中学校史馆、总理宿舍，瞻仰总理铜像，观看三集电视连续剧《与周恩来同窗的岁月》，学习校训、校歌。开学后，学校及时组织新生开展"以周恩来为人生楷模"的主题班校会活动和演讲比赛，使新生一入校就强烈感受到周恩来总理与南开的紧密联系。学校充分利用校史资源，使教育的历史感和现实感紧密地结合在一起，使"以周恩来为人生楷模"的主线教育从学生一入校就内化于心。

1976 年 1 月 8 日，敬爱的周恩来总理逝世。我们每年在 1 月 8 日这一天组织开展各种形式的活动缅怀、学习周恩来。

3 月 5 日是周恩来诞辰日，每年的这一天，学校都会隆重举行"纪念周恩来总理诞辰暨表彰先进大会"，对一年来在德智体美各方面表现突出的个人和集体进行表彰。

实施"义工制"，在实践中升华爱国情感

没有学生亲身体验和感悟的爱国教育是不接地气的，也是苍白无力的。培养学生的爱国感情和习惯，就要引导学生参加社会实践，在实践中体验、感悟和升华，增强社会责任感。

南开中学自 2001 年起开设义工制社会实践课程，其基本内容是：学生利用课余时间走出校园，每年在社会上完成 50 小时的义工任务。具体时间分配为每学期各 8 小时、暑假 20 小时、寒假 14 小时。"义工制"活动要求班班有基地、人人有岗位。为了保障"义工制"得到切实有效的落实，学校通过建立学生联络员制、班级指导教师制及学分制管理学生义工活动。

班级同学自由组合活动小组，自主确立义工活动内容和地点。每组选出一名责任心强、积极性高的同学任联络员。该生一方面组织本组学生自主选择和自行联系建立义工活动地点，另一方面负责与学校的沟通，及时反映学生活动中的状况。

由德育处、团委、学生会义工部和各班主任担任辅导员对学生义工活动给以指导和必要的检查。每次活动都有活动时间、内容记录和联络员签字；联络员对小组内每个同学的活动表现要有阶段评价；每个义工活动地点要对学生的实际表现有阶段性的评价反馈。

每阶段义工活动开展前后，都要进行充分的动员和总结。工作开始前各团队要上缴计划由德育处审批，阶段性工作完成后各班要进行总结，学校也要组织典型团队在全校大会上总结交流。最后，依据学生表现评分，实行学分制管理。

南开中学的义工活动在开展时还呈现出了几个特点：

一是学生自主参与性强，积极性高。虽然在寒暑假有些学生居住很分散，没有办法形成小组，但绝大多数同学仍在自己所在地进行个人实践活动。有一位到平津战役纪念馆服务的同学在周记中写道："有一次，我们接到了一个接待参观团的任务，但是天降大雨。我们先到的几个人打着伞在基地门口焦急地等待，心想这次任务算是完不成了。我甚至已经准备好了如何向馆领导道歉。但令我感动的是，大家陆续到齐了，而且没有一个人迟到。我们也圆满地完成了那次实践任务。相信我们能把这种责任感带到学习和生活中，努力做好每一件事。"

二是义工活动中出现了打破班级形式开展义工活动的特点。如：学生们发现现代社会中的人们逐渐遗忘了一些文化传统，有许多优秀的民族技艺正在被遗忘、荒废甚至失传。为了唤起人们对于传统文化的重视，让更多的人关注、学习传统文化，2013 年 12 月 14 日，南开中学高二年级四个班的学生们集结在文庙开展了一系列以弘扬民族文化为主题的义工活动。学生们在寒风中向路人展示武术、书法、民乐、舞蹈和棋类等传统文化，向路人发放宣传单，介绍中国传统文化的博大精深和重要意义。跨越班级界限组织活动，使学生的组织能力得到了很大的提高。

随着年级的更替，义工活动点的工作并没有停止，而是在高低年级之间自然地过渡着。许多高年级的同学快进入毕业班时，会在最后一个暑假联系一个低年级的团队共同在义工点活动一段时间，顺利完成交接。在许多义工点，虽然做义工的同学变了，但义工工作还是一直稳定、持续、效果显著地进行着。例如，南开中学学生会外联部的学生常年利用课余时间，每周末到周恩来邓颖超纪念馆担任义务讲解员，不论风雨冷暖都坚持完成，并且每年都从高二年级传到高一年级，从未间断。

三是义工活动点涉及面广、公益性强，活动形式多样。到 2015 年初，据不完全统计，南开中学青年志愿者义工实践点近 300 个。除在周恩来邓颖超纪念馆、平津战役纪念馆、市图书馆、养老院、儿童福利院等长期坚持的基地活动外，还出现许多新颖的形式。比如，有的学生到临终关怀医院照顾病人，有的慰问农民工并为其子女讲课，有的到路口做交通协管员，有的为社区困难家庭学生进行一帮一学习辅导等。2011 级 2 班，从高二开始进行盲童的有声读物录制活动。他们和天津市视力障碍者学校取得了联系，利用南开中学体验创意中心进行有声读物录制。截止到 2013 年 8 月，已经录制完成 40 余种有声读物，受到了盲童的欢迎。在多样的活动中，"服务、公益，关注社会弱势群体"的主题得到了充分的体现。许多义工活动点因为学生们工作成绩突出，还主动与学校建立长期联系。

（作者单位系天津南开中学）

（文章原刊于《人民教育》2015 年第 20 期）

发展性德育：从零敲碎打走向生态构建

欧　健　周鹊虹

当前德育的开展往往是无序的、零碎的，这很大程度上造成了德育的事倍功半。要提升德育实效，就必须重视德育资源的整顿、协调和组合，把零散的德育活动和课程协同衔接，发挥最大合力。

重庆市第一中学对德育工作进行了系统规划，将规范化、集约化、精细化融入德育理念，构建了一个基于实际的、富有发展性的德育实施框架体系，把德育目标高效地落实到每一天的教育实践中。

围绕"健全人格"，具化德育目标

学校首先围绕健全人格，将德育目标归纳为三个维度：人对自我情绪和欲望的调节与控制，建立起对自我的认知、反省与完善的理性自觉，信仰与社会主义核心价值观的铸炼。以此为出发点，学校提炼出了德育的三大抓手：养成习惯、塑造品质、培育信仰。

良好行为要成为稳定的个人品性，需要习惯养成来巩固。对于中学生来说，良好的习惯主要包括学习习惯、生活习惯、安全习惯、文明礼仪等。我们围绕习惯养成问题对数千名城乡学生进行了现状调查，发现中学生的"四大习惯"养成情况还有很多不尽如人意的地方，需要认真地研究对策，这更加坚定了我们加强习惯养成教育的决心。

道德品质是一定社会或阶段的道德原则、规范在个人身上的体现和凝结，是处理个人与他人、个人与社会关系一系列行为中表现出来的稳定特征和倾向。当今社会环境复杂多变，各种思想、文化混杂，中学生正处在人生的一个特殊时期，世界观、人生观和价值观还未形成，可塑性强，需要引导，是加强德育的大好时机。对于学校教育来说，品质塑造主要包括责任感、善良、宽容、乐观、自信、进取、勇敢、独立等内容，这些直接制约学生人格、心理和审美能力的提高，决定他们能否成为合格的社会主义事业建设者和接班人。

信仰教育主要包括爱国、爱党、爱人民、爱社会主义等高尚的世界观、人生观和价值观等内容。它的重要性是毋庸置疑的，而信仰危机带来的往往是社会腐败、思想堕落。

三大抓手确立的过程，是梳理学校德育工作思路的过程，也是德育目标不断具化的过程。至此，发展性德育的目标体系得以建立。

发展性德育的关键词是"整合"

发展性德育实施框架体系的关键词是"整合"，通过整合形成良好的德育生态。它涉及三个策略体系的九个创新领域：一是学校宏观策略体系，包括年级目标策略、主题活动策略、家校合作体系、环境育人体系，使发展性德育更加系统化、发展化、明确化；二是中学发展性德育的教师实施策略体系，包括社会实践策略、教师示范策略、心理辅导策略、课程育德策略，使发展性德育更加丰富，更具社会性、合作性；三是构建全面、多维评价策略体系，使发展性德育更加多元、多样。具体如下：

细化年级德育管理，建立科学的德育序列。学生在不同发展阶段有其不同发展特点，德育要确保其针对性和实效性就需要了解其阶段特征，从而采取相应的德育措施和手段。重庆一中在尊重教育规律和学生身心发展规律的基础上，根据不同年龄阶段学生的身心特点，对中学德育目标、内容和课程体系进行了系列化设计，把德育渗透于教育教学的各环节，构建中学各阶段有效衔接的、体现年段性的德育内容体系。比如，创建了年级德育目标管理制度，建立了贯穿 6 年教育的年段德育目标序列：初一

"好习惯伴随一生"、初二"迈好青春第一步"、初三"扬起理想的风帆"、高一"铸炼核心价值观"、高二"自立自强担责任"、高三"立志有恒成栋梁"。

开好学科课程与专业德育课程，巩固学校德育主阵地。重庆一中的德育课程包括三方面：专门性的德育课程，包括思想品德与思想政治教育课、时事政策课、党课、团课等；充分挖掘教学各个环节的德育因素，设置多维度、多层面的德育目标，在教学设计和教学过程中进行全面的德育渗透；以社团为主体的社团文化课程，注重开展专题性、集约型德育序列主题活动的策划与实施，比如十月"文化季"、十一月"科技季"、十二月"艺术季"、三月"口才季"、四月"体育季"、五月"读书季"等，通过系统化的设计和连贯性的实施，对学生进行持续、系统的德育影响，提高德育实效。

在方式方法上，既强调学生的充分体验，也强调教师的身先示范。学校充分发挥学生在学校生活中的自主性，提出了"体验生活，感悟人生，锻炼才干，服务社会"的活动理念，注重学生主体的感受、直接经验的获得。每名高中生除了完成基地社会实践，还必须在高一、高二的寒暑假完成不低于 50 小时的自主社会实践项目，并提交社会实践报告，由学校评审，评审合格计入综合素质评价；鼓励和支持学生自发开展流动义卖"绿叶义工协会""环球自然日"等爱心组织和活动。同时，学校与教师在"以爱为核心""以言行为载体""以有形的方法和无形的影响为手段"三大理念上达成共识，有方法、讲策略、有针对性地对学生的道德模仿进行干涉，使学生的道德社会化由感性上升到理性自觉的层次。

在校园设计和布局中，遵循高品位原则，尽可能做到形式新颖、工艺精细、布局合理、格调高雅、赏心悦目、寓意深刻、美观实用、便于教学和维修。重庆一中充分挖掘建筑园林中的文化育人要素，进而形成了一中校园的"院""场""馆""树""水""塑"六大文化主线，建构起六位一体的特色环境文化系统，从每幢建筑物的外观形状到每间教室的内部装修，从校园的整体布局到花坛里的一草一木都经过了精心设计，蕴含了较高的知识含量和艺术水准。

在做好常规心育的基础上探寻创新点，探索心理健康教育与德育工作的融合。重庆一中结合学校实际情况设计了一系列符合发展性德育要求的心理健康教育内容，创造性地开发了美育和艺术疗法的心理健康课程，将正能量传递给学生。据不完全统计，平均每学期有 500 名学生在心理咨询室化解了成长中的烦恼，约 2000 多名学生参与每年 5 月举行的心理健康节大型活动，并通过团体辅导活动等增长知识、释疑解惑。

形成"家校教育共同体"，使家校间产生同频共振。重庆一中在家长委员会、校讯通、家长开放日、家长信、家访、家长 QQ 群等现有的合作方式之外，利用多媒体手段建立各种博客、贴吧和家校主题网页，用于交流、发布和沟通；设立专门的家长接待日，主班教师负责接待，保证沟通频次和时限；调动家长背后的社区资源和职业特点，走出校园进行鲜活的实例教育，实现资源共享；设立"亲子日"，让忙碌的家长和孩子在这一天可以尽享亲子间的温情。

建立促进学生自我教育、自我管理、自我砥砺的德育评价新机制，实施制度化的评价和程序化的运作。该评价机制强调"三多"，即评价主体多元、评价内容多样和评价方法多样。

评价主体上，将学生本体、学生群体、课程教师、学生家长和社会元素纳入到评价主体系统中来，形成学生自评、互评，教师评价，家长评价和社会评价多维结合的评价模式。同时还要求学生对同伴进行评价，这样的评价要求学生必须进行全方位的观察，并进行自我反思，从而实现同伴教育和互助教育，促进德育的内化。

评价内容上，既涵盖能力、心灵、情感和素养上的发展，也关注单个学生在不同成长阶段的发展；既注重具体案例、具体情境中的学生个体，也注重对普遍现象的评价反思。

评价方法上，改变传统单一的纸笔测试，采用撰文考察、社会生活问卷调查、家校联系本分析、学生个体案例分析、家长访谈等多项评价方式，进行常态分析和特殊情境下德育发展情况的分析，将认知性测试、量化测试和表现型测试相结合。

［本文为全国教育科学规划单位资助教育部规划课题"中学发展性德育的实践研究"（FEB120436）课题成果。］

（作者单位系重庆市第一中学）

（文章原刊于《人民教育》2016 年第 09 期）

辑三

课程整合：

一场艰难却意义非凡的变革

"1+X 课程"与学生发展核心素养

窦桂梅　胡　兰

　　为了给学生"聪慧"与"高尚"的人生奠基，清华大学附属小学（以下称"清华附小"）制定了《办学行动纲领》，开展了"1+X 课程"改革。随着课程改革的不断深入，我们越来越清晰地认识到，课程改革的目的就是指向提高学生的综合素养。特别是去年年初，教育部颁布《关于全面深化课程改革　落实立德树人根本任务的意见》后，我们更加明确地认识到"核心素养"在立德树人中的基础地位。因此，我们发动全体教职工，群策群力，认真学习，反复研究，制定了清华附小的学生发展"五大核心素养"，使我们的课程改革更加有"魂"，更加有"根"。

基于人的全面发展与历史传承的思考

　　一个人从出生成为家庭的一员，再到成为社会的一员，是一个不断社会化的过程。一个大写的"人"，应该具有强健的身体、健康的心理，应该有自我认知和学习的能力，还应该能够理解他人，具有社会责任感和使命感。在一个人社会化的进程中，特别是在小学阶段，学校为其确定怎样的发展目标，提供怎样的"营养"和帮助，与学生的当下乃至今后的发展关系极大。

　　过去那种知识本位，以学科知识结构为核心的传统课程体系已经无法适应知识经济、信息化时代对人才的需求。我们的教育必须培养全面、和谐、完整的人，必须指向人的核心素养，让学生追求完整的生活、完整的人生，要在一个以个人发展和终身学习为主体的核心素养模型中，在一个"不偏重知识""不唯能力"且"情感态度不缺失"的学校环境中实现生命成长。

清华附小是一所有百年文化积淀的老校、名校。"山川悠远，维其劳矣。"无数先辈的所言所行昭示我们：选择清华，就选择了一生的责任。依据清华大学"自强不息，厚德载物"的校训，我们将"立人为本，成志于学"立为校训。

如何"立人"，怎样"成志"？早在民国时期，清华大学梅贻琦校长就指出"培养人要从小学做起"，之后周诒春校长又提出"完全人格教育"。在经历岁月的更迭之后，我们把"为聪慧与高尚的人生奠基"确定为办学使命。如何在守正中传承、传承中创新呢？站在百年历史的征程上，我们认为，对人的塑造还应该传承"完整人格"的思想；而完整人格应该既有聪慧的头脑又有高尚的品格，既有家国情怀又有国际视野，应该是健康、阳光、乐学的现代的人格形象。

如今，为顺应国际教育的改革趋势、增强国家核心竞争力、提升我国人才培养的质量，国家将全体性、基础性、发展性的素质教育，转向了与时代发展、社会变革、国际发展趋势密切相连的核心素养提升。这既是国家人才战略发展的需要，又是个体终身发展的需要。正是基于以上思考，我们在构建"1+X课程"时，力图将学生发展的核心素养融入其中。

清华附小学生发展的五大核心素养

我们在认真总结清华附小100年来办学经验的基础上，根据小学生的年龄特点和发展规律，初步拟定了清华附小学生发展的"五大核心素养"。

1. 身心健康。

"身心健康"源于原清华附小校董马约翰先生身体力行，清华大学老校长蒋南翔倡导的"每天锻炼一小时，为祖国健康工作五十年"的体育精神，这里指学生的生理和心理健康。

清华附小学生要养成良好的生活习惯，努力达到身体发育良好，视力达标，体态匀称，体质强健。每个学生至少要有一项自己喜欢的体育运动，有较强的身体活动及协调能力、疾病抵抗能力，面对危险逃生自救的能力。要热爱生活，自信向上，悦纳自己；学会微笑、感谢与赞美，尊敬师长，友善乐群，乐于助人；要学会情绪管理，自强不息、积极进取，拥有朝气蓬勃的"精气神"。

2. 成志于学。

"成志于学"源于清华附小前身"成志学校"的校名，取义于清华附小"立人为本、成志于学"的校训。这里指学生永远葆有积极的学习状态。志存高远，通过学习成长、成人，努力成才，成就未来事业。

清华附小学生应当学而不厌，拥有扎实的基础、广泛的兴趣进而形成志趣。要增强学习内驱力，勤于学习、敏于求知，既能自主学习，又能与人合作，具有良好的学习习惯、科学的学习方法，学会思考，敢于质疑，勇于探究，并能够把学习所得运用于社会生活中，做到知行合一。

3. 天下情怀。

"天下情怀"源于清华大学"厚德载物""中西合璧"的办学思想及清华附小百年来一直坚持的公益情怀。这里指我们的教育要使学生扎中华根，铸民族魂，做具有国际视野、天下情怀的现代中国人。

清华附小学生应自尊自重，自立自强，拥有爱家人、爱家乡、爱集体、爱人民、爱祖国的思想感情。要有为社会服务和奉献的公益精神；要有振兴中华的社会责任感、使命感；要有较开阔的国际视野，能够理解、尊重、包容多元文化，能与不同文化背景的人进行平等交流，友善相处和交往。

4. 审美雅趣。

"审美雅趣"源于清华大学四大国学导师"至真、至美、至情"的美学境界。这里指学生应该具备符合社会主义主流价值的审美意识和创造美的能力。

清华附小学生应向往与追求美好形象和美好事物，学会感知美，善于发现美、体验美、理解美，在对生活、自然、科学、艺术的欣赏中，受到美的熏陶。在此基础上传播美、发展美、创造美，提高自身的精神境界和审美品质，进而做到语言美、行为美、心灵美。

5. 学会改变。

"学会改变"源于清华大学"人文日新""独立之精神，自由之思想"的理念。这里指学生主动适应、超越自我、勇于创新。

清华附小学生应具有敏锐的环境感知能力和信息捕捉能力，面对不断发展进步的社会和生活，能够悦纳，学会适应，顺应发展，不断改变自己的心智模式，实现自我超越。要勇于面对生活中遇到的实际问题，形成并发展积极的人生态度，敢于实践，动手动脑，大胆尝试，不怕困难，通过自己的努力影响周边的人和事，传递正能量。还应有敢为人先的精神，具有批判性、创造性思维以及创新实践能力。

清华附小学生发展核心素养，外显为"健康、阳光、乐学"的样态，通过学校课程、教育教学、管理、校园文化等工作以及家庭、社会的共同努力来实现。

基于学生发展素养的"1+X 课程"构建

落实核心素养，需要以课程为依托，将核心素养转化为学生学习的生产力。这就要求我们必须建立起一个适合学生整体、多元发展的课程体系。

（一）重整课程结构

课程品质影响着学生核心素养的发展，课程结构影响着学生的素养结构。传统的课程结构在育人目标、课程内容、课程实施、课程评价等方面缺少自主性，忽略学生的个性化需求，难以适应学生核心素养的发展需求。为此，必须重整学校课程结构。

为实现课程目标，学校精简、整合国家课程，创生适合的校本课程，逐步形成一套基于国家课程且高于国家标准的、符合清华附小学生发展需要的"1+X 课程"体系。

"1"指优化整合后的国家基础性课程，我们把原来的十几门课程，根据学科属性、学习规律及学习方式整合为五大领域："品格与社会""体育与健康""语言与人文""数学与科技""艺术与审美"。这五大领域指向的是学生发展的核心素养：公民道德、国家认同、身心健康、审美情趣、学会学习。

"X"指实现个性化发展的特色课程，包括学校个性课程和学生个性课程两个层次。"X"指向的是与学生个性气质相契合的核心素养，如创新素养、人际交往素养等。学校个性课程为学生提供体现学校育人特色的必修系列课程；学生个性课程为每一位学生提供众多适合自己的多元化选修课程，包括特需课程，鼓励学生自创课程。"1"是"X"的基础，"X"是"1"的补充、延伸、拓展。两者相辅相成，融合共生，动态平衡，共同促进学生的发展。

在目前状态下，"1+X课程"中的"1"与"X"追求的是"0.618"的黄金分割比值。"+"不是简单的加法，而是"1"与"X"相辅相成，形成一个趋于合理的整体的课程结构。既使学生学好国家规定的核心知识、形成核心能力，又能在这个基础上使知识得到拓展或深化，使能力特别是运用知识的能力、探究问题的能力、动手实践的能力得到提升，满足学生个性需要。

"1+X课程"体系旨在帮助儿童更好地建立书本知识与现实生活世界之间的有机联系，在与世界的开放联系中不断拓展思路，开阔视野，创生意义，从而更加有效地面对现实问题，成就高素质的现代公民。

（二）重构课程内容

"核心素养"并非与生俱来，需要通过各教育阶段长期培养，而科学合理的课程内容则是其重要保障。国家课程为学生核心素养的形成奠定了坚实基础，应当使之成为发展学生核心素养的核心途径。但由于地域、学情的差异，学校要依据具体的育人目标和学生实际情况加以调试及补充。

为此，我们首先以学生发展的需要为依据，在把握国家课程标准的基础上，梳理、整合各版本教材的课程内容，规划了我们的课程实施。主要做了两项工作：一是制定语文、数学、英语等学科的《质量目标指南》，据此明确了每门学科的教学目标、教学内容、实施策略，并提供了大量的课程资源包，达成了国家课程标准的细化、具体化。二是研发了语文、数学、英语学科的《课堂乐学手册》，将教学内容的课堂落实方式呈现出来，取代了传统的练习册，达成了课堂目标的操作化，也实现了减负增效。

其次，在学校整体课程构建的过程中，我们努力凸显"阳光体育、书香阅读、创新实践"三大特色。一是强调体育课程在学校教育中的核心地位，通过"每天体育三个一"（每天一节体育课，每天一个健身大课间和晨练微课堂，每天每个学生一个体育自主选修项目），为学生打下健康身体的底子。二是强化母语，通过语文学科本身的改造，适当增加学习时间，补充大量诵读、阅读、积累内容，为学生打下精神的底子。三是强化创新实践，每周一次90分钟的创新实践课等，使学生有充分的时间合作、探究，在校内外学习场所内进行研究性学习，打下创新的底子。三大特色，既是实现"五大核心素养"的体现，又为学生在各学科中形成核心素养奠定了基础。

最后，开发丰富的个性课程，基于清华特色，最大限度地满足学生个性需求。学校个性课程包括：主题阅读、清华少儿数学、英语视听、书法、足球、戏剧、头脑创新思维课（DI）、3C（Care、Connection、Creation）课程等；学生个性课程包括：运动项目自主选修、艺术项目自主选修、科技项目自主选修、"一条龙"课程、"种子"课程以及众多自创课程（如水木秀场、名生讲堂、水木 TV、校园吉尼斯等）。这些课程涉及五大板块，消弭了学科边界，服务于学生核心素养的发展，彰显了我校"儿童站在学校正中央"的课程理念，受到学生的欢迎。

（三）固化课程实施

核心素养的培养切忌空洞灌输，应当引导学生在教育情境中自我建构。

就学习方式而言，面对整合后的学习内容，学校更强调学生通过质疑、发现问题，然后在小组内通过自主、合作的方式获得深刻的学习体验。清华附小的课堂强调"预学、共学、延学"的动态三环节。预学——让学生自主建构知识和发现不懂的问题，带着准备和疑问走进课堂，使教师的教学更有针对性。共学——以问题串的形式呈现学习内容，以小组合作为主要学习方式，师生、生生合作解决问题，学生在质疑、释疑的循环中获得持续提高。延学——学生带着更深层次的问题在课后继续思考，鼓励学生应用知识解决实际问题。这个过程实际上是鼓励学生改变传统的认知方式，实现核心素养的自我建构。

就学习空间而言，教室里学生的座椅由"秧田式"变为"卡包式"，便于学生间相互交流学习，同时教室依据功能进行分区，分为集体学习区、单独辅导区、自主学习区、作品展示区。既为不同需要的学生学习提供便利，同时也让教室发挥更大的育人功能。除了教室，清华附小力争将校园建成儿童乐园、生态田园、书香校园，校园里植物多、书多、健身器材多，到处都有供学生动手实践的课程资源，校园成了更为开放的学习空间。

就课时安排而言，清华附小改变了以往40分钟的固定课时，长短结合，张弛有度。"基础课时"35分钟，主要用于基础性课程的实施；"大课时"60分钟，主要用于整合课程的实施；"微课时"10或15分钟，用于晨练、晨诵、习字等；"加长课时"90分钟，用于大型综合实践活动课程的开展。

综上所述，我们的课程改革，就是力图使学生建立系统的思维方式，体验知识之间的联系，还原事物或问题在现实生活中的本来状态，使原来学科本位的多个知识纵横联系，聚合裂变，促进学生关注生活、关心世界、整体考察、系统思考、全面发展。避免重复、零散、琐碎，消除高耗低效，在五大板块整合的过程中，更加突出了学生核心素养的整体发展。

百年清华附小正焕发青春，通过对核心素养及核心素养导向下"1+X课程"的深入研究，我们的学校教育更加接近本真，更加适应时代发展需求，整个办学水平再上一个新台阶，走向新阶段的"成志教育"。

（作者单位系清华大学附属小学）

（文章原刊于《人民教育》2015年第13期）

对课程进行时空的整体改造

安　华

　　我们学校的课程改革不是修修补补，不是简单地增加一门课程或减掉一门课程，而是针对以往学科偏多、知识中心等问题，着眼于培养学生核心素养，运用整合的思想，对课程进行时空上的改造，从课程结构、课程设置、授课时间、课表安排等方面进行改革探索。现在，清华附小的课表，已让课程变得"灵活有弹性"。

优化重组：弹性改变课时比例

　　根据学校"1+X课程"的总体设计，以及整合后各领域课程的实际需要，我们在各课程的授课时间上作了较大调整。

　　首先，国家基础性课程经过优化整合，把原来各学科重复的内容归并、整合，把学科内的教学内容根据学生学习情况适当进行优化重组，这样整合后的基础课程"1"就不再需要原来那么多教学时间了，我们把省下来的时间用于"X"课程。

　　现在，优化整合后的国家基础性课程接近总课程的70%，个性发展课程接近总课程的30%。"1"与"X"的教学时间之比近于黄金分割比值0.618。当然，在基于儿童完整发展的思考下，课程整合要不断为儿童提供真实的教育情境，我们在考量"1"与"X"的比例时，要留有"裕度"。当课程整合到一定程度，"X"即为"0"。那时，"1"与"X"即形成一个大写的"一"，那就是一个完整意义的儿童。

其次，适当增加语文课程教学时间。重视母语教学是世界各国教育的一个共同点。识字和写字、识词和积累词语、阅读和表达（包括说话和写作）等，都是一个人终身受用的核心知识和核心能力。我们积极挖掘母语教育的文化性，整合阅读资源、生活资源和文化资源，以促进儿童的语言和精神共同成长。

因此，在课时设置上，课表成了构筑母语时空大厦的必要保障。在我们的课表上，低年段语文课程教学时间占到25%，高年段也占到了22%。

最后，为培养学生的创新精神和实践能力，属于学生动手制作、实验或社会实践活动的时间也有一定增加。正如人们在游泳中才能学会游泳一样，学生在实践活动中动脑、动手，大胆尝试、探索，才能提高动手能力，才能培育创新精神，因此，在这个方面适当增加课时是完全必要的。

张弛有度：灵活调整课时长短

为了适应整合、改革后的课程内容，学校在保证课时总量不变的前提下，调整了课时比例，将原来固定的"一刀切式"的每节课40分钟调整为90、60、50、35、10分钟等的大、中、小、微课时。

"基础课时"是35分钟，主要用于整合后的基础性学科的教学，这比原来减少5分钟，对老师的课堂教学提出了更高的要求，强调精讲精练，减少无效劳动，提高教学实效性。

"大课时"60分钟，主要用于语文、科学、书法、美术以及一些综合性课程。如语文课，要认字，写字，读文章，交流读书感悟，还需练笔、作文等，原来的每节课40分钟，着实不够用，改为60分钟，师生都感到比较合适。再如科学，每堂课都有实验，需要使用很多器材，学生要积极参与，观察、思辨、假设，动手实践，记录实验情况，报告实验结果等，改为60分钟，进行得就比较充分了。

"创新与实践"、头脑创新思维课、戏剧、部分品德与社会的综合实践课，是周五下午间周一次，课程性质、内容要求教学时间必须相对长些。

小、微课时为 10 或 15 分钟，为晨诵、习字等。

同时，根据主题课程整合的需要或者儿童生命成长需要，可以整合 30 分钟和 60 分钟课时形成 90 分钟的综合性课程，为儿童提供丰富的、综合的课程体验。

大课间为 50 分钟，变原来的被动做广播体操为主动项目。学生在运动场上，可以整班跑步、跳绳，也可以根据自己的特长参加各种体育社团，还可以自主到操场不同的健身区域去，在体育老师的带领下练习专门的运动项目。

根据课程性质和教学内容配以不同的课时，体现出了课时的灵活性，而且长短课时相间，也使学习生活张弛有度，富于变化。

尊重主体：个性化、选择性

因材施教、发展个性是教育的基本原则之一。学校整合后的课程"1"是对学生共性的要求，是重要的底线。"X"课程则注重培养学生的独立性和自主性，促进学生在教师指导下主动地、富有个性地学习，满足不同学生的学习需要，使每个学生都能得到全面、和谐的发展。因此"X"课程尤其注重学生的选择性。

清晨入校后，学生可自主选择在图书馆参与阅读微课堂，或在操场参加晨练微课堂。每周参与一次"创新与实践"课，开展跨学科主题实践；或每周上一次戏剧表演课，或每周上头脑创新思维课等。体育是附小的核心课程，要求达到"每天体育三个一"，即学生每天一节体育课和晨练微课堂、一个大课间、一个自选喜欢的体育运动项目，如轮滑、板球、武术、篮球、健美操、足球等。现在，根据学生、家长、教师等各方面的调研情况，学校为学生提供丰富的、可选择的"X"课程达 40 多个。每个学生都可以根据自己的兴趣、爱好、特长选择参加。

因为课程有了选择性，所有学生对于这些时段的学习和活动兴趣普遍较浓。一天下来，学习和活动紧张有序，但学生并不感到多苦多累，这从他们阳光、灿烂的笑容里可以看出来。课表，让课程活了起来。这个"活"

也让儿童活了起来，他们成了课表设置之本、课表制定之源。每一天，儿童的生活都充满期待，因为他们都拥有自己的一张课表。

（作者单位系清华大学附属小学）

（文章原刊于《人民教育》2015 年第 13 期）

"课时改革"来了？！

——上海市江宁学校教学组织形式变革实践

吴庆琳

在课程改革背景下，学生个性得以张扬，个性化学习持续发展。为了实现"适应差异、满足需求，提升每一位学生发展品质"的办学目标，上海市江宁学校以变革教学组织形式为切入点，深化课程改革，对构成教学组织形式的各种要素进行重新设计、优化和多元组合，即改变教学活动中人员、程序、时空关系上的组合形式，从而提高教学的针对性和有效性。重构课堂教学时间就是其中的重要方面。

学校针对学生学习特点的群体差异以及学习内容的差异，重新划分单位课堂教学时间，打破每节课 35 分钟的固定安排，根据学生的实际学习需求、不同学科和不同教学活动的需要确定不同的课时长度。目前，主要进行了以下两种探索。

长短课时结合，让语言学习更科学

学校前期进行的问卷调查显示，小学低年级学生有其独特的群体差异：自律、自制能力较差；课堂上注意力易分散；对教师的讲解、机械的重复朗读易产生厌倦心理；语言基础薄弱，对新语言知识的遗忘速度较快；等等。同时，心理学研究表明，低年级学生的有意注意持续时间相对较短，最长只能坚持 10 ~ 15 分钟，后大脑就会出现阶段性疲劳，形成"思维低谷"，每节课学生能够充分有效运用的时间最多只有 20 分钟。根据艾宾浩斯遗忘曲线规律，学生学过的知识，20 分钟之后忘记约 40%，当天忘记约 70%，第二天忘记约 75%。鉴于儿童的学习心理特点、有意注意时间以及记忆规律等，学校原来每周三节、每节 35 分钟的英语课在小学低年级授课时无法充分有效利用，过长且过于分散的课时安排造成了低年级学生的英语课堂学习效果不佳，学生无法处于适宜的语言环境，不能让所学的知识及时复现，更加大了知识的遗忘率。

基于此，学校对低年级英语、语文的课时进行了分割与重组，施行长短课时结合，重组教学内容，在行动研究中构建长短课时的操作框架与实施策略，探索适应低年级学生身心特点和学习习惯差异的有效经验。

具体操作：

第一步，课时分割：在小学部一二年级，打破英语、语文学科每节课固定为 35 分钟的课时安排，将其分别分割为 15 ～ 20 分钟左右的短课时，英语学科由每周"3+1"的课时安排改为"4 短 +1 长"的课时安排，即每周 4 天小课时（每天 15 ～ 20 分钟），1 天大课时，周课时量不变；语文学科由每周 9 课时的安排改为"4 短 +7 长"的课时安排。

第二步，课时重组：将英语短课时与语文阅读短课时相组合，使一节 35 分钟的常规课时由英语、语文两门学科组合而成，形成一个完整课时的概念。

第三步，教学内容重组：短课时并非简单地将原来一节课的教学内容"一分为二"，而是对教材中的知识单元体系进行合理的整合重组，在教学内容安排上保证知识的内在联系与及时复现，发挥短课高频教学的优势，并与相关学科进行有效的衔接。比如，沪版牛津英语教材 1B 第三单元 Things around us 中三课的教学内容分别是 seasons（季节）、weather（天气）、clothes（服饰），为了充分利用短课时的优势，我们将这三课教学内容重新组合，变成将每一个季节、此季节的天气和此季节所需的服饰结合在一起，如："spring"（春天），"How is the weather in spring？"（春天的天气），"What do you need in spring？"（春天的服饰）这些内容同时教学，将原来 9 课时的内容重新组合成 12 节短课和 3 节长课，这样三篇课文分别出现的句型会在每天的英语课上出现，复现率大大提高，帮助学生轻松记忆，熟练掌握。

第四步，课时衔接：两节短课时的教师结成合作伙伴，共同备课，不仅在教学内容上有适当衔接，还应在上课形式上形成互补，做到动静结合，一张一弛，切实做到充分利用35分钟，发挥教学的有效性。

70分钟自然课，让学生充分合作与探究

小学自然教材中有不少实验探究内容，让学生"体验科学探究过程，学习简单的科学探究方法，提高动手操作能力"是自然课程的重要目标。然而，在目前每节35分钟的自然课中，因时间限制，学生的实验探究活动往往更多地停留在操作层面，甚至由老师代讲、代做，学生主动探究的能力及合作精神得不到很好的发挥。针对这些问题，我校将每周两节35分钟的自然课连排，延长单次课的课时长度，形成70～85分钟"长课时"，从而给予学生充分的实验探究时间。

具体操作：

第一步，将五年级自然教材（牛津版）进行内容重组，形成七个主题单元："天气""常见的化学物质""平衡、压强和浮力""人的遗传""动物的生存""动物的习性""电的产生与利用"。每个主题单元包含几个主题探究活动，每个探究活动有分层的教学目标、实验项目和相应评价方式，力争每个学生在连续两节课（70～85分钟）的时间里，体验"提出问题—作出假设—制订计划—使用工具和收集证据—处理数据和解决问题—交流与表达"的完整探究过程。

第二步，根据教学内容需要一周两节自然课"打包"，两节连排，形成"长课时"。目前有两种课型：一是主题探究活动课，一般两节连上，中间没有课间休息，学生可以体验完整的探究过程，不会因为课时原因造成探究活动的中断或缩短；二是普通教学内容课，一般不采用两节连上，有课间休息时间，第二节课多利用课件、拓展阅读、小组讨论和观看视频等方式，减轻学生的疲劳感，提高学习兴趣。另外，有的探究活动并不需要70分钟，但35分钟又不够，这时两节连排的优势更加凸显，老师可以在85

（包含课间 15 分钟）的时间段内根据需要安排下课时间，即把时间分

分钟（包含课间 15 分钟）的时间段内根据需要安排下课时间，即把时间分成三段，第一段时间（X）大于 35 分钟，开展小组探究活动，第二段中间休息时间（Y）为 10～15 分钟，第三段时间（Z）小于 35 分钟，进行第二阶段的教学，这样便形成"X+Y+Z=85 分钟"的时间安排。

70～85 分钟的自然课不仅可以保障较完整的探究过程，还给学生合作提供了时间。我们在自然长课时教学中开展小组合作学习，根据"组内异质、组间同质"原则组建 4～6 人学习小组（参见表 1），形成小组合作学习共同体。小组合作模式多样（参见表 2），交流充分。组长由小组同学自己选出，不由老师指派，且组长可以轮流担任；角色分工也不是一成不变，而是根据活动需要，以学生主动申报为前提，组内商量后决定，这样学生可以在不同的角色扮演中发展不同的能力。

表 1　合作小组的成员组成及分工

学生类型	主要特点	分工	人数
自律协调型	有自我约束能力，与同学关系良好，有一定的组织协调能力，一般是班级里的小干部。	组长，负责材料分发、协调	1 人
善于表达型	喜欢自然学科，知识面广，善于组织语言表达自己或他人的想法，喜欢与他人交流。	讨论后的汇报交流与评价	1～2 人
细致入微型	虽然不善于表达，但观察仔细，认真细心，有时会有意想不到的发现。	实验中的观察员、记录员	1～2 人

续　表

学生类型	主要特点	分工	人数
动手操作型	对自然课兴趣浓厚，喜欢动手实验，积极思考，能在实验中提出自己的想法。	实验中的设计师、操作员	1～2人

表2　小组合作模式

小组合作模式	课例	详情
各自分工、共同完成一个主题研究	《天气现象》	教师将教学内容分成6个任务，分别是了解天气的符号，观测最高、最低气温，了解降水，了解风力及风向，看云认识天气和天气谚语。小组中6位同学分别承担一个学习任务。
独立活动、小组交流、汇总数据进行研究	《物体酸碱性的测定》	学生先各自测定9种物体的PH值，完成个人学习单（学生的活动部分内容），然后交流各自的测定结果，完成小组合作学习单——将按酸碱程度排列作为小组学习内容并写下排列后的感想。
共同设计实验方案、完成探究学习活动	《自然界里的水循环》	每个小组根据实验材料设计一个模拟实验，并画下来。然后进行交流，并评价其他小组设计的实验，指出每个小组的优缺点，同时修改自己设计的实验，之后进行实验操作，观察实验现象，讨论交流，认识自然界里的水循环。

续　表

小组合作模式	课例	详情
灵活分组，6 人可以"3+3""2+2+2""4+2"，也可以和其他组同学组成临时学习小组	《电池提供电能》	教师提供足够的实验材料，小组成员可以自由组合，2 人配合，3 人合作，不仅每个人都有动手实验操作的机会和足够的实验时间，也增加了小组成员之间的互动与交流。
灵活分组，6 人可以"3+3""2+2+2""4+2"，也可以和其他组同学组成临时学习小组	《昆虫的生命周期》	教师将 6 个不同的昆虫生活史标本分别放在各个小组的实验桌上，同学们自由参观，在自己感兴趣的昆虫前进行观察，并做好记录。在这样的临时学习小组中，大家的交流反而比平时上课更为轻松。

　　为了观察小组合作的过程与效果，对长课时及小组合作进行"微格分析"，学校专门为自然实验室配置了录像设备，每个小组都安装了摄像头和话筒，可以对上课过程和每个小组的合作过程进行实况录像。现在一共录制了 13 个长课时教学内容。目前，学校正在利用微格分析法、时动分析法等，将这些录像课中每一个教学环节进行细化，并与短课时进行对比，研究长课时的优势以及分析小组成员在学习活动中的合作与交流情况，对小组合作的有效性进行评价，并及时改进课堂教学行为。

　　"课时改革"正在路上。

（作者单位系上海市江宁学校）

（文章原刊于《人民教育》2017 年第 10 期）

把"STEM+"理念融入全课程

——江苏南京外国语学校的"STEM+"课程探索

邹　正

"人"是教育的出发点，也是教育的归宿。因此，学校教育在突出教育的社会价值的同时，还要进一步考虑实现其社会价值的基础——人的价值，追求社会价值和人的价值的统一。尤其需要强化学生的家国情怀，唤醒学生的生命自觉，鼓励学生全面发展、自由成长，成为更好的自己。

在全球化、信息化的背景下，国家竞争日益凸显为人才竞争。作为一所具有鲜明办学特色的学校，南京外国语学校必须回应时代的召唤。我们将学校的发展目标定位为"建设具有中国特色的世界一流学校"。围绕这一目标，学校提出了"融贯中西、文理并蓄"的特色课程理念，在原有"基础性课程、拓展性课程、荣誉性课程"的"金字塔"式课程模式中融入了"STEM+"课程理念。

摒弃"拼盘式"结构，指向"立体性融合"

上世纪 80 年代，面对科学技术发展中出现的拔尖人才危机，美国政府开始对人才培养模式和制度进行反思，提出了跨学科、跨领域的 STEM 教育。

STEM 教育发展的方向是以科学技术为路径、实现跨学科融合为特征，关注最新技术及其实践应用，培养能够综合运用多学科知识解决实际问题的复合型创新人才。近年来，我国基础教育也开始重视 STEM 教育，旨在提高学生的科学素养和创新能力。

随着 STEM 课程的推进，有学校提出 STEAM 课程理念，将艺术（Arts）融入 STEM 课程；也有学校提出 STREAM 课程框架，将阅读（Reading）融入 STEM 课程；还有学校提出 STREAMSS 课程，"SS"是指体育（Sports）和服务（Services）。

我校提出"STEM+"课程理念，受"互联网+"思想的启发，"+"代表的是连接、跨界整合。

"STEM+"课程融入了培养学生科学精神和实践创新能力的理科拓展性课程，如信息学、机器人学、通用技术课程等；还融入了培养学生人文底蕴的人文拓展课程，包括读闲书、国学入门、国学精粹、北京大学文科先修课程；还糅进了培养学生批判性思维能力和全球胜任力的课程，如面向历史和我们自己、哈佛大学辩论课程、模拟联合国课程、未来企业家课程；同时还融入了促进学生表现力、创造力以及审美情趣增长，教会学生健康生活的艺术、体育、心理课程，如形体操、太极、艺术大师进校园、戏剧、绘画、书法、生命的风铃等。通过这些课程，学生得以健康、全面、个性地成长。

单纯"+"的概念是"拼盘式"课程结构，只有在课堂教学结构中更深入、跨学科"融合"，才能促进学生学科知识、能力、素养之间"立体性融合"，包括"文理融合""数理融合""理艺融合""理论与实践融合"等方面。

"STEM+"课程正是基于"立体性融合"理念，努力培养学生良好的批判性思维能力、自主学习力、社会行动力、全球胜任力，促进学生在文化基础、社会参与和自主发展三方面充分发展。

项目性学习实现跨学科深度融合

"STEM+"课程理念融入基础性课程，实现了学科融合，并且引领了学习方式的变革。

在国家课程的教学中，为避免分科学习、知识割裂的弊端，我们提倡教师在指导基础上，用"翻转课堂"的教学方式，引导学生自我规划、自主学习、独立思考、独立研究、自己动手完成他们感兴趣的，与生活、社会相关的数学、科学和信息学等项目性学习，实现知识、能力、素养的"融合"。

例如，在化学课堂，教师提出问题："微型化、集成化、便携化和自动化已经成为当今科学发展的主流趋势，化学实验室的试管、烧杯、培养器皿等各种实验用品能不能微缩到一张芯片上，挂在钥匙扣上随时备用呢？"

学生课后上网查阅了解到微量液体的操控、反应和分析的芯片实验室（lab-on-a-chip）可以实现这一目的，同时了解、比较芯片实验室的常用材料、性能和制作工艺。他们对此产生了浓厚的兴趣。

教师在课堂教学中引入芯片实验室制作，带领学生利用网上购买的Sylgard184型PDMS预聚体及固化剂套装、可打印的聚苯乙烯热缩片以及计算机绘图软件、激光打印机、真空干燥剂、烘箱、剪刀、手术刀、双面胶等工具，自制芯片实验室。

整个过程中，学生经历了利用绘图软件设计芯片实验室通道图、激光打印、烘箱烘烤制出阳模、PDMS预聚物与固化剂的调和制备、芯片成型、产品介绍和演示等系列环节，化学学科知识、材料科学、工程设计、微流控技术、计算机绘图等综合应用其中。置身于前沿科学环境中，既激发了学生对科学的浓厚兴趣，扩展了视野，在综合复杂的情境中，也实现了学科知识、能力、素养的融合。

跨学科的项目性学习是"STEM+"课程最常使用的方式。基于学科融合，我们设计多个研究性项目，如秦淮河治理、PM2.5治理等大量与生活实践紧密结合的项目，供学生根据兴趣和能力素养特征自行选择。通过广泛征集项目解决方案，促进学生创新素养的发展，实现跨学科、跨领域融合。

首先是科学与技术的融合。我们开设数字化化学实验、灵敏的触角——生物传感器等课程。其中，数字化化学实验让学生了解数字化传感器的工作原理，利用数字化传感器设计化学实验，对教材中传统的实验改进与拓展，探究生产生活中有趣的化学问题。

比如，高一年级学生利用温度传感器测定发现了酒精灯并不是外焰温度最高的，从而对初中课本上的"结论"提出质疑，认识到"实验探究比理论分析更可靠"。利用氧气浓度传感器，学生发现人在密闭空间里缺氧窒息时，氧气并没有像想象中耗尽（约占空气体积10%），从而诞生了"过量的燃料燃烧能把氧气耗尽吗，还会剩余多少氧气""不同燃料燃烧消耗氧气是否存在很大差异"等一系列探究问题。科学与技术的融合拓宽了学生实验设计的思路，大大提升了学生的探究意识和批判性思维能力。

其次是技术与艺术的融合。学校专门开设了通用技术与创新制作、软件设计与立体雕刻、软件设计与三维模型打印等课程。其中，通用技术与创新制作课程涉及电钻、手摇钻、锯床、钻床、切割机等基本加工工具和激光雕刻机、3D打印机等先进设备的学习和使用。作品的加工制作过程，便是学生空间设计、计算机制图、设备操作能力的提升过程。我校学生利用3D打印机与激光雕刻机设计、制作出一台可供使用的3D打印机，他们设计、制作的仿生机器人和无动力小车频频在国际国内比赛中获得大奖。

再次是科学与人文的融合。历史上的科学大师几乎都是"文理并蓄"的，因为只有融会贯通，才可能产生顿悟。

目前，国内外越来越多的自然科学竞赛最后均要求以陈述及辩论的形式呈现观点，甚至是英文的陈述和辩论，这反映的正是文理融合的趋势。我们专门开设了青年物理学家辩论课程，带领学生用实验探究物理问题，培养学生的动手实验能力、观察分析能力，提高综合分析问题、解决问题的能力。这门课程中，学生还会学习辩论技巧，参加世界青年物理学家对抗赛，这些经历不仅提升了专业素养，还培养了团队合作精神，为今后从事科学研究打下良好基础。又如，在人造皮肤研究项目中，除了生物、化学、物理等专业知识的呈现，我们还格外注重学生审美素养的培养。

"STEM+"课程如何培养学生社会参与素养

学生的核心素养中，社会参与素养是重要方面。"STEM+"课程体系不仅强调跨学科融合，更注重学科学习与社会、生活的融合。我们开设"STEM+"课程，重要的目的是培养学生的责任担当、实践创新素养，实现其社会参与。

“STEM+”课程以项目设计与实施为载体，将学术性学科知识转化为可解决实际问题的生活性知识。它需要选择典型性项目进行结构化设计，让学习者在体验和完成项目中学习多学科知识与技能。这种课程融合方式，强调社会实践活动以及社会问题解决能力的培养，强调多学科知识融合到真实的社会性项目中，在实际情境中实现学生的社会参与。项目的过程分析、活动设计等社会分析是核心。

在高一“STEM+”课程学习中，部分学生与南京大学环境科学院的研究生合作了一个社会分析项目。他们选取全市 13～18 岁青少年学生为研究对象，以学校、交通工具、家庭或者社区等三大场所为空间研究范围，采用基于个体行为的暴露评估方法测定学生日常生活中的污染暴露水平。研究大气颗粒物 PM2.5 和教室 / 家庭环境中降尘污染暴露对青少年体内重金属积累的影响，寻找其相关性，进而探究大气颗粒物环境暴露对青少年健康的影响。

研究过程中，在方案设计及优化、数学建模、计算机制图等方面，学生都获得锻炼和提高，同时，在关注社会、健康的过程中，学生保护环境的社会责任感显著提升。通过社会参与、合作交流的方式，“STEM+”课程走出学科领域，实现了更高层次的“立体性融合”。

南京外国语学校开设了 91 门选修课程，有 88 个学生社团，是学生社会参与的主渠道，“STEM+”课程实现了与其他选修课程、社团的融合，极大地拓展和丰富了“STEM+”课程的内涵。

例如，“水质研究社”曾用“STEM+”方式完成了一次公益活动。2016 年 3 月，网络上流传这样一条消息，“市场上一半以上的电水壶产品锰含量在 10% 左右，人体长期过量摄入金属锰会影响神经系统的功能……”该社团成员提出，这个结论需要验证。于是，他们利用学校实验室的电感耦合等离子体发射光谱仪（ICP）实验检测这个结果，学生买来几款便宜的不锈钢电水壶，在老师指导下，多次测定反复煮沸水中的锰元素含量，检测结果是都不超标，且远远低于国家标准。

科学实验的结果让学生们深刻意识到科学精神的重要性，同时这个过程也巧妙地实现了学生的社会参与，增强了他们关注社会、参与社会的责任感。

责任担当、实践创新素养的培养，需要人文素养与科学素养的融合才能实现。为了弥补 STEM 课程中人文素养的缺失，我们还尝试开设了致力于培养批判性思维力和全球胜任力的综合课程，比如哈佛大学辩论课程、模拟联合国课程、未来企业家课程、面向历史和我们自己等等。

这些课程旨在拓宽学生的国际视野，发展学生表达能力、综合分析问题能力和批判性思维能力，逐步提升人文精神，帮助学生建立正确的价值观、历史观，培养胸怀天下、关注社会、关爱生命、有责任感的公民，灵活睿智地处理好可能出现的纷繁复杂的社会历史问题。

在学习过程中，它强调的正是 STEM 课程的精神，让学生置身于复杂情境中，理解和辨识事物的多样表象，联系历史与社会背景信息灵活处理问题，形成素养。

在我们看来，中学阶段的教育必须着眼于基础，而这种基础自然包括为学生打好创造的基础。"创造的基础"是自然生长起来的，需要良好的科学和人文氛围，需要知识世界与生活世界的有机融合，需要转变教与学的方式，保护好学生从心底生发的热爱与专注的情感种子。从这个意义上说，"STEM+"课程扩充了 STEM 教育的内涵，强调了社会价值、人文艺术、信息技术的相互融合，增加了学生智力因素和非智力因素的交叉互动，为创造种子的萌芽、生长提供了肥沃的土壤。

（作者系国家督学、江苏省南京外国语学校校长）

（文章原刊于《人民教育》2017 年第 01 期）

课程之美哪里找？

马　宏　江均斌

多年来，重庆市巴蜀小学一直在探寻课程的美，因为只有找到课程的美，才能创设出"美"的课程。

"故事数学"：学科融合产生"1+1>2"的效果

一上课，周智雄老师便讲起了《长毛猴大战孙悟空》的故事。

长毛猴与孙悟空比试谁能把毫毛变成的金箍棒变得更长。他俩各自从身上拔下一根毫毛，都是0.009米。孙悟空数学学得好，使出"乾坤大挪移"，"哗"——小数点向右边移了三位，变成9米。长毛猴不喜欢学数学，使出看家本领"蛤蟆功"，吐出三个巨大的泡泡"0"，放到"0.009"的末尾，"金箍棒"变成了0.009000米。孙悟空举起9米长的棒子打过去，长毛猴举起0.009000米长的棒子来还击。"嘭"的一声，长毛猴的右手被打成了"熊掌"。

"各位同学，为什么长毛猴会输呢？"学生答："小数点每向右移动一位，小数就扩大10倍；而根据小数的性质，在小数末尾添0，小数的大小不变。"

这时，长毛猴说："谢谢各位同学告诉我'小数点移动'这一数学秘诀！我也会'乾坤大挪移'了，再去找孙悟空决战。"

回到阵前，长毛猴用力将小数点一推！小数点真的移了一位——不过呢，是向左移了一位！变成了 0.0009。长毛猴再次发力，小数点又向左移了两位，毫毛最后变成了 0.000009 米的棒子……孙悟空举起 9 米长的棒子横扫过去，长毛猴举起 0.000009 米的棒子来挡，结果嘛——左手也被打成了"熊掌"……

"各位同学，同样是移动小数点，长毛猴为什么又输了呢？"学生答："小数点向左移，小数就会缩小。"

长毛猴终于明白了：连续两次被打败，都是因为自己数学不好。从此他痛改前非，认真学习，一年后，凭借"除法功"打败了孙悟空的"乘法功"。到底详情如何，且听下回分解。

没错，这是一节数学课，却以故事语言的形象、生动和故事情节的冲突感、紧张感营造出文学化的课堂。这就是周智雄老师领衔研发的"故事数学"课，这个曾经的文学青年从事数学教学后，常常思考如何将数学学科综合化。单一形式的美总不够完善，"融合"可以将美推向极致：数学的抽象美、逻辑美融合在文学的形象思维之美、想象之美中，知识变得有趣味，课堂变得生动，学生更爱数学也更爱文学了，学科之美的融合可以产生"1+1>2"的效果。

"儿童小说"：给孩子一双创造美的手，提升他们审美的眼睛和心灵

有一天，语文老师唐先俊听班里几个孩子说，有学生正在自发写小说。他在课上一公布，这下全班 30 多名学生都开始写小说！可十几天过后，坚持"创作"的只剩下几个人。原来，有的学生根本不知道小说究竟应该怎么写，有的学生总写不满意就放弃了，有的学生随兴致写一阵停一阵，到最后自己都忘记要写什么了。

唐先俊敏锐地察觉到：孩子的创作欲望需要激发和维持，有必要开设一门"儿童小说"课程，帮助孩子们完成写小说的心愿。经过精心策划，唐老师的"儿童小说"开课了："起死回生""节外生枝""峰回路转"……一个个生动巧妙的创作技法讲授不仅让学生们掌握了使小说"波澜起伏"

的秘籍，更让他们感受到了文学之美。孩子们乐此不疲地创作实践，成果颇丰，无一不体现着创造之美。我们相信，这些孩子在今后的小说阅读中将不再仅仅是被情节吸引，更会不自觉地去体味文学创作的技法和艺术，不断提升审美能力。

一个学期下来，四年级的学生就可以写出两万字的作品，童话、科幻、穿越、历险、现实等内容应有尽有。六年级的杨鲤宁同学在一学期中写了两本小说，其中以老师为原型创作的《幽默大师》受到同学追捧……由于孩子们取得的优秀成绩，"儿童小说"课程被多家媒体报道，产生了良好的社会反响。

唐老师说，这是一门"听来的课程"。孩子有一双善于发现美的眼睛，有一颗对美敏感的心，他们离美、离美的教育很近。教师要善于在孩子中间挖掘美，寻找美的课程，进而给他们一双创造美的手，提升他们审美的眼睛和心灵，这就是最好的美的教育。

"用 iPad 创作旋律"：不仅教给孩子美的当下，更要教给他们美之未来

巴蜀小学的音乐课很不一样。

上课铃响了，"您好，老师！老师，您好！"同学们用优美的童声合唱向老师问好。这种新颖的师生问好形式既符合音乐课的特点，又具有美感。

同学们都觉得音乐课的内容很"新潮"。在六年级课堂上，桂栖老师选择了同学们喜欢的周杰伦演唱的《菊花台》作为引入，让学生边听边唱边享受音乐带来的美；随后，引导学生掌握 7 个基本音符和民族调式中的"五声调式"，同学们现学现用，很快就能自己创作旋律。

更"新潮"的是，桂栖老师教学生用 iPad 创作旋律。学生可以利用 iPad 中的钢琴软件独立创作，也可以联网进行小组合作创作。有了 iPad，每个学生都可以成为作曲家。六（三）班一个女生自己谱曲、自己填词创作的歌曲《三叶草》在校内流传开来，现在已经成为很多师生的手机铃声。

美是创造，创造也产生美，但并不是所有"创新"都是美的。课程怎样创新才能更美？首先是符合学科本质。童声合唱的问好形式只有放在音

乐课堂上，才格外具有一种形式美与内容美的和谐统一之美，放大了美的效果。第二是符合学生需要。选择学生熟悉的乐曲进行音乐教学，可以拉近学生与美的距离，让美的欣赏、美的学习因为符合学生接受心理变得更容易，进而让美的教育的过程变得更美。第三是符合时代发展。美本身也随着时代发展而发展，音乐之美的内涵在扩大，传统的音乐有其古典的美，电子音乐甚至数字音乐也将开创新时代的美。教育不仅要教给学生美的当下，更要教给孩子美之未来。

（作者单位系重庆市巴蜀小学校）

（文章原刊于《人民教育》2015 年第 15 期）

语文课堂如何向生命敞开

李伟平

课堂学习的质量直接影响学生发展和个体的生命生长。基于这一认识，在参与华东师范大学叶澜教授"新基础教育"研究的过程中，学校确立了"生命关怀"的教育理念，把促进师生的真实生命成长作为课堂教学的出发点和归宿，积极探索"生命关怀"理念下的课堂教学。

怎样才能把学生"装"进心里

首先，在学情分析上下功夫。在传统教学中，教师往往关注教材分析而忽略对学生的了解。随着"学生立场"的建立，我们开始在学情分析上下功夫。比如，为了提高某个学段学生的语文素养，教师要分析学生已有的知识经验和基础，有哪些新的困难，需要什么学习策略，需要哪些帮助。此外，我们还关注学生相关语文知识、能力、情感的衔接点、提升点是什么。通过这样的分析，教师慢慢将每个学生"装"进心里。

从一定意义上讲，要使学情分析具体并具有针对性，需要教师具有较高的文本解读能力以及对学生学科学习成长需要的把握能力。只有准确解读教材与本班学生特点，才能备出学生的可能性来，并在此基础上加以具体化，确定课堂教学目标。当然，对学情的解读不能仅仅局限在教学设计环节，还应贯穿在课堂教学过程中，体现在学生的校园生活中。

其次，要设计创造性的学习任务。这就需要教师创设开放的问题，它可以由教师提供，也可以师生共同讨论来确定。

再次，要尽可能让学生经历探索知识的过程。在这个过程中，教师要让学生充分体验、领悟、探究、发现、把握和发展。由于每个学生具有不同的思维习惯、知识基础、学习策略等，在学习过程中，学生的学习方式、想法会呈现出不同的个性特点。这时，教师要以一种特殊的教学机智，随时、随地、随机地把握每一位学生的学习情况，尊重每一份求学的愿望，尊重每一种合理的学习结果，及时捕捉灵性闪现的思维火花，适时给予肯定和激励。

教学目标要具有思维层次性

教学目标是教师教学的方向和核心，"生命关怀"视野下的课堂教学目标设计要具有思维的层次性。

首先，教学目标设计要具有整体性。语文教师要改变原有的只见眼前文本、不见教材系列整体的设计思维，设计类文本的整体育人价值。比如，对小学阶段抒情类文本的育人价值进行了这样的设计：一是通过教学内容的结构化呈现，使学生依托一篇篇课文的学习，在逐渐感知并领悟"一般情绪""理智感""道德感""美感"的基础上，丰富其精神生命成长的质量。二是通过教学内容的结构化重组，使学生在不可复制的课堂生命历程中得到独特的学科逻辑滋养——掌握"情感共鸣"和"情感抒发"的方法，并最终学会一类课文的阅读方法和结构。

这样的整体设计，使教师逐渐形成教学中的"结构意识"，以这类课型所独具的路径和独特视角、发现方法和思维策略来重组教学内容和教学过程，为学生提供一种唯有在这个学科、这类课型的学习中才可能获得的经历和体验，提升学生的欣赏和表达能力。

其次，要具有延续性和递进性。在传统的语文教学过程中，教师很少制定系统性和整体性的一类文本的教学目标，致使教师忽视小学阶段教学的延续性和递进性。

比如，小说是初中语文教学的重要任务，如何才能让学生在学习写人记叙文的基础上实现小学阶段对小说教学的渗透以及与初中的衔接呢？我们以六年级上册篇幅短小、人物简单的小小说《船长》《爱之链》等为载体，进行了具有针对性的教学设计。在《爱之链》的教学中，我们制定了这样的教学目标：

（1）用简洁的语言概括主要内容，体悟小说的独特表现手法。

（2）学习运用“读情节、圈细节、想背景”的小说人物形象品读的方法结构，从多个方面整体把握乔依无私助人的特点，并进行综合评述。

（3）理解爱之“链”的含义，并懂得：遇到需要帮助的人，每个人都要给予无私的帮助。

这样的教学目标，需要语文教师改变自己进行教学设计时割裂的思维方式，制定整体性和综合性的教学目标。同时，还需要教师改变以往对文本短期效应的功利追求，把学科学习与学生的可持续发展相结合，进行阶段递进式设计。

变“散装”为整体设计

长期以来，语文“散装”的教材呈现方式增大了每篇课文教学的随意性和盲目性，使语文学科在教学过程中的独特地位和育人价值被削弱。因此，教师要对教学内容进行加工和整合，形成完整的结构体系。

首先，要进行教学内容的结构化设计。在参与“新基础教育”研究的过程中，我们在语文教学内容、教学方法和教学过程的结构化方面加以实践和探索。

课外阅读，是语文教学的重要组成部分。课外阅读课内指导，是提升学生阅读品位和能力的重要途径之一。激发学生的阅读兴趣、分享阅读快乐，培养学生的阅读习惯、掌握阅读方法等是课内指导的核心目标。基于这种理解，我们确立了“课外阅读课内指导”的三种变式课：读物推荐课、方法指导课和主题交流课，这三种变式课在低、中、高年段又有独特的教学目标和教学内容。

站在整体综合的教学立场，小学语文课堂教学需要由一节课向一类课进行转换，实现点状到结构化的整体内容的序列转型。在这个过程中，我们根据不同的学习内容，围绕拼音、识字、阅读教学、习作教学、听说教学、课外阅读语文学科综合活动等形成了 53 种课型研究成果。每一种课型都由"育人价值挖掘""系列化教学内容""教学目标设计""教学过程展开逻辑""教学建议"等五部分组成。

其次，一类课的教学要实现序列化。任何一类课的教学内容都是序列化的。所谓序列化，要有纵向和横向两个维度。纵向维度是指年段的递进，按照年级从低到高的发展脉络形成相应的体系。横向维度是从各年段教材中开发出与年段目标相应的教学内容，形成横向系列。纵横两大系列有机关联，共同组成一个完整的内容体系。

比如，对"读写结合类课型"，我们将系列化内容设计为：一、二年级——词句的读写结合训练，三年级——句群的读写结合训练，四年级——从句段向篇过渡的读写结合训练，五年级——着重谋篇布局，关注逻辑段之间联系的读写结合训练，六年级——综合提高艺术加工能力的读写结合训练。

教学内容的结构化需要我们以学生发展需要为出发点，遵循语文学习的规律，整体设计语文教学。只有教师对语文教学的知识逻辑和过程逻辑有了整体和准确的把握，才能确保我们上的每一堂语文课能给学生的精神世界提供基于语文逻辑的文化涵养。

带给学生清冽的思维冲击

过去，教师往往按照教学设计的内在逻辑进行环节转换，教学过程只是单纯教学环节的串联。这样的课堂封闭、机械、单向、点状、被动，失去了对学生成长的真实意义。"生命关怀"视野下的小学语文课堂教学要注重各个环节的内在联系，从而推动课堂教学逐渐深入。

在"生命关怀"的课堂中，语文教师不再拘泥于具体形式和程式化的问题，而是通过丰富的课堂动态调整，指向思维目标的落实，展开深度的教学。

　　同时，教师要给学生呈现富有挑战性的课堂教学活动，能带给学生强烈的思维冲击。在学生尝试解决问题的过程中，教师不能安静地等待学生的问题解决方案，而应不断给予"过程中的点拨和指导"——或是给学生指出新的探究方向，或是打开问题解决的思路。只有这样，才能不断丰富学生的学习体验，学生的思维也才能因此而不断深入。

　　《月光启蒙》是苏教版五年级下册的课文，文中有这样一句话："黄河留给家乡的故道不长五谷，却长歌谣。"在执教过程中，教师和学生相互碰撞，生成了以下的互动过程：

　　"五谷能长，那歌谣怎么会长呢？"在经过一番讨论后，一个学生说："我认为，这些歌谣是母亲从外婆那里学的，外婆又从她妈妈那里学的。这样一代代传下来。"

　　教师随即点穴："你的意思是说这些歌谣是流传下来的，那文章为什么不用'流传歌谣'呢？"

　　这样一问，学生的讨论更加深入，有学生提出："那里的人生活虽然清苦，可他们依然生活得很有滋味。他们一起编歌谣、唱歌谣，歌谣里有他们对生活的向往。"

　　教师马上提升："噢，原来他们的生活是这些歌谣的摇篮。歌谣是从他们的心里长出来的。"

　　讨论到这里，马上有学生提出："这样的话，我认为五谷是生长出来的，歌谣是孕育出来的。"

　　老师再提升："孕育，多么好的一个词啊，歌谣顿时有了生命。"

　　叶澜教授指出，课堂教学是师生在学校共同度过的时光，是他们共同创造的只有在学校中才存在的活动方式，是师生生命活动中重要而有意义的组成部分。只有将这一理念深深植入每位教师心中，才能在课堂教学中找准师生互动的切入点，诱发学生的思维活动、情感活动，真正实现语文学科的育人功能。

　　　　　　　　　　　　　　　　　　　　（作者系江苏省常州市局前街小学校长）

　　　　　　　　　　　　　　　　　　（文章原刊于《人民教育》2015 年第 10 期）

空间设计教育学：

让学校空间容纳更多样态的学习形式

中关村三小：3.0版本的新学校

刘可钦

学校教育中的"难题"

学校在发展过程中面临着共性的问题。比如，我们每个空间都装满了学生，在狭窄的教室，学生只能固定在自己的椅子上来听讲，做练习；教材、教案、作业、分数构成了教师生活的全部；我们的管理方式几乎都是布置任务、检查工作，多样和个性化的管理模式很难体现。

我们在每节公开课上几乎都能看到那些孩子喜欢的学习方式：合作、发现、动手，但遗憾的是，现实中并不多见。因为老师担忧，放开了管不住，更因为狭窄的教室只能排排坐。

老师是学校最重要的资源，从把孩子送到学校的第一天起，家长就希望孩子能够遇到一个好老师，尤其是遇到一个好的班主任。可是当越来越多的班主任成为"抢手货"的同时，更多的老师却不敢当班主任了，因为压力太大。

鉴于对上述现象的思考，我们想通过一些改革，让这些问题的解决能够有所突破。

中关村第三小学目前是一校两址，中关村校区建于1981年，万柳校区建于2003年，目前两个校区有将近6000名师生。三小的每一位师生都期望有所改革和变化，但狭窄的空间让新的设想举步维艰。

　　2012年春，海淀区政府在黄金地段给了我们一块地，虽然不大，但是可以承载我们对教育追求的渴望，也给了我们新的发展契机。

教育空间“变形记”

　　于是，我们极尽想象：我们的新学校应该是什么样的？新校区建设开启了学校每个人的“教育大脑”，我们努力透过空间的变化，表达我们对教育的追求，学校文本性的发展纲要和工地上的施工蓝图同步启动了。

　　我们选择了美国的一家建筑事务所和中国建筑设计研究院联合设计新校区，力求站在全球的视野之下，重新看待我们的学校。可是，设计师们首先问道：你们学校的理念是什么？

　　我跟老师们说，这不是一件简单的盖房子的事儿，我们要把这个建筑作为一种“课程存在”。同时，期望这所学校是安全的、亲和的、温馨的、绿色的，还期望能够有这样和那样的空间，更期望教室的空间能够大一些，而且是可以组合的……但这些概念，用什么样的形式表现出来，并不能够马上描绘出来。

　　于是，我们开始了与设计师的一系列对话：学校里的每一处空间如何让孩子们感到如家一般的温馨？能不能不再是一间间孤立的教室，能否创造团组式学习的可能？我们现在的学校太大，学生众多，怎样才能拥有像小学校一样的便捷、自如……

　　设计师将我们的感性认识转化成了空间的理性建构：三间教室加上一间几乎同等大小的开放教室，组成了这座新学校的结构单元。教室和教室之间的墙壁消失了，取而代之的是可以灵活组合的活动隔断，让教室根据教与学的需求进行“变形”。

　　这样就产生了“班组群”和“校中校”的概念。

　　班组群，就是将过去以一个个班级为单位的管理空间，延展为三个教室组合在一起的群组空间，将三个年级、不同年龄的孩子放在一个“班组群”中生活、学习，是一个家庭式的学习基地。四个班组群组成了一个“校中校”，实行人财物、责权利的统一和自治，也实现了小学校般的便捷和温馨。

我们认为，这样的空间能够比较好地把传统的班级授课和我们期望的教师指导下的开放学习以及我们所追求的小组探索性学习有机融合在一起，满足个体学习、小组学习的需要以及团队学习等多重的需要，我们称之为"学校 3.0 版本"。

处处都是教室，处处都是图书馆，处处都是博物馆，处处都是舞台，是我们对于"学校 3.0"空间的具体描述。我们希望，每一处空间都是孩子乐意去的地方，也是能够探索学习的地方。在新校区建设的过程中，最可贵的价值就是打破了原来的空间思维定式，开始有了想象和突破。原来教育还可以这样去做，原来我们的空间还可以这样去实行，原来是物理意义上的一道道墙，阻隔了我们教育的想象。当我们跨越这些阻隔时，发现学校教育还有许许多多新的和未知的领域，等待我们去探索。这，对于每个三小人来说都是极其珍贵的。

教育的空间变了，教育的形态应该怎么改变？

在"校中校"和"班组群"的空间形态下，我们开始了新的思考：这样的空间里，我们的教育怎么发生？师生如何生活？站在过去、现在和未来，我们应该怎样做教育？

对应"班组群"中大孩子和小孩子共同学习、生活，在目前既定的学校空间里，我们设计了毕业课程。六年级时，有一个月的时间被称为"学长日"，六年级的学生 5 ～ 6 人一个组，到对应的年级和班级做学长，带着学弟学妹们一起学习、游戏。这当中，学生角色的变化使他们获得了课堂上不一样的体验。这种"学习伙伴"的角色胜过了传统的"师长"角色。在这里，教师的作用就是创设一个让学生承担责任的学习氛围。

在这个过程中，我们意识到，课程就是生活，活动就是机会，孩子最好的老师是孩子。

当然，我们对于学校资源的认识，也在逐渐扩大：学校楼道里有一个狭小的空间，曾经是装杂物的地方。后来，我们把这个空间打开，里面放了一些书，竟然成了孩子最愿意去的地方——"书洞"。类似于这样的开放型空间变得越来越多，孩子们不再仅仅局限于教室内的学习。在今天，足迹所至皆学习。学校也不能仅仅是课上和课下的两极生活，而应该是孩子生活的全部。

更多样的学习空间和内容，也促发了教师团队的多样组合。老师们过去只在"我的语文学科""我的数学学科"中生活，每个人都以学科和教材为中心。当把学生看成一个完整的人来重新审视我们的工作时，当以学生为中心重新思考我们的教与学时，老师的跨学科的交往就增多了。

对应新校区的"校中校"的管理，我们开始了"级部管理"的实验。在这个过程中，北京十一学校李希贵校长耐心地为我们介绍十一学校的"级部管理"改革思路和做法，让我们少走了许多弯路。我们还组成了4个模拟班组群的研究团队，将现有三个年级的师生整合在一个团队之下，独立开展各种学习活动。在"文化周""家长志工""秀·才""数学好玩"和英语"达人秀"等活动中，老师们跨越学科和班级的界限，共同制订方案，吸引家长的参与，组成教育共同体，服务于孩子的成长。

在追求一个好老师上好自己课的情况下，我们开始追求一群老师的协同教学，期望通过不同教师的组合，解放我们的教育力。这样的团队组合，不再因为一个老师的更换而引发家长不必要的担心，因为家长知道了所有的老师都会共同努力。

学校3.0的空间设计，对应着教育要有"真实的学习"的课程规划，我们开始了学习的方式探索。首先，教师教研的方式需要跨越学科界限，因此，我们组建了6个综合学科的教研组，即：数学、科学、技术和工程；历史与社会科学类；语言类（中文、英文）；视觉艺术类（美术、手工、摄影、微电影）；表演艺术类（音乐、戏剧、舞蹈）；积极身体活动的健康生活方式。

其次，学习内容变成主题性的综合学习。比如关于"桥"的主题性综合学习，一开始的方式是音乐唱个歌、语文作首诗、数学算算题、美术画个画等。这样的形式，看着热闹，孩子快乐，但是老师们却开始担忧：这样的学习犹如"甜点"般可口，学生的基础知识、基本技能是否扎实？能不能像主餐一样进入我们居家过日子的菜谱（课程）之中？

于是，"项目学习"开始进入我们的视野。项目学习要有真实的问题，而且这个问题要能够通过一个个"脚手架"，鼓励学生自主完成。比如，关于"桥"的一个真实性的问题就是：选一个桥，做成 PPT 的观光导览图。完成这个任务，需要满足三个条件：这个桥必须有故事，必须有历史，而现在你还能身处其中；到这个桥上你还能够看到其他三处观光的景点。最后要利用信息技术，利用工具推送到移动终端，做一个导览图。有了这样的"脚手架"，再引导学生展开完成这个问题的策略设计：在这个行动当中我可以做什么，团队的其他成员可以做什么，哪些是优先级，哪些是次要级，怎样保证项目能够完成等。

这种学习，是为了聚焦于 21 世纪核心素养。而 21 世纪的核心素养只能通过真实的学习，改变学生获得学习内容和资源的路径，才能够让孩子获得这样的学习经历。

从几百年前王阳明的"知行合一"，到一百年前的杜威和陶行知的生活即教育，教育即生活，这些都是真实学习的倡导者。当我们把"真实的学习"作为课程价值追求时，就不再仅仅满足于开设了什么课程，有多少门类，而是致力于寻找更加具有综合意义的项目，包括项目的评价，我们叫评价量规；我们也不再困惑于区分是"项目学习"，还是"问题学习"，或是"主题学习"，甚至疑惑"我还能不能用讲授式的学习"，而是将讲授式（直接教法）的学习和项目学习有机融为一体。最重要的是我们的老师不再纠结于一节课的课时够不够了，不再仅限于"我讲不完"这样的困扰，而是通过"算大账"，把学生当成一个整体的人的不同发展阶段来把握。

由此，教师的角色由传授者转变为助人者。

未来的教育还有更多的可能性

对我们来说，课程的建设是最最艰难的。我们先成立了 50 个人的课程委员会，再到 24 个人的跨学科综合组，再到 30 个人的课程委员会。此外，还有一个课程研发的突击队。我们希望通过这样的方式让更多的老师对课程有所感觉。因为一个好的经验或理念可以通过超强的执行力推进下去。

但是，我们更需要一个从学校自身出发慢慢生长出来的课程体系，成为我们每个人的专属。

发展的视野开阔了，学校的半径也就延展了。2012 年我们联合国内的翠微小学、巴蜀小学、四川大学附属小学等 30 多所优秀的学校，组成联盟学校。在美国威斯康星大学梁国立教授的主导下，我们与美国、芬兰、澳大利亚、新加坡等国家的优质学校一同开展"桥""飞行物"的主题活动。我们期望在共同做一件事的过程中，学习如何开展项目学习，学习如何办一所好学校。我们期望立足于全球背景之下，体会东西方教育的不同，寻找优秀学校的共同基因，实现跨文化学习。

因而，我们办学的价值取向也有了更高远的立意。"大家三小"——这是我们的共同愿景，也是我们的办学理念。这意味着，学校作为一个大家庭，要促进每一个人的成长，所以这个学校需要提供大家庭般的温暖和力量；大家庭的发展，更需要每个人的进取心，所以团队的进取心也是我们追求和努力的方向；需要在全球视野下，有更开阔的视野来看待我们的教与学及学校生活，因此，我们就有了教育孩子、团结人们、引领社会的办学宗旨。

学校 3.0 的理念，学校教育共同体的组成和发展，真实的学习指导下的课程、课堂内外的教与学，成为定位新三小发展的三块思想和专业知识的基石。

所有尝试，我们都刚刚开始。目前，我们正在进行探索和实践，未来还有更多教育的可能等待着我们。

（作者系北京市中关村第三小学校长）

（文章原刊于《人民教育》2015 年第 11 期）

班组群、校中校：一种新的学校教育组织生态

刘可钦　梁国立

突破班级，学校教育还有很多种组织可能

第一次工业革命以后，特别是各国义务教育的普及，使班级授课制开始作为学校教育的基本组织形式和教育关系出现。

班级授课制的优缺点已经被广泛讨论过，总结起来大体体现在三个层面。在教育教学实施层面，空间固定而呆板狭隘，教师主导，教材（课本、学习材料）具体确定，学习内容和过程的计划性和一致性强，学习资源贫乏且脱离真实世界，学习内容和形式刻板等。在教师层面，教师大部分学科背景单一而便于重复，似乎具有更高效率等优点，教师间画地为牢，以个人手工作坊的方式进行工作，缺乏团队合作，创新性不足等。在学生层面，学生的主体性差，学生间可能更趋同，学生的个性和多样性难以获得尊重，难以因材施教等。

至今，班级授课制依然是世界各国学校义务教育的普遍组织形式，是现当代学校教育的组织基石。但是，班级授课制从来不是学校教育天然和唯一的组织形式。

在美国和中国等国家的历史和现实中，都存在过一位或几位教师对同一班级进行"复式授课"，即不同年龄、水平的孩子在一间教室同时上课、学习不同内容。

针对班级授课制的缺点，现代学校也作过一些改进尝试。比如 20 世纪

70 年代美国的开放教室、开放学校探索，同一年龄或不同年龄的学生在一个大空间中，最多人数达到 200 多人，多位教师根据学生在不同学科的不同水平，进行分组教学。

近些年，西方国家的一些教育探索走进了中国校园。中学阶段，尤其是高中阶段的"每学生一课表"已经开始出现了，"一个班一位教师"的全科教育在中国的一些学校里也存在着。

但是，这些实践还是基于班级授课制来进行的，不同的是，班级里的学生可能更多依据其不同学科的不同知识水平而组织，或者在班级内部实现混龄学习，"负责"班级的教师人数或多或少。"班级"的组织形式与分科教学的"授课"功能仍密不可分。

学校教育有没有可能进一步突破"班级"？不仅仅是班级内部结构的改变，班级与班级之间还有没有教育拓展空间？

学校的主要任务是"组织学习关系"

学校应该是一个怎样的地方？

学校，首先应该是学生学习人与人之间关系的地方，是实践人与人之间相处，学会包容、诚信的地方，是遵守共同规则，实现共处、共融、共进的教育场所，而不仅仅是学习孤立的知识或技能。

这样一来，教育就不仅仅是教师与孩子之间的事情。知识、技能、行为、品质的形成，也不仅仅是单向地由教师指向学生。学习不再是简单划分为课上或课下的两极生活，而是学生的生活全部。如果从"关系"角度思考学校教育，我们会发现，学校中最重要的关系是学生与学生之间的关系。孩子最好的老师常常是孩子，孩子与同伴一起学习，孩子向同伴学习，并在过程中学会自省、合作、互助，形成良好的社会行为和品质。

因此，学校的任务就不仅仅是组织学科学习，而主要是组织起多样化的学习关系。学习关系不应仅是学生和教师的，而是教师、学生、家长、学校的管理者、社区以及其他关联方的总体的良性互动关系，这些关系构建起一个常态的、绿色的、可持续发展的教育生态，形成教育共同体。

其次，学校要帮助孩子面对过去、现在和未来，是进行知识、能力和品质建构的"真实的学习"场所。

"真实的学习"是什么样的？在一个有意义的真实的学习场景中，学生能够认识并提出真实的问题，探索并获得真实的知识、习得真实的技能、养成真实的品质。实现真实学习的有效手段和路径是结合小组学习、团队探究等多样的学习方式，开展基于项目的学习和基于表现性的评价，等等。学习不再是被动接受的过程，而是主动建构的过程。学习的资源不再局限于校内、书本，教与学发生的地点和时间也不仅仅存在于教室或学校时空中，而应是学生的足迹所至。

学习关系要能够超越种族、宗教、经济、地域等的差异，视其他学校、地区或者国家的孩子如同邻家小孩，支持更大关系范围内的孩子们在一起玩耍，一起学习，一起成长。这样，我们的孩子才有可能去解决这个全球化的世界现在和未来可能面临的真实问题。

学校应该是一个这样的地方：教育孩子，团结人们，引领社会。

因此，学校教育的变革，必须能够为孩子提供丰富多样的学习资源与可能，为实践真实的学习和发展创造条件，包括为教师提供必要的专业工作空间、资源和支持，必须能够为班级、学校、家庭和社会等的共同合作提供可能和平台，必须能够站在社会发展和时代变迁的前沿思考和实践。

就学生人数而言，北京市海淀区中关村三小是北京市乃至全国的大学校。在2012年，三小有幸可以建一个新校区。综合以上对于班级授课制和学校本质的思考，我们开始谋划并实践学校教育的整体创新。要进一步解放和发展学生的学习力，解放和发展教师、家长的教育力，促成和发展学校、家庭、社会的教育合力，我们设计、尝试、准备并实践着与之相匹配的学校教育组织生态，即"班组群"和"校中校"。

班组群、校中校，拓展教育的多维空间

什么是班组群？

"班组群"就是把来自数个连续年级的班级的学生组成一个学习共同

体。在这个学习共同体里，学生不仅与同龄同学共同学习，同时也根据自己的整体发展需要，与其他年龄段学生共同学习。来自不同学科的教师组成"家庭式合作团队"，共同负责整个班组群的所有学生在校期间的日常教育和管理工作，并且与家长密切合作，共同做好校内外不可分割的学生教育和发展工作。

什么是校中校？

"校中校"是把数个班组群的几百位学生、几十位教师组织起来，组建成一个相对独立而内部开放融通的教育共同体。它是一个数百人的小型学校的架构，有自己专门负责学校日常工作的业务校长。

班组群、校中校的组织形式如何改变了教育？

在学生层面，学生不仅与同年龄的同学共同学习、一起成长，在三小，他们还与上下两个不同年龄段的孩子共同学习，一起成长；他们在一个规模较小的"校中校"中学习和生活，与教师、学校管理者关系密切。这并不是班与班的简单连接，而是形成了学生与学生之间、学生与多个层次的教师之间丰富的学习关系。在这样丰富多彩的社会生态里，孩子拥有多样成长的楷模和同伴，这为他们学习、实践一生健康发展所需的知识和能力提供了传统的班级授课制无法比拟的学习可能和机会。

通过实践我们进一步发现，学习关系丰富了，学生学业学习的空间和余地也大大拓展了。比如在班组群中，学生的学业学习不再囿于与同年级的学生同步。以往，学生只有要不跳级、要不留级的简单选项，不得不丢掉已经拥有的重要的同伴关系，面临着与陌生同学重建关系的问题。在班组群里，学生不仅有上、中、下三年这样更加宽广的学业成长时间，还可以基于每个个体多元智能的发展，形成同一班组群内多样学习组群的学业成长空间。

在教师层面，不同学科的教师共同管理班组群，学科协同、责任分担、整合联动，不仅保留了学科教师任课及研修的专长，同时融合了全人教育，也避免了已经研究证实的班级授课制下教师的孤独和隔膜。在小而完备的校中校社会人文环境和合作学习的教育生态环境中，和学生一样，教师个体也更便于认知自己、同伴和团队，便于获得归属感和价值感。

　　教育生态空间应该为学习关系空间服务。在班级授课制的教育生态空间里，班级相对固化，当学生与班级其他学生、学生与班级教师之间出现矛盾时，常常陷入不得不调学生、换教师的窘境。这是让活生生的人的关系空间去适应固化的班级空间，班级有时甚至会打破人与人的学习关系。班组群的师生关系、生生关系是多路径的，一条路走不通可以轻松地换另一条路，这便于保留大部分原有的人与人的关系空间，班组群空间的灵活更利于学习关系的稳定。

　　在教育教学实施层面，班组群、校中校更容易发生"真实的学习"：跨学科整合知识，同伴合作，基于丰富的师生关系、生生关系进行社区学习、混龄学习，让更加多样的家长参与进来，在一个比较完备的组织机构中解决问题和生活。

　　班组群、校中校不是简单地给班级做加法，而是在拓展教育的维度，进而让教育在更加多维的无限空间里发生。如果把以学科教学组织起来的班级看作一个二维面上的点，年级对班级的连接仍然在这个二维面上，而班组群却是在三维空间里伸展的线，校中校整合着三维空间向前推进，形成教育的四维空间。教育已经不是在单一的班级、年级层面上发展，而是在更加丰富和立体的家校多维空间生长，这种空间的拓展是几何级数的，是有无限可能的。

班组群、校中校对中国教育的现实意义

　　在当下中国，很多学校是在"越大越好"的逻辑下建立和发展的，而且现实是，越好的学校规模越大。大规模学校可以发挥教育的集合效应，但是同时，"如何为学生提供更加有针对性的课程和学习活动""如何为教师的工作和发展提供更加适宜的专业支持"等问题日渐凸显。

　　另一方面，农村小规模学校普遍存在，它们中的大部分都正在力争把乡村学校——无论是空间还是课程——办成城市里大规模学校的样子。我们看到的一所小规模乡村学校，有67位1—6年级学生，11位授课教师，仍然感到师资紧张，因为这所小规模乡村学校一直试图按照国家课程和地

方课程的要求，分年级开满所有规定课程。而三小一个班组群的学生规模和学生年龄差异情况与之类似，却只需 7 位教师共同管理。

中国有数量巨大的适龄儿童要进入学校学习，城镇化发展向城镇学校教育规模提出了进一步挑战，中国农村有如此大规模的乡村小规模学校或教学点。我们应该办什么样的中国学校？

有研究表明，小规模学校，尤其是乡村小规模学校具有特殊的教育价值：第一，有利于学校人性化管理；第二，有利于提高教育质量；第三，有利于提高学生出勤率；第四，有利于构建和谐的教育环境；第五，有利于提高社会成本效率；第六，有利于传承与发扬乡村文明。

中关村三小班组群、校中校的教育实践就是在这样的理论和现实背景下，创新性地求问和探索着中国教育未来的发展道路：在空间上应充分应用可能的教室和多样学习空间，而不是让学习仅仅发生在相隔离的教室；实践真实的学习，在课程上进行多样课程有机整合，辅助于项目学习，而不对学科知识教学过分求全；在学习材料和资源上不仅仅局限于极其有限的课本和课堂，而充分获益于无限的多维学习关系空间。我们希望，“班组群”和“校中校”的组织生态、科学专业的“真实的学习”的课程以及“邻家孩子”的学校教育共同体的教育实践，能够给他人以启迪。

（作者单位系北京市中关村第三小学）

（文章原刊于《人民教育》2016 年第 01 期）

空间即课程

李振村

美国之行的启发

2009年，我曾到纽约一所私立小学考察。这次考察，颠覆了我几十年教育生涯建立起来的关于教室的概念。因为这所小学的一间间教室简直就像一所所"微型学校"：图书、实验仪器、乐高玩具、衣物收纳箱、洗手盆等一应俱全，一个角落铺着一块漂亮的带卡通图案的地毯，另一个角落居然还放着一台微波炉，教室的门口安装着一台按压式直饮机，不时有孩子上课期间走到门口弯下腰到直饮机前喝水。

教室里放置图书是可以理解的，为什么还有这么多跟学习似乎"无关"的东西？当我提出这个疑问时，老师回答：为了方便孩子生活。那么，教室不是孩子们学习的场所吗？我仍感困惑。对方答曰：对小学生而言，生活即学习，学习即生活。

到了上科学课的时候，只见孩子们每人带了一些器具，哗啦啦跟着老师走出校园，穿过马路，走到学校对面的一个很大的公园里，开始分小组观察植物。老师告诉我，凡是跟植物相关的课程，他们很少在教室里上，大多是在这个林木葱茏、生态极为丰富的公园里完成的。所以这所学校的科学课成了最受学生欢迎的课程，该校的毕业生居然有很多走上了植物学的研究道路。

还有一次，我在纽约的美国现当代艺术中心（MoMa）参观，看到了一个场景：一群少年，围坐在一辆倒立的自行车前热烈地讨论着什么。我好奇地凑到近前，原来是一群初中生在上一节装置艺术课。等到这群学生上课结束，我向那位带队的老师询问："这到底是一次参观活动还是教学活动？"他认真地回答我："这是场馆课程！"见我不明白，他耐心解释："所谓场馆课程，就是利用社会上的各种专业场馆来展开相关内容的教学。""这和带领学生参观有区别吗？""区别非常大！首先，它有系统而明确的课程目标和课程规划；其次，它不是课外活动，当然也不是校内课程可有可无的补充，它就是学校课程有机的不可分割的一部分。只不过，这个课程实施的地点由校园转移到了更加适合的校园外的场地而已。"

美国之行给了我很大的启发。

其一，当我们的教室越来越像标准化生产车间的时候，美国小学的教室越来越像个性化的温暖的家，在这个温暖舒适的"家"里，集中了尽可能丰富的教育资源，让孩子们触手可及，乐在其中，随时可以展开各种学习和研究。

其二，当我们把孩子严格限定在校园里学习的时候，美国已经把大自然、社区、各种场馆等空间都当作了孩子学习的课堂。这种空间上高度开放的教育，与生活、社会和大自然高度融合，孩子们的学习不再是"与世隔绝"的，而是由此变得生机勃勃、丰富多彩、鸟语花香、情趣盎然。

构建专属于一间教室的课程

2012年，我受北京十一学校李希贵校长的委托，到北京筹建十一学校的第一所小学分校北京亦庄实验小学（以下简称"亦小"）。当时李校长已经和特邀的校园设计师开始了对这所学校校园空间的革命性规划。我们反复思考：如何最大限度地让校园建筑和各种场地成为课程的一部分？如何最大限度地让每一个物理空间都具有教育价值？如何突破教室和校园的围墙，让社区、大自然和各种场馆也成为亦小"全课程"实施的场地？

于是，我们在已经初具雏形的建筑框架里，把两间教室并作一间，一、二、三年级的教室全部放大到120平方米。在这样的教室里，不但实现了把更多的教育资源直接放到孩子身边的目标，而且让教室功能分区成为现实：讨论区、阅读区、实验区、休闲区……多种分区充分满足了个别化学习的需要。同时因为铺设了地毯，摆上了沙发，放置了漂亮柔软的靠垫，教室里安全、温暖、舒适的气息扑面而来。几乎所有第一次踏进教室的一年级孩子，原本怯生生的眼神，面对这样的教室都立刻迸射出不可抑制的惊喜和激动。

如果仅仅是教室面积增大，仅仅是铺上地毯摆上沙发，而教育理念、课程结构、班级管理和教学方式等不发生变革，再大的面积，再舒服的设施，都有可能沦为"压抑"学生的场所。所以，大教室用来干什么，这才是问题的关键。我们接下来做的，就是在一、二、三年级实施国内公办小学尚不多见的"包班制"：两位老师包教一个班级，老师的办公桌就设在教室里，老师全天候陪伴在孩子身边。

包班这种管理结构的变化，首先推动了老师学生观的变化。在传统的班级管理制度里，学科老师各人自扫门前雪，上完自己的课就走人，老师眼里只有学科，而没有"人"。老师成了"学科控"，一个个鲜活的个性迥异的孩子变成了学科符号。很少有老师会关心除自己所教学科之外的学生生命的整体完善和发展，也很少有老师能够深入细致地把握孩子在自己所教学科之外的各种状态。

包班就不同了。两位老师与学生朝夕相处，他们能够更深入地观察和发现学生内隐的特质和生命亮点，能够更敏锐地捕捉学生身上细枝末节的各种问题，同时也能够更全面地看待学生的学习和成长，当然也就能够更好地给予孩子及时的帮助。尤其是这种朝夕相处的陪伴，为建立更融洽、和谐的师生关系提供了足够宽广的时空基础。

有了"包班制"这样的班级管理结构变革，接下来的课程和教学方式的重建就有了良好的条件：因为是两个老师包班，所有的时空都属于这两个老师，他们就可以按照课程目标，构建属于这间教室的课程，可以把原本被一节节课切碎的时间还给孩子，开展长时段学习，可以自主、自由地安排他们与孩子每天的生活。学科老师走马灯一样的、轮番轰炸式的教学消失之后，师生的生活开始变得从容了。让教育慢下来，终于成为了美妙的现实。

以我们学校刚刚结束的一年级的"发现春天"课程为例。

几乎所有版本的小学国标语文教材都有春天单元，但同时，几乎所有版本的小学国标语文教材也都仅仅是设立一周的春天单元课程而已：生机勃勃、万物萌动的春天被压缩风干到几篇三四百字的文章或者两三首诗歌里，简短的文本、5天的时光，美好的春天就这样与孩子们迅速擦肩而过。当然，很多学校会安排春游，但仅仅是"游"而已，这种游与课程本身没有什么关联，孩子感受不到"游"与"学"的关系。

而我们学校的"发现春天"主题课程，因为是包班，老师有充分的自主安排课程的权利，春天课程的实施被拉长到一个多月。在一年级，持续一个月的春天课程中，教室里始终"盛开"着各种各样的花：花盆里的、画布上的，还有用园艺工人剪下来的树枝手工粘贴的花枝。这时候，空间就成了春天本身。而15首春天的诗歌、15本春天的绘本、8篇春天的文章、6首春天的歌曲、3个春天的戏剧表演……当然，最重要的还有每周至少3次的到校园里或者校园外对春天的观察、记录，让春天融化在了孩子的生活里、生命里。最终，每个孩子都拥有了一本自己手绘的春天的书，里面是孩子们一个月的关于春天的写绘作品。老师到印刷厂帮孩子们装订成册，教室里铺上红地毯，举行隆重的春天作品发布仪式。伴随着夏天的到来，春天课程才画上一个完美的句号。

在这段旅程中，孩子们的学习始终就在真实的春天里，自始至终都有春天的伴随。空间不再是单纯的物理存在，而真正成为了课程本身。孩子不再是对着一本薄薄的教材研究春天，不再是阅读几篇干巴巴的诗文认识春天，整个教室、整个校园、整个的大自然，都成了孩子学习春天的"教材"。因为他们感受到春天无处不在，所以才能写下这样美妙的诗句："我来了，春天就来了。"

教室空间的意义，是生命气息和成长性

校园里到处悬挂或者张贴着各种名人名言以及体现先进教育理念的标

语口号，这是中国校园文化的一大特色。不能说这些名人名言和标语口号对学生一点教育意义没有，因为耳濡目染总会留下些印记。但我总认为，最适合的教育一定是距离儿童心灵最近的教育，也一定是源自鲜活体验的教育，一定是与儿童自身生活息息相关的教育。

再说教室，很多学校的教室里，都喜欢张贴各种攀登榜、红花榜、小星星之类的榜单，目的无可厚非——鼓励竞争，促进学生学习。但这样的教室带给绝大部分学生，尤其是小学生的心理感受是不安全的、紧张的、压抑的。一个处于这样心理状态下的孩子，生命状态不可能像春天的花朵一样灿烂绽放，学习的真正意义也因此丧失：仅仅为了赢得一个排行的奖励，求知本身的快乐没有了。我们因此提出了一个理念：教室空间的意义，是生命气息和成长性。

生命气息和成长性，就是要让每个孩子能看到他自己，看到他自己的成长痕迹。所以，在我们学校的教室乃至校园里，几乎所有空间都属于孩子。低段包班的教室里，都有一面墙壁上贴着"生日树"，每个孩子的生日都出现在这棵树上。与这棵树关联在一起的是生日课程——这是每个孩子最向往的课程。屋顶上悬挂下来的麻绳上，挂着一个个心愿瓶，孩子们把自己的心愿投进去，老师会定期打开，根据孩子的心愿安排调整教室生活。方便粘贴的墙壁四周，也根据课程变化不断更换孩子的作品。教室外面的粘贴墙上，也都是孩子的作品——是每一个孩子的作品。即便这个孩子的作品在成年的人眼里很幼稚、很粗糙，没有关系，照样悬挂在醒目的廊道里。

这种空间文化熏陶出来的孩子，就有了与众不同的观念。有一次，学校举行绘画作品比赛，一年级的孩子经过讨论认为，我们绘画不是为了比赛，而是为了感受美好，我们不参赛，我们用自己的作品美化自己的教室。结果，这个班级的孩子也就自动放弃了参赛。我为此十分激动，因为这不仅意味着我们的孩子有了独立思考的能力，而且因为他们已经意识到学习不是为了展示，而是为了自己内在的需要和快乐。

在我们学校，还有一个特殊的景观：海报。各种各样的海报：手绘的、印制的、立体的、平面的……五花八门，琳琅满目，折射出了校园自由多元的生态。

为什么小学校会有这么多的海报？这是因为我们学校的活动原则是：能在级部搞的，不在学校搞；能在班级搞的，不在级部搞。因为活动的单元越小，个体学生的参与度就越大，参与机会就越多。我们学校还有一个原则，除了上级安排的必须参加的活动之外，学校内部任何部门组织的活动都不允许通过行政命令的方式强迫孩子们参与。

如何让孩子参加活动？就必须借助"市场"的力量——靠活动本身的魅力吸引孩子和老师参加。在这种机制下，活动的重心不断下移，各部门、各班级或者孩子们自发组织的各种活动，都想尽办法吸引大家参与。于是，争奇斗艳的海报就这样源源不断地涌现，贴满校园几乎每一个有人走动的角落。海报，就这样成为了空间课程重要的一部分。

把课程空间扩展到浩瀚的世界

前面提到的美国的场馆课程和小学科学课程，一直引发我的思考。当我把自己在美国的发现和思考与我的同事们分享时，得到了大家的高度认同。

借鉴这种高度开放的课程空间理念，我们学校"发现春天"主题课程就有了不一样的实施路径和策略。这个课程的核心目标是培养孩子对大自然的敏感和热爱，如果只是在教室里通过书本学习，春天就没有了生命，孩子不可能对书本上的春天产生共鸣。所以，一年级"发现春天"课程的展开，始终伴随着大自然的花开花落：什么花开，孩子们就立刻去观察什么花，画下它们的样子，把自己观察到的、想象到的讲给老师或者父母听，请他们帮忙记录下来。有一次，老师看到几个一年级的孩子观察着地上的野花，小小的手护着花朵，嘴里还喃喃自语："这样不知名的野花，也有盛开的自由。"这句话，来自教材里的一个绘本故事。此刻，诗句的意义和绘本故事真正活在了孩子的心里。

到二年级，春天课程又有了螺旋式的上升。孩子们模仿法布尔观察记录大自然的形式，开始了为期一年的"自然笔记"。和一年级完全不同，孩子们观察的视角和记录的方式更深入了，也更科学和规范了。比如孩子们去校园的玉兰园中观察玉兰时，先画出玉兰的样子，再画一个表格，写下玉兰的科属、花开的时间等，然后写下一个关于玉兰的故事。老师和孩子们走出校园，到附近的南海子公园，去北京植物园，去北宫森林公园。随着记录和观察，"自然笔记"成为孩子们走向自然的桥梁。从三月中旬到六月中旬，二年级每个孩子都兴致勃勃地完成了至少 25 篇自然笔记，绘画越来越有设计感，文字描述从最初的 100 字，到现在轻松写到 300 字（优秀的孩子能写到 1000 字）——当然字数绝对不是我们刻意追求的，而且孩子们根本就意识不到他们是在写作文，他们是在像植物学家、动物学家搞研究一样学习。比这些更重要的，是孩子初步具备了和大自然沟通对话的能力，这是在教室里无论如何也学习不到的。

值得一提的还有五年级的"万物启蒙"课程。这个课程采用全新的"微课程"形态，通过竹子、石头、茶、瓷、月亮等一个个具象的"物"，把孩子们的视野引向这个"物"背后博大精深的中国传统文化。而这个全新形态的"微课程"，绝大部分时间是在各种场馆、植物园、校园绿化带等广阔的空间里实施和完成的。

仅让墙壁会说话是远远不够的

苏霍姆林斯基有一句广为流传的名言：让学校的墙壁也说话。这句话形象地表达了"空间即课程"这一理念的部分内涵。为什么说是部分内涵呢？因为仅仅让墙壁会说话是远远不够的。空间在现代课程意识里，对学生不仅仅具有熏陶意义，它本身就应当成为课程的一部分。

时下，课改是最热门的话题。但我们发现，讨论或者研究课改的都是教师、校长、教科研人员，鲜有校园建筑设计师的身影；如何设计建设现代学校也是大家关注的重点，但讨论或者研究现代学校建设的，基本都是建筑设计师，顶多加上校长和教育行政干部在一边敲敲边鼓。此时，学校空间如何适应甚至参与到教育过程中，往往得不到足够的重视和思考。

关注课程改革，再也不能仅仅局限于学科本身的融合和创新，而要有更广阔的视野，把空间这一重要元素融合到课改的范畴之内，统筹谋划，让空间与课程浑然一体，共同发挥育人的综合效应。

（作者系北京亦庄实验小学校长、《当代教育家》杂志总编辑）

（文章原刊于《人民教育》2015 年第 12 期）

以美学经纬"再织"校园空间

刘　慧

　　教育的本质是什么？是心灵的转向。具体而言，就是唤醒人的灵魂，解放人的身心，推动人的成长。而心灵转向的通道很多，或是丰富多彩的校本课程，或是个性特色的社团活动，或是美好怡人的校园环境。

　　作为教育重要维度的校园物质环境，是学校基于对教育的深刻理解，而以一种形象、立体的方式进行表达。其本身就是一种姿态，一种外现，陈述着内含而确然的教育倾向；浸染、渗透、传承着学校的文化信息，承载着一定的教育理念和文化意蕴，形象地表达着学校教育独特而鲜明的时代气息、文化气质和个性主张，是不可言说的学校教育之美。

缺少灵魂的校园像无家可归的"流浪者"

　　荷兰建筑大师哈库斯曾提到：现在的全球大都会（特别在亚洲）已经没有各自的特色……都市的发展全靠经济市场和消费力的推动，而非历史和文化传统造成，所以也无所谓历史和集体回忆，人类的经济生活流动最需要的就是机场、酒店和商场——这三样东西变成所有"通属城市"的坐标。这类"通属城市"往往是建筑洋了，特色没了，城市大了，空间小了，人口多了，交往少了，密集的人流后面是疏离的文化空间与人际关系。

　　借用这一观念，审视当下学校物质环境建设不难发现，现在不同的学校基本上按统一的标准、格式化的程序进行操作。标准的操场，气派的体育馆、图书馆等看上去大同小异，形式雷同，却失去了自我。正所谓有了气派，少了气氛，有了物象，少了物趣，有了空间，少了空灵，仿佛成了无家可归的"流浪者"。

这些现象折射出学校物质环境与精神气场的脱节甚至背离。没有了价值的根基、文化的流动、审美的追求、儿童的立场，校园物质环境也就失去了灵魂，没有了气象，成了简单的、碎片化的、异化的物质存在。

困境1：校园物质环境的审美价值取向究竟是什么？

著名建筑大师安藤忠雄认为，所谓建筑，就是以某计划概念为本，经由各阶段，在整体与部分中反复问答，然后逐渐下决定的作业。此时首先遇到的困难是，能否从当初的概念贯彻到最后。当下，校园物质环境建设往往流于雷同化、浅表化、格式化、碎片化。商业化、功利化的时代背景，使得一些校园景观常常简单地"拿来"，肤浅地复制。这些作品的审美结构往往零散而趋于同质化，鲜能忠诚自己的核心价值观，少有独特、别致的流淌与回味，容易导致人的审美疲劳与麻木。而一旦某种商业化、固定化的外在形象、框架、模板被当作物质环境建设的"葵花宝典"时，校园的整体布局、建筑群像则可能出现结构相近、风格无异的现象。建筑与建筑，与文化，与人之间，缺少彼此交织形成的独特的审美关联。

困境2：校园物质环境该怎样恰当表达特定的生活方式？

司汤达有个精彩的句子：美即对幸福的许诺。矗立在校园里的"幸福的建筑"，是一种"田园牧歌"的生活方式的恰当表达，充盈着明朗而开放的美感，让置身其中的人感受到生命的喜悦，积淀独特的校园记忆。任何一所学校都有自己的历史传统、文化脉络及行走路径，所以"放之四海而皆准""千校一面"的环境建构发展模式显然是不可取的。当校园物质环境仅仅成为水泥、钢筋等原料组合而成的一个巨大的容器，抹去了故乡山水的灵气、文化的韵味时，环境本身包蕴的众多教育美学的信息与精神资源也必将遭遇大量的流失，"乡愁"式的环境美感由此缺席。

物质环境是一种"生命的在场"，也是教育干净而纯粹的表达。一切设计和建筑作品，都在向我们讲述一种最适合在其内部或围绕其周围展开的特定生活。我们在建设过程中，要将之当成生命体来思考，凸显其不辩自明的个性。这些物质环境除了在物态上"养眼"之外，还要"养心"，成为我们的"精神上的庇护所"，时时在无言地提出一种敦请，给我们一种"启示录般的狂喜"，促使我们成为特别的某种人。

教育，总是用最好的形式传播真理

柏拉图认为，"教育，总是用最好的东西"，教育不仅要选择客观真理作为内容，而且也决定用最好的形式去传播真理。怎样的建筑与空间设计，才可以使学校物质环境建构从"通属"困境中突围，经由最好的形式反映出教育最本质的精神之美呢？

香港—深圳建筑城市双年展上，香港大学教授王维仁策划的"再织城市"主题，给我们带来了启示。围绕这一主题，王维仁教授在都市建筑、地域和时间织理上作了冷静而全新的审视，并作了如下策展宣言："再织城市强调的不只是单栋建筑的造型和风格，而是建筑与建筑互相联系、交织所形成的城市空间。这不仅是市民日常生活的场所，也是一个城市的文化反映。"

由此可见，当设计摆脱了平面线型的、格式化的思维惯性，就会切实考虑到环境中的物质关系，物质构成的环境生态，以及如何最大化地满足人在物理空间与精神维度的双重需求，从而在以人为本的基础上，更好地考虑环境与物质，与生活，与文化，与人的融合。学校物质建设过程，要经历物质层面、心理层面和心物结合的过程，成为个体与群体精神共同生长的文化过程，将文化留存于建筑间，融化在生活里。

美学经纬如何"再织"校园空间

氛围，即教育的风格。人们对于校园环境的感受，不只是关注某一物质的存在，更经由它而获得与周围事物的亲密度，以及呈现出来的整体氛围与教育气象。这就提醒我们，在物质环境建设时，除了关注表面的观感，是否还应有"清晰的旋律"，"简单而严格的和弦"；还要追问是否深度地表现了学校的教育哲学，是否能辐射到人的精神灵魂。在美学视野下“再织”校园氛围，即努力将心中的美凝结在每一块砖瓦之间，寻找和演绎具象和抽象之美的统一，使得环境与物质、生活、文化以及人之间互为联动，交融一体。巧妙的构思，完美的搭配，色调的统一，线条的流畅，都是对人类共通之美的诠释。而这样的“二度创作”，正是物质环境之于教育本质的价值彰显、形式表达，实现了与精神环境的融合。

每一所校园从物质到精神，都有自身的“肌理”，都在寻求多样与单纯、开放与紧密、复杂与简单的平衡。因此我们应从自然、和谐、气质等多个美学维度进行校园肌理与氛围的“再织”，并在设计与创作的过程中，始终把握人性审美的尺度，实现皈依于美、重生于美的价值引领与意义建构，使整个校园成为一个审美文化场域，人能在其中实现审美地生存。

生态空间，自然之美。柏拉图认为，美存在于观者的眼中。有品质的校园环境，是“美丽的宁静”，既美观而深具自然气质，能够激发深入其中的人通过敏锐的情感来体验自然的氛围。自然，意味着自然而然，天然去雕饰，更具人性，更有生命力；也意味着遵循事物内部的规律，行为优雅。梁从诫认为，没有孩子会生来不爱树林、池塘、草地，不爱野花和小鸟。作为校园核心主体的儿童，应该像野花野草一样自然生长。如何通过物化环境进一步释放儿童自然生长的天性，满足儿童自然生长的需求呢？

首先，保留纯自然空间。如以“花田的想象”为田园意象，让师生自由认领土地，在草坪，空地，随意播撒草籽花种，借助风、水、阳光、空气，用自然耕作的方式，保持与自然的亲密联系，学习了解生命与自然之间的互动和相互依赖。

其次，景观设计以环境自然化为取向，追求艺术之自然，使校园漂浮着一种灵气，成为学生心动、神往又难忘的地方。比如我们学校开启了“回到百草园”的美丽工程，以草芽、水流、双桥、沙石等自然元素打造了一座让孩子自由撒野的童年伊甸园，让美与自然的天性苏醒。

人文空间，和谐之美。和谐是美的本质。美的物质环境应以精神理念系统为灵魂，从宏观角度构造出均衡和谐的统一体。校园物质环境建设要“兼具雕刻家的眼力和工匠技术”，能够因地制宜，雕刻时光，注重起承转合，注重对整体格调的把握；同时，又要让不同的素材、不同的元素融洽地相处在一起，每个细节都注入我们的细腻、热情与耐性。

校园物质环境，必须体现所处时代与地域某些最珍贵的价值观。我们在环境设计时充分尊重苏南水乡城市的地域特点、人文特色，让地域文化从校园四处渗透出来，犹如漂浮在四周的独特的气味。入入其间，如行走在江南画卷中，雨声荷声、绿杨丹杏、小楼画桥、秋千燕子、疏密、高低、浓淡，构成和谐而不失张力的审美冲击，传达了江南水乡传统的审美意趣，给人以文化的亲近感与归属感。

物质环境建设植根于社会和物理中，要与过去联系起来，成为未来的一种符号，努力让建筑"开口说话"，借以提升人的灵魂状况。在物质与灵魂一体化的校园，人才会有归属感，才会充实、丰富，拥有美好记忆。我们认为，建筑是我们的"第三层皮肤"，当人与物质环境和谐一致时，彼此之间就能相互作用，产生心灵的交流、文化的流动，并由此感受到美的存在与价值。

游戏空间，个性之美。校园环境建设，是知性与理性的产物，是梦想的广场，既有富足的意义，又有丰富的表情，要能让学生心情逐渐高扬，笑容慢慢绽放，从心底涌起兴奋感，甚至漂浮着游乐场的味道。我们以儿童为中心，以游戏精神为统领，构筑了"游戏空间"这一整体的景观意境，在坚硬感觉的建筑物上，营造出一种柔和活力的气氛，让环境成为游戏的资源，激发儿童游戏的冲动与审美的想象，洋溢着独特的游戏魅力。校园建设时一种诱导的优雅艺术，使人的内心敞开，有闲逛的冲动和游戏的激情，时时、处处迸发着想象和欢乐，上学成了充满惊喜和发现的小旅行。美好的童年记忆在此空间生发并延续：时光隧道，童心迷宫，成长树，梦想艺术馆……多样、有趣、平等的游戏空间，激发了学生灵动的游戏创意，进入这样的空间，孩子能自然地沉浸其中，而不仅仅是路过。行走校园，就是一次次发现之旅，让儿童在游戏中自我发现，释放个性。

我们身处怎样的环境，会在很大程度上决定我们相信什么。审美地生存，就是让我们从已经感到餍足的生活方式中摆脱出来，重新获得精神的平衡，迈出创造的姿态。美，不仅是教育的目的，也是教育的手段，存在于秩序与多变之间。从物质骨架到教育魂灵，在单纯的构成之中，实现复杂的空间，并通过美学经纬“再织”校园空间，追求工具理性与文化生活的和谐统一，让人与物，人与自然，人与社会，人与人，人与自我的关系在美的视野下经历重建与共融，成为“理想的贮藏室”。

（作者单位系江苏省张家港市实验小学）

（文章原刊于《人民教育》2016 年第 20 期）

图书在版编目（CIP）数据

名校的那些"秘密" ／朱哲，李帆编 . —上海：华东师范大学出版社，2019
（《人民教育》精品文丛）
ISBN 978－7－5675－9258－2

Ⅰ. ①名 ...　Ⅱ. ①朱 ...②李 ...　Ⅲ. ①学校管理—研究　Ⅳ. ① G47

中国版本图书馆 CIP 数据核字（2019）第 097195 号

大夏书系·《人民教育》精品文丛

名校的那些"秘密"

总 主 编	余慧娟
副总主编	赖配根
本册主编	朱 哲 李 帆
策划编辑	李永梅 程晓云
审读编辑	任媛媛
封面设计	奇文云海·设计顾问

出版发行	华东师范大学出版社
社　　址	上海市中山北路 3663 号　邮编　200062
网　　址	www.ecnupress.com.cn
电　　话	021－60821666　行政传真　021－62572105
客服电话	021－62865537
邮购电话	021－62869887　地址　上海市中山北路 3663 号华东师范大学校内先锋路口
网　　店	http：//hdsdcbs.tmall.com

印 刷 者	北京密兴印刷有限公司
开　　本	700×1000　16 开
插　　页	1
印　　张	17.5
字　　数	250 千字
版　　次	2019 年 6 月第一版
印　　次	2019 年 6 月第一次
印　　数	6 100
书　　号	ISBN 978－7－5675－9258－2/G·12122
定　　价	55.00 元

出 版 人	王 焰

（如发现本版图书有印订质量问题，请寄回本社市场部调换或电话 021-62865537 联系）